管理学基础

陆 婷 文 雅 主 编
陈 博 副主编

清华大学出版社
北京

内 容 简 介

本书以管理职能为主线,涵盖管理概论、管理思想与管理理论发展史、决策、计划、组织、领导、激励、沟通、控制等内容。本书吸收了当前国内管理学研究的最新成果,在案例分析中讲述理论,并通过实践训练培养学生独立思考的能力。全书体例清晰,内容简练,章节编排体系完整,案例丰富,可读性与实用性较强。

本书适用于高职院校与应用型本科院校经济类、管理类专业的师生以及各类企事业单位从事管理工作的人员使用,也可以作为各类企业培训教材或参考资料。

本书封面贴有清华大学出版社防伪标签,无标签者不得销售。
版权所有,侵权必究。举报:010-62782989,beiqinquan@tup.tsinghua.edu.cn。

图书在版编目(CIP)数据

管理学基础/陆婷,文雅主编. —北京:清华大学出版社,2022.5(2025.1重印)
ISBN 978-7-302-60529-4

Ⅰ. ①管… Ⅱ. ①陆… ②文… Ⅲ. ①管理学-高等学校-教材 Ⅳ. ①C93

中国版本图书馆 CIP 数据核字(2022)第 056449 号

责任编辑:杜 晓
封面设计:曹 来
责任校对:李 梅
责任印制:刘 菲

出版发行:清华大学出版社
网　　址:https://www.tup.com.cn,https://www.wqxuetang.com
地　　址:北京清华大学学研大厦A座　　邮　编:100084
社 总 机:010-83470000　　邮　购:010-62786544
投稿与读者服务:010-62776969,c-service@tup.tsinghua.edu.cn
质量反馈:010-62772015,zhiliang@tup.tsinghua.edu.cn
课件下载:https://www.tup.com.cn,010-83470410

印 装 者:三河市铭诚印务有限公司
经　　销:全国新华书店
开　　本:185mm×260mm　　印 张:13.75　　字 数:329千字
版　　次:2022年6月第1版　　印 次:2025年1月第2次印刷
定　　价:49.00元

产品编号:089500-01

前 言

"管理学"是一门理论性、应用性都很强的经济管理类专业基础课程,包含了经济管理类专业多门课程的知识。本书编者紧密围绕管理学发展的新趋势,依据高职高专经济管理类专业人才培养目标的要求,以专业知识和职业技能、自主学习能力及综合能力培养为课程目标,以管理职能为主线,确定了本书的主要内容。

本书吸收了当前国内管理学研究的主要成果,内容体现了知识性、系统性和先进性;遵循了高职高专院校学生的认知规律,注重培养和提高学生运用所学理论知识分析和解决实际问题的能力,突出实用性、应用性和操作性,本书特点如下。

(1) 知识体系完整、清晰,重点突出,逻辑性强。本书详细讲解了管理学的核心内容,便于读者深刻理解管理学与管理工作的脉络。本书不仅借鉴了西方管理学的基本框架,同时融入了东方管理学的思想精华。在整体编排时非常注重适用性,内容简练,重点突出,力求做到既传承了管理科学的逻辑性,又突出了概括性,因此本书既适合作为高职院校学生的教材,也可作为企业管理人员的培训教材。

(2) 案例习题丰富、典型,实用适用,启发性强。本书对大量的国内外典型案例进行了分析,注重培养学生综合素质与解决实际问题的能力,内容体系符合高职高专学生专业培养目标的要求,有助于培养读者运用管理知识分析和解决实际问题的能力。案例选择注重通俗性和趣味性,尽量避免了空洞说教。每章通过引导案例激发学习者的学习兴趣,达到拓宽读者知识视野、启发读者将管理理论与管理实践相结合的目的。

(3) 本书章节编排合理、新颖,构建情境,实践性强。作者根据多年的教学经验,为读者设置管理实践的真实情境,激发学生的学习兴趣和管理潜能,重点培养学生实用技能以及从理论知识转化为实践的技能。在每章前设置教学目标和能力目标,结尾部分设置本章小结、思考与练习、案例分析,还设置了"特别提示"等栏目,集知识性、可读性、趣味性、实用性和探索性于一体,尽可能满足教师运用案例教学、讨论式教学等多种教学方法的需要,突出能力的培养。

本书共 9 章,主要内容包括:管理概论、管理思想与管理理论发展史、决策、计划、组织、领导、激励、沟通、控制等内容,以及管理学应用的热点课题,着重培养学生的计划能力、组织能力、领导能力和控制能力。

本书由湖南城建职业技术学院陆婷、文雅担任主编,陈博担任副主编。具体编写分工如下:全书由陆婷整理和统稿,陆婷编写了第1~3章,陆婷、张艳敏编写了第4章,陈博、廖玮琪编写了第5章,文雅编写了6~9章。

本书在编写过程中参阅了大量的资料,参考了大量著作,限于篇幅不能一一列出,在此一并表示衷心的感谢。由于编者水平有限,书中不足之处在所难免,敬请各位读者批评指正。

编　者

2022年1月

目 录

第 1 章　管理概论 ··············· 1
　1.1　认识管理 ··············· 1
　　1.1.1　管理的概念 ··············· 2
　　1.1.2　管理的要素 ··············· 2
　　1.1.3　管理的性质 ··············· 3
　　1.1.4　管理的任务和作用 ··············· 3
　　1.1.5　管理的职能 ··············· 4
　1.2　认识管理者 ··············· 6
　　1.2.1　管理者与管理者层级 ··············· 6
　　1.2.2　管理者角色 ··············· 7
　　1.2.3　管理者技能 ··············· 9
　　1.2.4　管理者素质 ··············· 11
　1.3　认识管理对象与管理环境 ··············· 14
　　1.3.1　管理对象 ··············· 14
　　1.3.2　管理环境 ··············· 14
　1.4　认识管理的基本原理与一般方法 ··············· 18
　　1.4.1　管理的基本原理 ··············· 18
　　1.4.2　管理的一般方法 ··············· 21

第 2 章　管理思想与管理理论发展史 ··············· 27
　2.1　传统管理思想 ··············· 27
　　2.1.1　中国传统管理思想发展历程 ··············· 28
　　2.1.2　西方传统管理思想发展历程 ··············· 29
　2.2　古典管理理论 ··············· 31
　　2.2.1　泰勒的科学管理理论 ··············· 32
　　2.2.2　法约尔的一般管理理论 ··············· 34
　　2.2.3　韦伯的理想行政组织理论 ··············· 35
　2.3　行为科学理论 ··············· 36
　　2.3.1　早期行为科学理论 ··············· 37
　　2.3.2　晚期行为科学理论 ··············· 39

2.4 现代管理理论 …… 40
2.4.1 基于管理过程的管理学派 …… 41
2.4.2 基于系统观的管理学派 …… 41
2.4.3 基于方法论的管理学派 …… 42
2.4.4 基于经理角色的管理学派 …… 43
2.5 管理理论发展的新趋势 …… 44
2.5.1 战略管理理论 …… 44
2.5.2 比较管理理论 …… 45
2.5.3 企业再造理论 …… 45
2.5.4 企业文化理论 …… 46
2.5.5 学习型组织理论 …… 46
2.5.6 现代管理理论发展的新趋势 …… 47

第 3 章 决策 …… 52
3.1 决策的概念、原则与依据 …… 52
3.1.1 决策的概念 …… 53
3.1.2 决策的原则 …… 54
3.1.3 决策的依据 …… 54
3.2 决策的类型 …… 55
3.2.1 战略决策与战术决策 …… 55
3.2.2 长期决策、中期决策与短期决策 …… 55
3.2.3 程序化决策与非程序化决策 …… 56
3.2.4 确定型决策、风险型决策与非确定型决策 …… 57
3.2.5 群体决策与个人决策 …… 57
3.2.6 初始决策与追踪决策 …… 58
3.3 决策的影响因素与决策过程 …… 58
3.3.1 决策的影响因素 …… 58
3.3.2 决策过程 …… 60
3.4 决策方法 …… 62
3.4.1 定性决策方法 …… 62
3.4.2 定量决策方法 …… 66

第 4 章 计划 …… 77
4.1 计划概述 …… 77
4.1.1 计划的概念 …… 77
4.1.2 计划与决策的关系 …… 77
4.1.3 计划的性质 …… 78
4.1.4 计划的作用 …… 78
4.2 计划的类型 …… 80

4.2.1　计划的分类 ·· 80
　　　4.2.2　计划的层次体系 ·· 81
　4.3　计划编制的影响因素与程序 ·· 83
　　　4.3.1　计划编制的影响因素 ·· 83
　　　4.3.2　计划编制的程序 ·· 84
　4.4　计划编制的方法 ·· 86
　　　4.4.1　滚动计划法 ·· 86
　　　4.4.2　甘特图法 ··· 87
　　　4.4.3　网络计划法 ·· 87
　4.5　目标管理 ·· 90
　　　4.5.1　目标与目标管理 ·· 90
　　　4.5.2　目标制定的原则 ·· 91
　　　4.5.3　目标管理的过程 ·· 93
　　　4.5.4　目标管理的评价 ·· 93
　4.6　战略管理 ·· 94
　　　4.6.1　企业战略类型 ·· 95
　　　4.6.2　战略制定过程 ·· 97

第 5 章　组织 ··· 101
　5.1　组织概述 ··· 101
　　　5.1.1　组织的概念 ·· 102
　　　5.1.2　组织工作 ··· 103
　5.2　组织结构设计 ··· 104
　　　5.2.1　传统组织结构类型 ··· 105
　　　5.2.2　新型组织结构类型 ··· 109
　　　5.2.3　组织结构设计影响因素分析 ·· 112
　　　5.2.4　部门划分 ··· 113
　　　5.2.5　组织层级化 ·· 116
　5.3　组织结构的运行 ··· 119
　　　5.3.1　授权 ·· 119
　　　5.3.2　集权与分权 ·· 120
　　　5.3.3　人员配备 ··· 121
　5.4　组织变革 ·· 125
　　　5.4.1　组织变革的概念 ··· 125
　　　5.4.2　组织变革的动力 ··· 125
　　　5.4.3　组织变革的阻力 ··· 126
　　　5.4.4　组织变革的内容 ··· 127
　　　5.4.5　组织变革的程序 ··· 127
　5.5　组织文化 ·· 128

5.5.1　组织文化的概念和特征 …………………………………………………… 129
　　5.5.2　组织文化的结构与内容 …………………………………………………… 129
　　5.5.3　组织文化的功能和塑造 …………………………………………………… 131

第 6 章　领导 ……………………………………………………………………………… 137

6.1　领导概述 …………………………………………………………………………… 137
　　6.1.1　领导的概念 …………………………………………………………………… 138
　　6.1.2　领导的作用 …………………………………………………………………… 138
　　6.1.3　领导者的权力 ………………………………………………………………… 139
　　6.1.4　领导与管理的关系 …………………………………………………………… 140

6.2　领导理论 …………………………………………………………………………… 140
　　6.2.1　领导特质理论 ………………………………………………………………… 141
　　6.2.2　领导行为理论 ………………………………………………………………… 143
　　6.2.3　领导权变理论 ………………………………………………………………… 146

6.3　领导艺术 …………………………………………………………………………… 150
　　6.3.1　授权的艺术 …………………………………………………………………… 150
　　6.3.2　说话的艺术 …………………………………………………………………… 151
　　6.3.3　倾听的艺术 …………………………………………………………………… 152
　　6.3.4　合理利用时间 ………………………………………………………………… 152

第 7 章　激励 ……………………………………………………………………………… 155

7.1　激励概述 …………………………………………………………………………… 155
　　7.1.1　激励的概念 …………………………………………………………………… 156
　　7.1.2　激励的过程 …………………………………………………………………… 156

7.2　激励理论 …………………………………………………………………………… 157
　　7.2.1　内容型激励理论 ……………………………………………………………… 157
　　7.2.2　过程型激励理论 ……………………………………………………………… 163
　　7.2.3　行为改造型激励理论——强化理论 ………………………………………… 166
　　7.2.4　综合型激励理论 ……………………………………………………………… 167

7.3　激励的原则与方法 ………………………………………………………………… 168
　　7.3.1　激励的原则 …………………………………………………………………… 168
　　7.3.2　激励的方法 …………………………………………………………………… 170

第 8 章　沟通 ……………………………………………………………………………… 175

8.1　沟通概述 …………………………………………………………………………… 175
　　8.1.1　沟通与管理沟通 ……………………………………………………………… 176
　　8.1.2　沟通的重要性 ………………………………………………………………… 176
　　8.1.3　沟通的组成 …………………………………………………………………… 177
　　8.1.4　沟通的过程 …………………………………………………………………… 177

8.2 沟通的种类 …………………………………………………………………… 178
    8.2.1 按照功能划分 ………………………………………………………… 178
    8.2.2 按照方法划分 ………………………………………………………… 179
    8.2.3 按照组织系统划分 …………………………………………………… 179
    8.2.4 按照方向划分 ………………………………………………………… 182
    8.2.5 按是否进行反馈划分 ………………………………………………… 182
8.3 沟通障碍及克服 ……………………………………………………………… 183
    8.3.1 沟通障碍 ……………………………………………………………… 183
    8.3.2 沟通障碍的克服 ……………………………………………………… 185

第 9 章 控制 …………………………………………………………………………… 189
9.1 控制概述 ……………………………………………………………………… 189
    9.1.1 控制的概念与类型 …………………………………………………… 189
    9.1.2 控制的作用 …………………………………………………………… 192
    9.1.3 控制的过程 …………………………………………………………… 193
9.2 控制方法 ……………………………………………………………………… 194
    9.2.1 预算控制 ……………………………………………………………… 195
    9.2.2 非预算控制 …………………………………………………………… 198

参考文献 ………………………………………………………………………………… 208

第 1 章 管理概论

【教学目标】
1. 理解管理的概念和要素,认识管理现象;
2. 理解管理的性质,掌握管理的职能。

【能力目标】
1. 理解管理的核心,具备处理人际关系的能力;
2. 运用管理的职能;
3. 具备管理者的基本技能,扮演好管理者的角色。

1.1 认识管理

 导入案例 1-1

抗击新冠肺炎疫情背景下的医院管理

新冠肺炎疫情是新中国成立以来发生的传播速度最快、感染范围最广、防控难度最大的一次重大突发公共卫生事件,面对前所未知、突如其来、来势汹汹的疫情,中国果断打响疫情防控阻击战。中国共产党和中国政府高度重视、迅速行动,经过艰苦卓绝的努力,中国付出了巨大代价和牺牲,有力扭转了疫情局势,用一个多月的时间初步遏制了疫情蔓延势头,用两个月左右的时间将本土每日新增病例控制在个位数以内,用三个月左右的时间取得了武汉保卫战、湖北保卫战的决定性成果,为维护地区和世界公共卫生安全做出了重要贡献。

疫情仍在蔓延,这是一场全人类与病毒的战争。作为抗击疫情的一线战场,医院必须严防死守。如果医院缺乏有效的管理、精准的应对,或是医护人员感染,或是来院患者感染,结局都不堪设想。在抗击疫情的过程中,有这么一所医院——浙江大学医学院附属第二医院,其不仅承担着大量发热患者的接诊与筛查,还向疫情严重的武汉等地共计派出 7 支医疗队 189 名队员。在武汉,他们要把普通病房迅速改建成 ICU,并负责救治病情最危重的新冠肺炎患者。尽管如此,目前他们没有让任何一位医护人员因治疗患者而感染,没有漏掉任何一位高危可疑的患者,也没有延误任何一位急危重症患者的救治。这令人欣慰的成果不仅仅是依靠医务人员的高度责任心和高超的医疗技术,更要归功于该院在人员、空间、院内感染防治、医疗流程、物资保障、信息化办公、医院与政府和社会联防联控 8 个方面的有效管理。目前,这些成功的管理经验和案例被撰写成一本经验指南分享给全球的医疗机构,助力更多的国家去抗击并战胜疫情。

管理就是效益,是一种生产力,是一种宝贵的资源,在这个案例里更是生命的保护伞。

优秀的管理不仅能帮助企业创造巨大的经济效益，同时也能创造巨大的社会效益，让我们一起走近管理，学会管理。

1.1.1 管理的概念

管理是指一定组织中的管理者，通过实施计划、组织、领导、协调、控制等职能来协调人们的活动，使别人与自己一起实现既定目标的活动过程。管理也是人类各种组织活动中最普通和最重要的一种活动。

人们把这种研究管理活动形成的管理基本原理和方法统称为管理学。作为一种知识体系，管理学是管理思想、管理原理、管理技能和方法的综合。随着管理实践的发展，管理学的内容不断充实，成为指导人们开展各种管理活动，有效达到管理目的的指南。

 特别提示

管理的实质是人们为了实现共同的组织目标，对组织成员在实现目标过程中的行为进行协调的过程。其内涵包括以下几点。

（1）管理是人类有意识的目的活动，目的是实现组织目标。
（2）管理的载体是组织。
（3）管理应当是有效的，不仅要有高效率，还要有好的效果。
（4）管理的本质是协调。
（5）协调是运用决策、组织、领导、控制等各种管理职能的过程。

管理既是一门科学，也是一门艺术。

1.1.2 管理的要素

管理的要素包括管理主体、管理客体、管理职能、管理目标、管理环境5个方面，如图1-1所示。

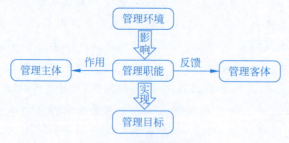

图1-1 管理的要素

1. 管理主体——"由谁管"

管理者是管理活动的主体，管理者的知识、能力、经验和技能都会直接影响组织目标的实现。

2. 管理客体——"管什么"

管理客体是被管理者施加影响并产生作用的对象，包括人、财、物、时间、信息等方面。

3. 管理职能——"怎么管"

管理职能是管理系统具有的职责和功能，包括决策、组织、领导、控制等基本职能。尽管具体的管理活动在其性质、组织环境和条件、管理的有效资源、管理的层次和目标方面千差万别，但这些管理的基本职能却是一切管理活动共同具有的。

4. 管理目标——"为了什么而管"

管理目标就是实现组织目标，这也是一切管理活动的出发点和归宿。

5. 管理环境——"在什么条件下管"

管理是在一定的环境和条件下进行的。影响管理的组织外部环境包括经济环境、技术环境、社会文化环境、政治环境、自然环境，内部环境包括组织规模、组织技术条件、组织目标和核心价值观等。

1.1.3 管理的性质

管理具有双重性，既有与生产力相联系的自然属性，又有与生产关系、社会制度相联系的社会属性，如图 1-2 所示。而且，管理的自然属性与社会属性是相互联系、相互制约的。

1. 管理的自然属性

管理的自然属性也称管理的生产力属性，是一种不随个人意识和社会意识的变化而变化的客观存在。这种与社会生产力相联系的客观存在具体表现在它是一种对人、财、物、信息等资源加以整合与协调的必不可少的过程；它是社会劳动的必然要求，资源的整合利用与人的分工协作都离不开管理；管理有很多客观规律，管理活动只有尊重和利用这些规律才能取得成效。

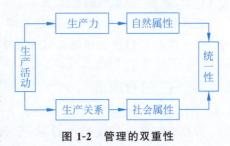

图 1-2　管理的双重性

2. 管理的社会属性

管理的社会属性也称管理的生产关系属性。管理必然地要体现一定社会生产关系的特定要求，为特定的社会生产关系服务，从而实现其调节和维护社会生产关系的职能。

正确认识管理的双重性具有非常重要的现实意义。全面认识管理的任务，既要合理组织生产力，提高经济效益，又要努力改善生产管理，兼顾社会责任。

1.1.4 管理的任务和作用

1. 管理的任务

管理的任务就是帮助组织实现目标，取得目标绩效。目标绩效包括 3 个方面的衡量要素：资源使用量、时间和目标达成度。例如，本应该花 10 元做好的事却花了 100 元，或者本应该 1 天做的事却花了 10 天，或者本来应该达到 100% 的成功率却仅仅达到了 10%，这几种情况都证明管理者的工作是不合格的。

2. 管理的作用

管理的任务是实现目标绩效,目标绩效可以用效率和效果这两个标准来衡量。效率是理解管理定义的关键点,是指投入和产出的关系。给定的投入,如果能获得更多的产出,那么就提高了效率;相应地,如果获得同样的产出,使用更少的投入,效率同样也提高了。因此,管理者应当时刻关注资源的有效利用,以最小的投入获得最大的产出。

仅仅有效率还不够,管理者还必须追求效果,只有实现组织目标,管理才是有效的。

(1) 确保组织各层人员"正确地做事"。资源投入量与产出量的关系是效率关系,其要求是"正确地做事"。以劳动委员安排同学打扫教室卫生为例,投入的同学人数、时间、精力、工具等都是资源。花 10 小时和花 1 小时打扫好,浪费的是 9 小时的时间;安排 6 个人和 3 个人打扫干净,浪费的是 3 个劳动力;很吃力地打扫和利用一些劳动工具辅助轻松地打扫干净,浪费的是参与者的精力;用了 10 桶水和 3 桶水,浪费的是水资源。管理的作用就是通过充分考察人力、时间、精力、资源,确保用最小的投入产出最大的绩效。

(2) 确保组织各层人员"做正确的事"。产出量与满足组织目标需求的关系是效果关系,其要求是"做正确的事"。假设某位同学本学期的目标是提高自己的英语口语水平,他的提升计划是每天找来英文试卷做 10 套阅读理解,那么显然这个工作虽然看起来效率很高,但对其实现目标的帮助比较小。若他采取收听英文广播、到英语角锻炼的训练计划,显然会更有成效,才是"做正确的事"。

客观地说,效率和效果是相互依存、相互影响的。大多数情况下,效果和效率是正关联的。低水平的管理绝大多数是既无效率也无效果的,或者是通过牺牲效率来取得效果的。

1.1.5 管理的职能

管理的任务是实现组织目标,那么管理者如何实现这一目标呢?依靠管理的职能。20 世纪 90 年代早期,法国管理学家亨利·法约尔(Henri Fayol)首先提出,所有的管理者都要执行 5 项相同的活动:计划、组织、指挥、协调和控制。今天,这些职能已被简化为 4 项,即计划(planning)、组织(organizing)、领导(leading)、控制(controlling),如图 1-3 所示。

1. 计划

计划指的是分析组织外部环境与内部条件,并在此基础上提出在未来一定时期内要达到的组织目标以及实现目标的途径。计划决定组织所要追求的目标,决定为了实现目标需要采取的行动路线,决定如何配置组织资源来实现上述目标。计划是管理的首要职能。

2. 组织

组织指管理者根据既定目标,对组织中的各种要素及人们之间的相互关系进行合理安排的过程,即决定一个组织机构内各部门的因素及其相互关系,并改善其各个组成因子的需要与愿望,以便更好地趋向于一个共同的目标。其主要内容包括设计组织结构、建立管理体制、分配权力、明确责任、配置资源、构建有效的信息沟通网络等。

3. 领导

领导就是一种影响力,是对人们施加影响,从而使人们为实现组织目标而努力。总体来

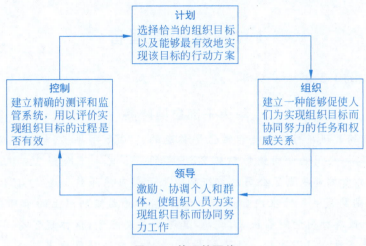

图 1-3 管理的职能

说,领导包含 4 个要素:①领导者必须有下属或追随者;②领导的本质是影响力,基础是下属的追随与服从;③领导是一个对人们施加影响的动态过程;④领导就是通过影响下属来达到组织的目标。管理者在执行领导职能时,一方面要调动组织成员的潜能,使之在实现组织目标的过程中发挥应有的作用;另一方面要促进组织成员之间的团结协作,使组织中的所有活动和努力统一和谐。

4. 控制

在执行计划的过程中,由于环境的变化及其影响,可能导致人们的活动或行为与组织的要求或期望不一致,出现偏差。为了保证组织工作能够按照既定的计划进行,管理者必须对组织绩效进行监控。控制是管理的一项基本职能,是管理者对组织的工作成效进行测量、衡量和评价,并监督检查组织是否按照既定的目标、计划、标准和方法运行,具体体现为发现偏差、分析原因、采取措施、纠正偏差,从而确保组织目标的实现的管理活动过程。理解控制职能,要明确几点:控制是计划职能的逻辑延续;控制是通过监督和纠偏来实现的;控制是一个管理活动过程,是动态的活动过程,而非静态的某个状态。

 特别提示

计划是确定组织的发展目标,解决"干什么"的问题;组织是分工协作,解决"如何干"的问题;领导是指导和激励所有参与者,解决冲突;控制是对活动进行监控,以确保各项行动按计划完成。

计划着眼于有限资源的合理配置,计划的结果是战略;组织致力于合理的分工协作关系的建立,组织的结果是创设组织结构;领导着眼于激发和鼓励组织成员的积极性,培养高度积极主动和服从指挥的组织成员;控制着眼于纠正偏差,准确测评绩效和规范组织的效率和效果。

1.2 认识管理者

导入案例 1-2

华为干部自愿降薪

华为管理者的表现在行业内是非常值得称道的。2002 年年末，华为遭遇了创业 15 年来的首次业绩下滑，公司的合同销售额从 2001 年的 255 亿元下降到 220 亿元。2003 年春节过后，华为人力资源部收到了公司总监级别以上干部自愿降薪 10% 的 454 份申请书。对此，当时的华为副总裁洪天峰在内部讲话中评价道："总监级别以上的干部自愿降薪，并不能在多大程度上改善公司的财务状况，我想，其深层意义在于，这体现了公司各级管理者在当前的行业环境下对公司困境的一种认知态度，表达了中高层管理者与公司共渡难关的信心和决心，以及强烈的企业责任感。"

【思考】 管理者需要具备怎样的道德观念、素质能力？不同层级的管理者有什么样不同的要求？

1.2.1 管理者与管理者层级

1. 管理者

管理者是协调和监管组织中其他人的工作，使得组织目标得以实现的人。

管理者是管理行为过程的主体。管理者一般由拥有相应的权力和责任，具有一定管理能力、从事管理活动的人或人群组成。管理者及其管理技能在组织管理活动中起决定性作用。

2. 管理者层级

根据在组织中承担的责任和权力的不同，一般可将管理者分为基层管理者、中层管理者和高层管理者，且组织结构呈金字塔形，如图 1-4 所示。

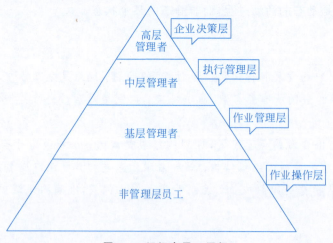

图 1-4 组织内员工层级

基层管理者是指那些在组织中直接负责非管理类员工日常活动的人,主要职责是直接指挥和监督现场作业人员,保证完成上级下达的各项计划和指令。他们主要关心具体任务的完成情况。

中层管理者是指位于组织中的基层管理者和高层管理者之间的人。中层管理者承上启下,主要职责是正确领会高层的意图,创造性地结合本部门的工作实际,有效指挥各基层管理者开展工作。他们注重的是日常管理事务。

高层管理者是指组织中居于顶层或接近于顶层的人,对组织负全责,主要侧重于沟通组织与外部的联系和决定组织的大政方针。他们注重良好环境的创造和重大决策的正确性。

 特别提示

一般来说,组织规模越大,人数越多,管理幅度越小,也就需要越多的管理层级。但管理层级越多,对组织的消极影响也越大。层级过多,不但会影响信息的有效沟通,增加协调的困难,而且浪费时间、精力和经费,造成机构臃肿,组织反应缓慢。

对于某一特定的管理者而言,计划、组织、领导和控制这四大管理基本职能的相对重要性取决于他在管理层级中的位置。管理者都要履行计划、组织、领导和控制基本职能,但不同层次的管理者工作的侧重点和花在各项职能上的时间并不相同。

基层管理者花在领导职能上的时间较多;中层管理者各项职能均居中;而高层管理者要考虑整个组织设计,他们花在计划和组织工作上的时间就要多一些。

 导入案例 1-3

麦当劳创始人克罗克锯掉经理椅子靠背

麦当劳快餐店的创始人是克罗克,他不喜欢坐在办公室里,大部分的工作时间都用在"走动管理"上,即到下属各公司、部门走走、看看、听听、问问。麦当劳公司曾有一段时间面临严重亏损的危机,克罗克发现其中一个重要原因是公司各职能部门经理有严重的官僚主义作风,习惯靠在舒适的椅背上指手画脚、抽烟和闲聊。于是,克罗克想出一个奇招,将所有经理椅子的靠背锯掉,开始很多经理认为克罗克是一个疯子,但不久大家开始悟出他的一番"苦心",他们纷纷走出办公室,深入基层,开展"走动管理",及时了解情况,现场解决问题,终于使公司扭亏为盈。

1.2.2 管理者角色

不同层级的管理者,其职权和职责是不一样的,所要承担的责任和权利也不相同。但无论职务如何,他们都具有管理者角色的一般性。管理者角色是指管理者在管理活动中被企业或管理活动本身所赋予的身份特征。例如,在学校中,老师对学生而言既是师长,也可能是朋友,还可能是监护代行人。管理者角色的概念与此相同。

 导入案例 1-4

丙吉问牛

西汉有一个丞相叫丙吉,有一天他到长安城外视察民情,走到半路就有人拦轿喊冤,查问之下原来是有人打架斗殴致死,家属来告状。丙吉回答说:"不要理会,绕道而行。"走了没多远,发现有一头牛躺在路上直喘气,丙吉下轿围着牛查看了很久,问了很多问题。人们议论纷纷,觉得这个丞相不称职,死了人不管,对一头生病的牛却那么关心。皇帝听到传言之后就问丙吉为什么这么做,丙吉回答:"打架斗殴是地方官员该管的事情,他自会按法律处置,如果他渎职不办,再由我来查办他,我绕道而行没有错。丞相管天下大事,现在天气还不热,牛就躺在地上喘气,我怀疑今年天时不利,可能有瘟疫要流行。如果是瘟疫流行,我没有及时察觉就是我丞相的失职。所以,我必须了解清楚这头牛生病是因为吃坏了东西还是因为天时不利的原因。"一番话说得皇帝对他非常赞赏。

【管理启示】 管理者应该清楚自己所处的层次和明白自己的职责,什么该管,什么不该管,有所为,有所不为。

亨利·明茨伯格经过大量研究,将管理者的工作分为10种角色。这10种角色分为3类,即人际关系方面的角色、信息传递方面的角色和决策制定方面的角色,如表1-1所示。

表1-1 管理者的10种角色

类型	角色	描述	特征活动
人际关系方面的角色	挂名首脑	象征性的首脑,必须履行许多法律性的或社会性的例行义务	迎接来访者,签署法律文件
	领导者	负责激励和动员下属,动员一切力量	实际上从事所有的有下级参与的活动
	联络者	维护自行发展起来的外部接触和联系网络	发感谢信,从事外部人员参加的活动
信息传递方面的角色	信息监听者	寻求和获取各种特定的信息	阅读期刊和报告,保持私人接触,作为组织内部和外部信息的神经中枢
	信息传播者	将从外部人员和下级那里获得的信息传递给组织的其他成员	举行信息交流会,电话传达信息
	发言人	向外界发布有关组织的信息	举行董事会,向媒体发布信息
决策制定方面的角色	企业家	寻求组织和环境中的机会,制定改进方案以发起变革,监督这些方案的策划	制定策略,检查会议决策执行情况,开发新项目
	混乱驾驭者	当组织面临重大的、意外的动乱时,负责采取补救行动	制定战略,检查陷入混乱和危机的时期
	资源分配者	负责分配组织的各种资源	调度、询问、授权,从事涉及预算的各种活动和安排下级的工作
	谈判者	在主要的谈判中作为组织的代表	参与工会,进行合同谈判

1. 人际关系方面的角色

人际关系方面的角色指的是管理者在处理与组织成员和其他利益相关者的关系时扮演的角色,主要包括挂名首脑、领导者和联络者。

2. 信息传递方面的角色

信息传递方面的角色负责确保信息通畅,保障团队可以顺利完成工作任务。管理者既是所在单位的信息传递中心,也是组织内其他工作小组的信息传递渠道。整个组织的人依赖于管理结构和管理者获取或传递必要的信息,以便完成工作。信息传递方面的角色主要包括信息监听者、信息传播者和发言人。

3. 决策制定方面的角色

在决策制定方面的角色中,管理者处理信息并得出结论。如果信息不用于组织的决策,这种信息就丧失了其应有的价值。管理者负责做出组织的决策,让工作小组按照既定的路线行事,并分配资源,以保证小组计划的实施。决策制定方面的角色主要包括企业家、混乱驾驭者、资源分配者和谈判者。

特别提示

组织规模不同,其内部管理者角色的重要性也有所不同。小组织的管理者最重要的角色是发言人,因为小组织的管理者要花大量时间去认识组织、筹措资源,以寻找新的机会促进发展;而大组织的管理者没有太多琐碎的事务,因此可以集中进行内部资源的有效配置,以获得最佳资源配置效果。与大组织的管理者相比,小组织的管理者更可能是一个多面手。

导入案例 1-5

建筑施工企业的管理角色

某建筑施工企业最近面临一项投诉:该建筑施工企业的董事长黄飞接到环保局的书面通知,称该公司的在建项目 A 被临近小区的居民投诉,理由是夜间施工噪声太大,严重扰民。为此,该施工企业授权 A 项目的项目经理李明到环保局进行申诉。李明提供了音频与视频证据,表明该项目施工工地夜间实测噪声值在 35～45dB,符合《声环境质量标准》(GB 3096—2008),但他也承诺会进一步加强施工工地的噪声管理,安抚好群众情绪。该施工项目的技术负责人王强根据指示,立刻制定了技术方案,实施了安装隔声施工围挡等一系列技术措施。张磊是该项目部的设备处主任,他根据降噪技术方案,重新租赁选用了低噪声或备有消声降噪设备的施工机械代替原来噪声污染较大的施工机械。

在该案例中,黄飞、李明、王强、张磊这 4 个管理者扮演了不同的角色,试讨论他们都扮演了什么管理角色。

1.2.3 管理者技能

不管什么类型组织中的管理者,也不管其处于哪一管理层次,都需要有一定的管理技能。罗伯特·卡茨曾列举了管理者所需的 3 种素质或技能,包括概念技能、技术技能和人际技能,如图 1-5 所示。

图 1-5 管理者技能

1. 概念技能

概念技能是指管理者具有的宏观视野、整体考虑、系统思考和大局把握的能力。优秀的管理者必须能够从组织的大背景出发,对其动态情况进行洞察、分析、判断、抽象和概括,快速抓住问题本质,从而进行决策的制定和执行。概念技能具体包括系统性、整体性能力、识别能力、创新能力、抽象思维能力等。

2. 技术技能

技术技能是指使用某一专业领域内相关的工作程序、技术专利知识来完成组织任务的能力,是管理者对某项特定活动的理解程度和熟练程度。例如,工程师、会计、技术员等技术技能强调内行领导,主要是如何处事。

3. 人际技能

人际技能是指与处理人际关系有关的技能,是管理者作为团队的一员高效地开展工作,以及促进大家团结协作的能力。作为一名管理者,必须具备良好的人际技能,这样才能树立组织良好的团队精神,激励、引导和鼓舞员工的热情和信心。因此,人际技能对各个层次的管理者都是必备的重要技能。

 **导入案例 1-6**

县令买饭

南宋嘉熙年间,江西一带山民叛乱,身为吉州万安县令的黄炳调集了大批人马,严加守备。一天黎明前,探报来报叛军即将杀到。

黄炳立即派巡尉率兵迎敌。巡尉问道:"士兵还没吃饭怎么打仗?"黄炳却胸有成竹地说:"你们尽管出发,早饭随后送到。"黄炳并没有开"空头支票",他立刻带上一些差役,抬着竹箩木桶,沿着街市挨家挨户叫道:"知县老爷买饭来啦!"当时城内居民都在做早饭,听说知县亲自带人来买饭,便赶紧将刚烧好的饭端出来。黄炳命手下付足饭钱,将热气腾腾的馒头装进木桶就走。这样,士兵们既吃饱了肚子,又不耽误行军,所以打了一个大胜仗。这个县令没有亲自捋袖做饭,也没有兴师动众劳民伤财,他只是借助他人烧了自己的饭。县令买饭之举看似平淡无奇,甚至有些荒唐,却取得了很好的效果。

【**管理启示**】 一个优秀的管理人员不在于多么会做具体的事务,因为一个人的力量毕竟是有限的,只有发动集体的力量才能战无不胜,攻无不克。管理人士尤其要注重加强培养自己驾驭人才的能力,知人善任,了解什么时候什么力量是自己可以利用以助自己取得成功的。

 特别提示

这 3 种技能对于不同管理层次的管理者的相对重要性是不同的。技术技能的重要性依据管理者所处的组织层次从低到高逐渐下降,概念技能则相反,而人际技能对每个层次的管理者来说都非常重要。

对基层管理者来说,具备技术技能是最为重要的,因为他们要直接处理下属作业人员从事的工作;同时,具备人际技能在同下属的频繁交往中也非常有帮助。对中层管理者来说,对技术技能的要求下降,而对概念技能的要求上升,同时具备更加出色的人际技能更为重要。这是因为作为中层管理者不仅要很好地领会高层管理者的战略意图,还要将具体的战术任务分配给基层管理者,另外中层管理者还要面对更多的平级管理者之间的沟通协作。对于高层管理者而言,概念技能特别重要,而对技术技能的要求相对来说则很低,同时人际技能仍很重要。当然,这种管理技能和组织层次的联系并不是绝对的,组织规模大小等一些因素也会对此产生一定的影响。

1.2.4 管理者素质

管理者素质包括品德、知识、实际能力、身体和心理素质 4 个方面。管理者素质是形成管理水平与能力的基础,也是做好管理工作、取得管理成效极为重要的主观条件。

1. 品德

管理者应有的品德主要指思想品质和道德修养。从管理者的身份出发,管理者道德自觉的品质可以从 3 方面加以概括:社会责任感、企业忠诚度、正己安人之心。

1)社会责任感

管理者不仅要管好自己的企业,更应承担起应尽的社会责任。对管理者社会责任感的要求又可以概括为诚信、道义、合规和守法。

导入案例 1-7

汶川地震后的"王老吉现象"与"万科捐款门"

2008 年汶川地震后,王老吉(后改名为加多宝)向地震灾区捐款 1 亿元,网友大赞其具备高度的社会责任感,自发支持王老吉,购买王老吉。"怕上火,喝王老吉"一时间成为最流行的广告词。王老吉不但品牌得到了推广,还在 2008 年赢利 120 亿元,同比 2007 年增长 30 亿元。王老吉在汶川地震中的突出表现以及随后网友们的反应,客观上让国货重新以醒目、高昂的姿态进入了国人的视野,前所未有地拉近了国货与国人的距离,被网友称为"王老吉现象"。

与此同时,万科在汶川地震后曾宣布捐款 220 万元。这笔捐款数额以及之后万科董事长王石的表态迅速给万科带来了近年来最大的一次公共信任危机,被称为"万科捐款门"。当时王石表示:"200 万元是个适当的数额。中国是个灾害频发的国家,赈灾慈善活动是个常态,企业的捐赠活动应该可持续,而不应成为负担。万科对集团内部慈善募捐活动中有一条提示:每次募捐,普通员工的捐款以 10 元为限,其意就是不要让慈善成为负担。"一石激起千层浪。王石的表态很快为公司以及他本人带来铺天盖地的指责甚至谩骂。后来,王石在接受媒体采访时正式公开表达歉意,称自己的原意是"不提倡攀比",并宣布万科将捐助 1 亿元资金参与灾后重建。但这"显然损伤了网友的赈灾热情",损失已经造成,且难以挽回。根据世界品牌实验室发布的 2008 年《中国 500 最具价值品牌排行榜》的统计,万科受"捐款门"事件影响,品牌价值比 2007 年缩水 12.31 亿元。

【管理启示】 品牌越成熟,就应当距离社会和消费者越近,而不能高高在上。企业在经营中是理性的,但是品牌一定要注重感性和知性的经营。企业不可能脱离社会而存在,企业取得长足发展固然要靠自身努力,但与国家经济大局的繁荣稳定、社会的支持是分不开的。当国家有难,灾区人民需要帮助时,企业伸出援助之手,不仅仅是自身品牌形象的树立,也是企业社会责任感的体现。

（1）诚信。管理者必须具备诚信经营和管理的品质并践行这一原则。诚信经营与管理和企业的商业信誉息息相关。商业信誉是指社会公众对某一企业及其经营管理者的经济能力、信用状况等所给予的信用、声望的社会评价。企业的商业信誉其实是"好感价值"和隐含的能够给企业带来的"超额收益"。

（2）道义。道义是道德、正义的合称，其核心在利与义的平衡。道义和诚信的区别在于，诚信侧重于契约和信用，而道义侧重于事情本身的正义、正当性和合理性。管理者可能是很诚实守信的人，但同时可能是不讲道义的人。道义不是契约，意味着它不是冷冰冰地兑现承诺或恪守约定，而是从情理的角度出发，切实考虑利的合理性和正当性。

（3）合规和守法。合规是指符合规则、规范。无论什么类型的企业，也无论哪个层次的管理者，都必须遵守特定的规则。例如，企业产品出口国外需遵循一定的商业规则，如果故意压低价格进行销售，就会构成倾销，遭到反倾销调查；又如，管理者私下收受客户提成或接受下属贿赂也不合规。合规和守法不仅意味着管理者须遵循既定的制度要求，行为符合规则、规范，还包括坚持公正准则和程序正义。制定不公正的制度或者在管理上没有按照规定的程序处理，都可以理解为不合规。例如，刑讯逼供获得的证据即使是真实的，法庭也不能采用，因为它不符合程序正义。企业管理者在从事管理工作的过程中也必须符合程序正义，做到按流程办事。法是规则的具体化和明确化，是最低限度的社会公共道德约定，也是企业最低限度的道德规范要求。守法即遵守法律、法规。参与走私、售假等违法活动的企业必然危害社会发展，其行为既违法，也破坏社会公德。

2）企业忠诚度

企业忠诚度体现为管理者要忠于企业利益和企业发展需求，认可企业文化、环境，不受外界诱惑的干扰，稳定、持续地为企业创造价值。衡量组织中某一个个体是否具备企业忠诚度，其标准在于他的行为表现与组织所需求的行为表现是否存在一致性及其一致程度。组织行为是忠诚的具体表现，是指符合组织特性和组织需求的行为；而非组织行为则恰恰相反，如表1-2所示。

表1-2 组织行为与非组织行为对比

组织要求	组织行为	非组织行为
团结一致	尊重不同的意见，发挥并整合每个人的智慧、积极谋求高效合作等	散布小道消息、拉帮结派、恶意诋毁他人的努力等
奉献价值	尽最大努力创造价值、以自己的价值贡献衡量自身的工作意义等	斤斤计较、索取而不付出、不懂与他人分享和共同进步、以权谋私等
服从安排	认真履行上级的安排、坚决贯彻上级的任务指令和作业要求等	自行其是、阳奉阴违、违命抗拒、无利不往等
勇于担责	主动挑战困难、积极寻求解决问题的办法、责任面前大胆前行等	逃避责任、拈轻怕重、揽功推过、遇到挑战就退缩等

3）正己安人之心

管理者还应当具备正己安人之心，具体是指管理者应当提高自身修养，建立权威，使企业成员可以各安其位，各尽其力，各得其所。要做到这一点，管理者应当在人格上平等地对待下属，在行为上尊重下属，在管理上公正地对待下属。

 **导入案例 1-8**

更好的明天

"每卖出一双鞋,就有一双鞋捐给有需要的儿童。"这就是汤姆布鞋(TOMS Shoes)提出的"明天的鞋子"商业计划。2000年,哥伦比亚广播电台真人秀节目《极速前进》(The Amazing Race)在阿根廷录制节目时,汤姆布鞋的创始人布莱克·麦克斯基看到了很多没有鞋穿的孩子,这些孩子没钱买鞋只能赤脚,双脚经常受伤。于是,布莱克希望为这些孩子做点什么,他开始了慈善与商业的结合,有了这个"明天的鞋子"商业计划。这些鞋子捐赠是汤姆品牌成功的关键,该品牌在青少年中非常流行。"明天的鞋子"商业计划出台后,汤姆布鞋公司提供了超过100万双鞋子给美国和外国的需要帮助的孩子。

【讨论】 请以企业管理者的身份思考,企业家在社会责任和关注利润方面应如何做到平衡?你作为顾客,会因为慈善而被产品吸引吗?为什么?

2. 知识

管理工作涉及的知识面非常广,管理者既要有一定的政治、法律、经济学、管理学、人文、社会科学、科学技术方面的知识,又应当有丰富的专业知识。也就是说,管理者既要是业务上的内行,又要是管理上的行家,才能视野开阔、深谋远虑,面对复杂的企业内外部环境变化,做到科学决策、科学管理。

管理者的知识素质既可能来自知识体系的学习,也可能是经验的总结。

3. 实际能力

实际能力是指管理者把管理理论与业务知识应用于实践,进行具体管理,解决实际问题的能力。能力与知识是相互联系、互相依赖的,理论与专业知识的不断积累和丰富有助于潜能的开发与实际才能的提高,而实际能力的增长与发展又能促进管理者对理论知识的学习消化和具体运用。管理者所需最为关键的管理能力可以概括为3个方面:执行力、控制力和统筹能力。

1) 执行力

执行力指的是管理者作为下属时对自己所需接受的指令、任务及各项工作的贯彻执行和实际履行能力。衡量管理者执行力常见的方式是将任务的下达与结果反馈视为一个闭环的互动过程,其内容包括从任务接收到任务反馈这一完整过程中所需要的各项能力素质。好的管理者应当很好地接受任务、理解任务、执行任务并对任务的结果进行反馈。

2) 控制力

控制力是管人的能力,是管理者综合运用人力资源的能力,要求管理者对下属的工作进行衡量、测量、评价,并对出现的偏差及时进行纠正。

3) 统筹能力

统筹能力是指管理者必须在复杂的事务中理清头绪,分析事物的组织方法并统筹资源,进行合理的业务分配,既要能把握全局,又要能合理地进行规划与资源分配,并且能在细节上有效地组织业务活动。

 特别提示

能力素质是管理者素质的核心。在其他条件具备的情况下,管理者能力素质高低往往关系到决策的成功和失败。除了执行力、控制力、统筹能力之外,管理者还应具有学习能力、解决问题能力、交流与沟通能力、处理信息能力、抗压能力等。

4. 身体和心理素质

管理活动既是一种脑力劳动,又是一种体力劳动。特别是处于纷繁复杂环境下的管理者,在从事管理活动时通常要耗费大量的脑力与体力。只有身心健康,管理者才能很好地应对繁重的管理工作。

1.3　认识管理对象与管理环境

1.3.1　管理对象

管理对象包括人、财、物、时间、信息五要素。

(1) 人,即被管理的生产人员、技术人员和下属管理人员。从长远的发展来看,还应包括预备劳动力的培养教育,以及整个人力资源的开发利用。

(2) 财,包括经济和财务,是一个组织在一定时期内所掌握和支配的物质资料的价值表现。

(3) 物,指对设备、材料、仪器、能源以及物资的管理,使之物尽其用,提高利用率。

(4) 时间,是物质存在的一种客观形式,表现为速度、效率,由过去、现在、将来构成连绵不断的系统。高效能的管理应该考虑如何在尽可能短的时间内做更多的事情,充分利用时间。

(5) 信息,是具有新内容、新知识的消息。在整个管理过程中,信息是不可缺少的要素,信息的管理是提高管理效能的重要部分。

 特别提示

在各种资源要素中,人是管理的主要对象。人在管理中具有双重地位:既是管理者,又是被管理者。

财、物是一个组织赖以实现其目标的重要物质基础。

时间的节约是管理效率提高的主要标志,管理活动及其要素的分配都有一个时序性的问题。管理离不开时间管理。

信息能够反映管理内容,传递和加工处理的文字、数据、图表等。信息系统是管理过程中的"神经系统"。

1.3.2　管理环境

管理环境包括一个组织所处的外部环境和内部环境,是对组织绩效起潜在影响的外部机构或力量。任何组织都存在于一定的环境之中,动态地与其所处的环境发生相互作用。环境既为管理活动提供必要的条件,同时也对管理活动起着制约作用。

管理者不仅要了解政治、经济、文化、科技以及需求、竞争等组织外部环境因素，而且必须掌握员工的价值观、组织拥有的资源等组织内部环境因素，及时掌握环境变化信息，随之调整管理的内容、手段、方式、方法等，以便进行正确决策。

导入案例1-9

新华书店的转型

新华书店自1937年成立以来，一直承担着传播主流文化、传承民族文化、提高民族素质的重要使命，也是党和国家的思想、路线方针政策宣传的重要窗口和阵地。然而，随着互联网时代的到来，市民文化消费习惯正在逐步发生改变。高度互联网化的新兴书店和电子书的崛起，一定程度上挤压了新华书店等传统实体书店的发展空间，实体书店的倒闭已渐成风潮，老字号新华书店也不得不转型发展，另谋出路。

新华书店拥有深厚而众多的社会资源，这是一个闪光的品牌，蕴藏着巨大的无形资产。新华书店的优势是长期积累的图书发行经验和管理经营运行优势。随着科技的不断发展，图书市场的发展趋势是以主流教材为主体的多元化竞争格局和纸质发行与数字化发行并行的融合同存格局。因此，新华书店主动进行经营转型，开始了"以副补主""以副促主"的发展模式，迈出了多元化经营的关键一步，从单一图书经营扩大到音像制品、文化用品、期刊等相关产业的经营，以多元化经营为提升新华书店核心竞争力的战略。

考虑到消费升级，传统的线下书店体验已经难以满足消费者需求，新华书店除了提供阅读服务，还增设了咖啡、餐饮等休闲服务，以抓住消费者更多的时间，给消费者营造更好的阅读氛围，提供更便捷的阅读体验以及个性化的阅读场所。

作为"国字号"的老牌企业，现在的新华书店从"图书卖场"升级成为"文化卖场"。希望这个传递文化、传承文明的书店品牌，在未来的日子里能勇于创新，更加积极地转型发展，持续给读者们提供纯净自在的阅读环境。

【管理启示】　为什么许多实体书店在网络电商书店的市场挤压下纷纷倒闭，而老字号的新华书店逐步完成了转型升级，走出了一条新的品牌发展道路？

对企业而言，环境是其生存的空间，也是一个不断变化的过程。有些企业敏感性强，及时觉察，积极应对，因而处变不惊，应变自如，能够顺利摆脱危机；可有些企业感觉麻木，抱残守缺，得过且过，到了积重难返之时，只能惨遭淘汰。因此，在当前复杂多变和激烈竞争的市场环境中，企业经营者们应时时保持警觉，高度关注企业内外部环境变化，并及时果断地做出应变和调整。只有以变应变，才能永远立于不败之地。

1. 管理环境的类型

管理环境可以分为外部环境和内部环境，外部环境一般有政治法律环境、社会文化环境、经济环境、技术环境、自然环境、全球化环境，内部环境有人力资源环境、物力资源环境、财力资源环境以及内部文化环境，如图1-6所示。

1) 外部环境

外部环境是组织之外的客观存在的各种影响因素的总和，包括可能影响组织的政治法律环境、社会文化环境、经济环境、技术环境、自然环境、全球化环境。

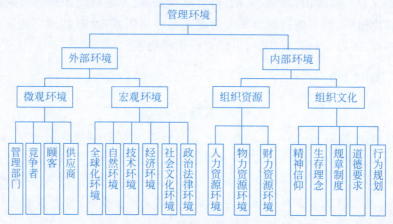

图 1-6　组织环境的类型

导入案例 1-10

滞销的尿布

日本锦公司的多川博毕业于神户商业大学,当他从学校毕业后想大干一场、创建自己的商业版图时,太平洋战争爆发了。战争带来的经济萧条,让他只能屈居于其岳父的小厂当帮手。这个小厂仅有 30 名员工,主要生产胶质尿布、雨衣等橡胶产品。多川博预计,战争结束后会出现生育高峰,且尿布的需求量肯定会随着婴儿出生率的提高而扩大。于是他建议工厂专门生产尿布。然而,他失算了,在战后经济异常困难的日本,父母不肯把钱花在买尿布上,工厂的产品滞销,营业额下降。在严酷的事实面前,多川博不得不为推销产品绞尽脑汁。

多川博在经营过程中发现,胶质尿布的销售量并不和婴儿的出生率成正比,而是同家庭的生活水平和文化程度成正比。察觉到这一信息后,他专门收集全世界有关尿布的信息,在扩大销路的同时,也倾注心血于改进生产技术,积极推进工厂的机械化和自动化,使得锦公司获得了更好的发展。

【思考】 战争结束后婴儿出生率提高了,锦公司的尿布为什么还会滞销?影响企业经营的环境因素是单一的吗?如果不是,影响企业经营的环境因素有哪些?

对非政府组织来说,政治法律环境包括一个国家的政治制度、社会制度、执政党的性质、政府的方针、政策、法规法令等。政治的稳定无疑是组织发展必不可少的前提条件,只有在一个和平的环境中,企业才有投资的信心并制定长期发展目标和计划。例如,中东一些国家常年处于战乱之中,这些国家的企业绝大多数处于崩溃状态。政治环境的变化有时对组织的决策行为产生直接作用,但更多地表现为间接影响。一方面,由国家权力阶层的政治分歧或矛盾引发的罢工浪潮和政局动荡无疑会给企业的经营活动造成直接冲击;另一方面,由这种政治环境变化导致的新制度、新法规和新的经济政策,将对全国范围企业的经营和决策产生广泛而深远的直接或间接影响。

社会文化环境包括一个国家或地区的居民文化水平、宗教信仰、风俗习惯、道德观念、价值观念等。

经济环境是影响组织、特别是企业的重要环境因素,它包括利率、通货膨胀、可支配收入变化、股市波动和商业周期阶段等因素。对组织影响最大的是宏观经济周期波动和政府采取的宏观经济政策。例如,在国民经济高速增长时期,企业往往面临更多的发展机会,因而企业可以增加投资,扩大生产和经营规模,这时企业的竞争环境也不会太紧张;经济停滞或衰退时期则相反,国家实施信贷紧缩,会导致企业流动资金紧张,周转困难,投资难以实施,而政府支出的增加则可能给企业创造良好的销售前景。

技术环境反映了组织物质条件的科技水平。技术环境除了直接相关的技术手段外,还包括国家对科技开发的投资和支持重点、技术发展动态和研究开发费用、技术转移和技术商品化速度、专利及其保护情况等。

人口环境涉及人口特征,如年龄、种族、性别、教育水平、地理位置、收入、家庭构成等。

全球化环境包括各种与全球化和世界经济相关的事项。例如,全球货物运输与商品交易可能会受到局部地区的灾难冲击,地震、海啸、疫情都可能造成全球货物供应链的断裂,对企业造成冲击。

外部环境又可以进一步分为宏观环境(一般环境)和微观环境(任务环境)。宏观环境也称一般环境、社会大环境,是各个组织共同面临的整个社会的一些环境因素;微观环境也称任务环境、具体环境,是指某个社会组织在完成特定任务过程中面临的特殊环境因素。例如,一个上市公司可能和一所学校面临相同的宏观环境,但其面临的微观环境与学校的微观环境不同,而且与其他企业的微观环境也可能不同。对企业来说,微观环境主要包括供应商、顾客、竞争者、管理部门等。

2) 内部环境

内部环境是指组织内部的各种影响因素的总和。在一定条件下,内部环境是可以控制和调节的。人力资源对于任何组织都始终是最关键和最重要的因素。物力资源是指内部物质环境的构成内容,即在组织活动过程中需要运用的物质条件的拥有数量和利用程度。财力资源是一种能够获取和改善组织其他资源的资源,是反映组织活动条件的一项综合因素,是组织的资金拥有情况、构成情况、筹措渠道、利用情况。财力资源的状况决定组织业务的拓展和组织活动的进行等。内部组织文化环境是指组织的文化体系,包括组织的精神信仰、生存理念、规章制度、道德要求、行为规范等。

内部环境随着组织的诞生而产生,对组织的管理活动产生影响。内部环境决定了管理活动的可选择的方式方法,而且在很大程度上影响到组织管理的成功与失败。

2. 组织环境的管理

组织理论家汤姆森(Thompson)用环境的变化程度和环境的复杂程度两个维度来反映组织所处的环境。

第一个维度是环境的变化程度,如果组织环境的构成要素变化频繁,就是一个动荡的环境;如果变化很少,就是一个稳定的环境。例如,著名的 ZIPPO 公司,其生产的打火机闻名遐迩,该公司面临的就是一个相对稳定的环境,几乎没有竞争对手和技术变化,公司主要关注的外部因素是烟草使用量减少的趋势、各国控烟的政策等;而唱片公司则面临着动荡的环境:数字版权、在线音乐软件等都给唱片公司带来了高度的不确定性。

第二个维度是环境的复杂程度,这涉及组织环境构成要素的数量和组织掌握的关于这些环境要素的知识。如果一个组织需要应付的竞争对手、顾客、供应商和管理部门很少,那么环境的复杂性和不确定性就会比较小。

基于这两个维度的变量,可以将组织环境划分为 4 种状况:相对稳定而简单的环境、动荡而简单的环境、相对稳定但极为复杂的环境、动荡而复杂的环境,如图 1-7 所示。

管理者更愿意在相对稳定而简单的环境中运营,但大部分企业面临的都是动荡而复杂的环境,需要管理者针对性地采取管理措施,降低外部环境对组织的不良影响。

因此,组织环境管理的一般步骤为:首先了解环境因素的变化情况;再进行分析研究,确定环境因素对组织的影响;最后对各种环境因素的影响做出相应反应。

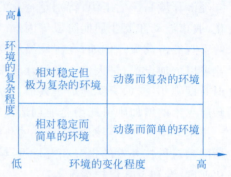

图 1-7 组织环境的 4 种状况

特别提示

对不同的环境因素要采用不同的管理方法。对一般环境因素,主要是如何主动适应它;对任务环境,应该通过努力加以管理。

1.4 认识管理的基本原理与一般方法

1.4.1 管理的基本原理

原理是指某种客观事物的实质及运动的基本规律。管理原理是对管理工作的实质内容进行科学分析和总结而形成的基本真理,它是现实管理现象的抽象,是对各项管理制度和管理方法的高度综合与概括,因而对一切管理活动具有普遍的指导意义。管理原理包括系统原理、人本原理、责任原理和效益原理。

特别提示

管理原理具有客观性、概括性、稳定性、系统性等基本特征。管理原理对于做好管理工作有普遍的指导意义,具体如下。

(1)掌握管理原理有助于提高管理工作的科学性,避免盲目性。

(2)研究管理原理有助于掌握管理的基本规律。

(3)对于管理原理的掌握有助于迅速找到解决管理问题的途径和手段。例如,依据组织的实际情况,建立科学合理的管理制度、方式与方法,使管理行为制度化、规范化,使管理的许多常规性工作有章可循,有规可依。这样,管理者就可从事务性工作中摆脱出来,集中精力对例外事项进行管理,即使更换管理者,系统运作仍可照常顺利进行。

1. 系统原理

系统是由若干相互联系、相互作用的部分组成的具有特定功能的有机整体。系统从组成要素的性质看,可划分为自然系统和人造系统。自然系统,如生态系统、气象系统等,是由自然物组成的系统；人造系统是人们为达到某种目的而建立的系统，如生产系统、交通系统、商业系统、管理系统等。

系统包括集合性、层次性、相关性 3 个特征：①集合性是指一个系统至少由 2 个或 2 个以上的子系统构成。例如，一个学校的管理系统可分为学生管理系统、教师管理系统、教学管理系统、财务管理系统等子系统。②层次性是指系统的结构是有层次的，构成一个系统的子系统和子子系统分别处于不同的地位。例如，学校的学生管理系统相对于学校的管理系统来说是子系统，而相对于经济管理系学生系统来看又是母系统。系统与子系统是相对而言的，而层次是客观存在的。③相关性是指系统内各要素之间相互依存、相互制约的关系。

系统原理又包含以下 5 个方面。

1）整体性原理

整体性原理是指系统要素之间的相互关系及要素与系统之间的关系以整体为主进行协调，局部服从整体，使整体效果为最优。系统局部与整体存在着复杂的联系和交叉效应，但系统的功能不等于要素功能的简单相加，而是往往大于各个部分功能的总和。

特别提示

在管理中应用整体性原理时要做到以下几点：①要考虑系统各要素的兼容性。②要注重系统结构的构建。系统的功能取决于系统的结构，要实现系统功能的放大，必须做好系统结构整体设计。③要有全局观，统筹协调。当局部与整体发生矛盾时，局部利益应服从整体利益，以达到整体的最大优化。

2）动态性原理

系统内部的联系是一种运动，系统与环境的相互作用也是一种运动，运动是系统的生命。掌握系统动态原理，研究系统的动态规律，可以使管理者预见系统的发展趋势，树立超前观念，减少偏差，掌握主动，使系统向期望的目标顺利发展。

3）开放性原理

对外开放是系统的生命，不存在一个与外部环境完全没有物质、能量、信息交换的系统。系统与外界不断交流物质、能量和信息，才能维持其生存；并且只有当系统从外部获得的能量大于系统内部消耗散失的能量时，系统才能不断发展壮大。在管理工作中，任何试图把本系统封闭起来与外界隔绝的做法都只会导致失败。明智的管理者应当从开放性原理出发，充分估计到外部对本系统的种种影响，努力从开放中扩大本系统从外部吸入的物质、能量和信息。

4）环境适应性原理

系统不是孤立存在的，它要与周围事物发生各种联系。系统对环境的适应并不都是被动的，也有能动的，那就是改善环境。企业要充分利用自身的资源，施加作用和影响于环境，以此为自身发展创造条件。例如，一个行业的领导者应该充分利用自己的优势，制定对自己有利的行业标准；一个准备到国外投资的企业应该尽量运用自身资源影响当地政府的政策，以便更好地融入投资环境，为企业打下更好的发展基础。

特别提示

作为管理者，既要有勇气看到能动地改变环境的可能，又要冷静地看到自己的局限，才能实事求是地做出科学的决策，保证组织的可持续发展。

5）综合性原理

综合性就是把系统的各部分各方面和各种因素联系起来，考察其中的共同性和规律性。任何一个系统都可以看作由许多要素为特定的目的而组成的综合体。

系统的综合性原理包括以下几方面含义：①系统目标的多样性与综合性。若系统目标确定得当，各种关系能够协调一致，就能大大发挥系统的效益，反之就会适得其反。例如，企业重视短期经济效益而忽视环境污染，从整体和长远来看得不偿失。②系统实施方案选择的多样性与综合性。针对同一问题可以有多种处理方案，必须进行综合研究，选出满意方案。③综合也是一种创造。量的综合导致质的飞跃，产生了新的事物，综合的对象越多，范围越广，创造也就越大。因此，管理者既要学会把许多普普通通的东西综合为新的构思、新的产品，创造出新的系统，又要善于把复杂的系统分解为最简单的单元。

 **导入案例 1-11**

腾飞的中国高铁

中国高铁技术起步虽晚但发展迅猛。在巨大的铁路运输市场需求、高速提升的综合国力、改革开放政策和跨越式发展战略等因素作用下，中国高铁在速度上不断刷新世界纪录，技术达到世界一流水平，被公认为国际领先。

日本、德国和法国是高铁技术成熟、先进的国家，这主要和它们工业化起步早且自然和人文地理环境均适宜铁路运输有关，后起之秀的高铁技术强国无一例外是在他们的高铁技术平台上再发展的。这三个国家高铁技术各有千秋，独树一帜。日本高铁安全性能优异，德国高铁电气设备先进，法国高铁极限速度领先。

中国在高铁技术上享有后发优势，综合了多个国家在高铁技术上拥有的技术专长，购买了多项专利，并在综合各国高铁技术优势的基础上，成功研制出了属于本国的高铁列车国产芯片，研发了中国标准动车组，发展出了独具特色并拥有完全知识产权的中国高铁技术，取得了举世瞩目的成就，实现了新的腾飞。

2. 人本原理

人本原理就是管理要以人为中心，一切以调动人的积极性、创造性为根本。

人本原理的主要观点是：员工是企业的主体，员工参与管理，使人性得到最完美的发展是现代管理的核心，服务于人是管理的根本目的。

人本原理认为人是管理系统中最活跃、最有能动性、最有创造性的要素，管理活动中的一切工作都离不开人，人在管理中居于核心地位，尊重人、依靠人、为了人、发展人、做好人的工作，这是做好管理工作的根本。

 特别提示

管理者在一切管理活动中都要重视处理人与人之间的关系，充分调动人的主动性和创造性，做到人尽其才，使管理对象明确组织的整体目标和自己担负的责任，自觉地、主动地为实现整体目标而努力工作。

3. 责任原理

责任原理是指管理工作在合理分工的基础上，明确规定组织各级部门和个人应该完成的工作任务和担负的相应责任。因此,责任原理又称为权责利相称原理、权责利对等原理。

责任原理的主要观点是:明确职责、合理授权、奖惩分明。

(1) 明确职责,这里的职责不是一个抽象的概念,而是在数量、质量、时间、效益等方面都有严格要求的行为规范,表达责任的形式有各种流程、制度、规章、计划、指标等。一般来说,分工明确,职责也会越明确。

(2) 合理授权涉及权限、利益与能力3个概念。首先是权限,明确了职责就应当授予相应的权限,明智的上级应当把下属完成职责所必需的权限全部授予下属,由下属独立决策,只在必要时给予支持。其次是利益,完全负责意味着要承担全部风险。根据公平理论,承担多大责任就应获取多少回报,任何人在承担责任时都会权衡利益与风险的关系。如果风险与利益对称,人们就愿意承担责任。最后是能力,能力是完全负责的关键因素。有责任心而能力不足的人无法胜任管理工作。管理过程就是追求责、权、利统一的过程。职责和权限、利益、能力之间的关系遵循等边三角形定理,职责、权限、利益三者对等,负有什么样的责任,就应该具有相应的权力,同时应该取得相对称的利益,如图1-8所示。

(3) 奖惩要分明、公正而及时,奖罚分明才能体现激励的作用,公正才能对整个组织具有约束作用,及时才能取得奖和罚应有的导向作用。组织应该建立规范健全的奖惩制度,监督责任的履行。

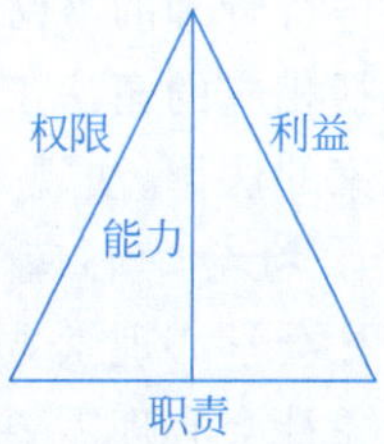

4. 效益原理

效益原理认为任何组织的管理都是为了获得某种效益,效益的高低直接影响组织的生存和发展。效益是指有效产出与投入之间的一种比例关系,包括经济效益和社会效益两个方面。经济效益可以用经济指标来计算和考核;而社会效益具有间接性,较难以量化,定性的考核较多。

图1-8 责、权、利的等边三角形定理

特别提示

管理应确立正确的效益观,把经济效益与社会效益有机结合起来,尽可能客观公正地评价效益。综合评价管理效益时,必须从管理者的劳动效益及所创造的价值来考虑。追求局部效益与追求全局效益相一致,必须把全局效益放在首位,局部服从全局。特别是要追求长期稳定的高效益,以战略的眼光去追求效益,并遵循客观规律,增大效益。

管理的四大原理可以建立起一个有效的科学管理系统。系统原理是管理的基础,人本原理是管理的主体,责任原理是管理的保证,效益原理是管理的目的。总之,管理原理是能够全面系统地反映管理全过程的基本规律,它指导一切管理行为,对于做好管理工作具有普遍的指导意义。

1.4.2 管理的一般方法

管理方法是指管理者为实现组织目标,组织和协调管理要素的工作方式、途径或手段,即运用管理原理,实现组织目的的方式。任何管理,都要选择、运用相应的管理方法。现代管理方法是一个多层次、多序列且内容丰富的体系。我们应通过对管理方法的学习,了解不同管理方法的优点及缺点,理解它们的适用条件和范围,以便在实际管理活动中选取恰当的方法来实现管理目标。管理方法可分为经济方法、行政方法、法律方法和社会学心理学方法。

1. 经济方法

经济方法是以人们对物质利益的需要为基础，按照客观经济规律的要求，运用各种经济手段来执行管理职能、实现管理目标的方法。常用的经济手段主要包括价格、税收、信贷、利息、利润、工资、奖金、罚款等。其中，价格、税收、信贷和利息属于宏观管理中的经济手段，工资、奖金、罚款属于微观管理的经济手段。

2. 行政方法

行政方法是指依靠行政组织的权威，运用命令、规定、指示和条例等行政手段，按照行政系统的职权有层次地进行管理的方法。行政方法的主要形式有命令、指示、计划、指挥、监督、检查、协调等。

3. 法律方法

法律方法是指运用法律这个由国家机关制定或认可并由国家强制力保证实施的行为规范来进行管理的方法。法律方法的内容不仅包括建立和健全各种法律、法规的立法工作，而且包括相应的司法工作和仲裁工作，这两个方面相辅相成、缺一不可。法律方法的主要形式有国家的法律、法规，组织内部的规章制度，司法和仲裁。

4. 社会学心理学方法

社会学心理学方法是指借助社会学和心理学原理，运用教育、激励等手段，通过满足管理对象社会心理需要的方式来调动其积极性的方法。社会学心理学方法的主要形式有宣传教育、思想沟通、各种形式的激励等。

 特别提示

经济方法的特点包括利益驱动性、普遍性与持久性。经济方法的缺点是可能产生明显的负面作用，导致被管理者过分看重金钱，影响其工作主动性和创造性的发挥。

行政方法的主要特点有权威性、强制性、单一性、稳定性和时效性。行政方法的局限性是由于强制干预，容易引起被管理者的心理抵触，单纯依靠行政方法很难进行持久的有效管理。

法律方法的特点包括：①高度强制性。法律方法依靠国家权威制定的法律来进行强制性管理，其强制性大于行政方法。②规范性。它是采用规范进行管理的一种形式，属于"法治"，而非"人治"。这增强了管理的规范性，而限制了人的主观随意性。法律方法的缺点在于其局限性，对于特殊情况有适用上的困难，缺乏灵活性。

社会学心理学方法的特点包括：①自觉自愿。这是通过被管理者内心激励，而使其自觉自愿地去实现目标的方法，不带有任何强制性。②持久性。这种方法建立在被管理者觉悟和自觉服从的基础上。社会学心理学方法的缺点主要表现为对紧急情况难以适应，而且单纯使用该方法常常无法达到目标。

管理的4种方法不是孤立的，通常是多种方法综合运用。这4种管理方法的对比如表1-3所示。

表 1-3 管理方法的比较

名称	内容	特点	主要形式
经济方法	依靠利益驱动,利用经济手段,通过调节影响被管理者物质需要促进管理目标实现的方法	利益驱动性、普遍性、持久性	价格、税收、信贷、利息、利润、工资、奖金、罚款
行政方法	依靠行政权威,借助行政手段,直接指挥和协调管理对象的方法	权威性、强制性、单一性、稳定性、时效性	命令、指示、计划、指挥、监督、检查、协调
法律方法	借助国家法规和组织制度,严格约束管理对象为实现组织目标而工作的一种方法	高度强制性、规范性	国家的法律、法规,组织内部的规章制度,司法和仲裁
社会学心理学方法	借助社会学和心理学原理,通过满足管理对象社会心理需要的方式来调动其积极性的方法	自觉自愿性、持久性	宣传教育、思想沟通、各种形式的激励

【本章小结】

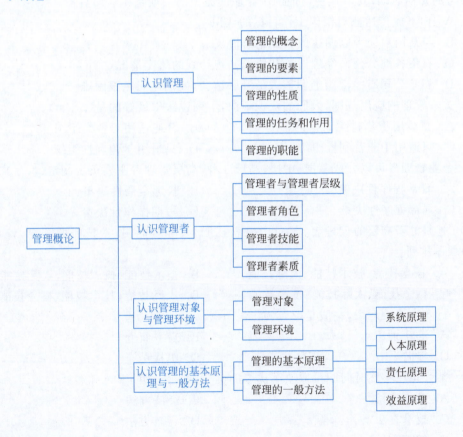

【思考与练习】

一、单项选择题

1. 为了保证目标及为此而制订的计划得以实现,就需要有(　　)职能。

A. 计划 B. 组织 C. 领导 D. 控制
2. 管理者在处理与组织成员和其他利益相关者的关系时,他们就在扮演(　　)。
   A. 人际角色 B. 信息角色 C. 决策角色
3. 在(　　)中,管理者处理信息并得出结论。
   A. 人际角色 B. 信息角色 C. 决策角色
4. 对于基层管理者而言,最重要的是(　　)。
   A. 技术技能 B. 人际技能 C. 概念技能
5. (　　)对于高层管理者最重要,对于中层管理者较重要,对于基层管理者不重要。
   A. 技术技能 B. 人际技能 C. 概念技能
6. (　　)对于所有层次管理者的重要性大体相同。
   A. 技术技能 B. 人际技能 C. 概念技能
7. 李明是某大型企业集团的总裁助理,在助理岗位上工作得十分出色。他最近被任命为集团销售总公司的总经理,从而由一个参谋人员变成了独立部门的负责人。下面是李明最近参与的几项活动,其中几乎与他的领导职能无关的一项是(　　)。
   A. 向下属传达他对销售工作目标的认识
   B. 与某用户谈判以期达成长期销售协议
   C. 召集各地分公司经理讨论和协调销售计划的落实情况
   D. 召集公司有关部门的职能人员开联谊会,鼓励他们克服困难
8. 关于管理的应用范围,人们的认识不同,下列说法中最好的是(　　)。
   A. 只适用于营利性工业企业 B. 普遍适用于各类组织
   C. 只适用于非营利性组织 D. 只适用于营利性组织
9. 企业管理者可以分成基层、中层、高层3种,高层管理者主要负责制定(　　)。
   A. 日常程序性决策 B. 长远全局性决策
   C. 局部程序性决策 D. 短期操作性决策
10. 越是处于高层的管理者,其对于概念技能、人际技能、技术技能的需要,就越是按(　　)顺序排列。
    A. 概念技能、技术技能、人际技能 B. 技术技能、概念技能、人际技能
    C. 概念技能、人际技能、技术技能 D. 人际技能、技术技能、概念技能
11. 行政方法的运用,一般是(　　)。
    A. 自上而下 B. 自下而上
    C. 横向 D. 纵横结合
12. 某公司在年终时向职员发放了优厚的奖金,这是运用了(　　)。
    A. 法律方法 B. 经济方法
    C. 技术方法 D. 行政方法
    E. 教育方法
13. 某公司新近从基层提拔了一批管理人员担任中层管理工作,上岗之前,公司要对他们进行培训,培训的重点应该放在(　　)。
    A. 总结他们在基层工作的经验教训
    B. 熟悉公司有关中层管理人员的奖惩制度

C. 促进他们重新认识管理职能的重点所在

D. 帮助他们完成管理角色的转变

14. 管理的主体是（　　）。
    A. 管理者　　　　　　　　　　B. 管理对象
    C. 管理目标　　　　　　　　　D. 管理职能
15. 管理的核心是（　　）。
    A. 对物的管理　　　　　　　　B. 制定战略
    C. 处理人际关系　　　　　　　D. 对人的管理

二、多项选择题

1. 作为（　　），管理者把从外部人员和下级那里获得的信息传递给组织的其他成员；作为（　　），管理者向外界发布有关组织的信息。
    A. 信息监听者　　B. 信息传播者　　C. 发言人
2. 管理的二重属性是指管理的（　　）。
    A. 科学性　　　　B. 自然属性　　　C. 艺术性
    D. 社会属性　　　E. 实践性
3. 对某一特定社会中的所有组织都发生影响的环境因素就是宏观环境，它包括（　　）。
    A. 技术环境　　　B. 政治法律环境　C. 经济环境
    D. 人口环境　　　E. 供应商
4. 外部环境是指对组织的绩效具有潜在影响的外部因素，它又分为（　　）。
    A. 一般环境　　　　　　　　　B. 具体环境
    C. 任务环境　　　　　　　　　D. 文化环境
5. 管理的对象包括（　　）。
    A. 人　　　　　　B. 财　　　　　　C. 物
    D. 时间　　　　　E. 信息

三、简答题

1. 管理的职能包括哪些？它们之间有什么关系？
2. 何谓管理？管理的基本特征是什么？
3. 分析管理二重性的基本内容。
4. 一个有效的管理者需要扮演哪些角色？需要具备哪些技能？
5. 管理的经济方法的内容和实质是什么？有何特点？如何正确运用？

四、案例分析

升任公司高层后的焦虑

李明最近被所在建筑施工企业任命为董事长兼总经理。在准备接任此职位的前一天晚上，他回忆起在该公司工作 20 多年的情况。他在大学学的是工程管理专业，到该建筑公司工作时最初担任施工现场的施工技术员，刚开始确实有些手忙脚乱。但由于他的好学，加上领导的指点，很快胜任了工作，几年之后他被提升为项目经理，开始独当一面。当施工技术员时，他的主要职责是做好每日的作业管理，技术性很强。当上项目经理后，他就发现自己需要做的事情很多，不仅要管好技术，还要带好队伍，做好协调，妥善处理与建设单位、第三方监理、管理部门的关系。他很努力也很出色，担任项目经理 10 年之后，他主持的项目获得了包括鲁班奖在内的很多重量级奖项,他又被提升为施工企业的副总经理。他自信有能力做好此项工作,但由于高级职务工作的复杂性,他要付出更多的精力来协调财务、人事、生产等部门之间的关系。虽然艰难,他还是适应了,并做出了成绩。现在面临着企业最高主管职位,他还是忍不住焦虑,不知能否担当起企业的重任,干出一番实绩。

【案例讨论】

1. 李明担任施工技术员时所在的管理层级是什么?所需具备的管理技能有哪些?
2. 李明要成功地胜任公司董事长兼总经理的工作,哪些管理技能是最重要的?为什么?
3. 结合本案例及所学内容,比较并归纳基层管理者与高层管理者的职责与技能方面的差异。

【实践训练】

参观、了解某企业所处的组织环境和组织文化。

(1)分组。由学生自愿组成小组,每组6~10人,并选出小组负责人。

(2)调研准备:教师在条件允许的情况下组织学生参观本地某企业,通过对参观企业、采访企业人员、沟通交流,指导学生完成企业环境调查报告。(若条件不允许,则每组自行搜索互联网上企业相关资料,完成对公司的内外部环境分析。)

(3)调研内容:①了解该公司的主营业务;②分析该企业的组织文化层次构成及企业组织文化特点;③该企业经营管理可能受到哪些环境影响?这些环境将如何影响企业的经营?

【实践内容】

(1)每人提交一份简要的调查报告或小结。

(2)调查结束后,组织一次课堂交流与讨论。各小组派一名代表对本次活动进行班级交流,将收集的资料做成PPT进行演示,由教师根据调查报告内容和PPT展示内容进行小组打分,小组长根据各组员的贡献度,为教师提供组内分数排序建议。

第2章 管理思想与管理理论发展史

【教学目标】
1. 了解中国、西方早期传统管理思想；
2. 掌握古典管理理论、行为科学管理理论以及现代管理理论的主要代表人物及其理论观点。

【能力目标】
1. 能够运用古典管理理论、行为科学管理理论以及现代管理理论；
2. 具有应用现代管理理念分析和处理实际管理问题的能力。

2.1 传统管理思想

导入案例 2-1

山姆先生的"滑铁卢"

　　BL公司是一家中美合资企业，其业务在中国有广阔的潜在市场。但是究竟由谁担任公司的总经理呢？中美双方经过商讨，决定聘请美国的山姆先生担任总经理。山姆先生有20年管理该类型企业的经验，对振兴公司胸有成竹。谁知事与愿违，公司成立一年后，没有赚到钱，反而亏损了80多万元，山姆先生因此被公司辞退。

　　这位曾经在日本、德国、美国获得无数成功的经理何以在中国遭遇"滑铁卢"呢？多数人认为，山姆先生是一个好人，在技术管理方面是内行，为公司吸收消化先进技术做了很多工作。他对管理好公司抱有极大期望，"要将BL公司变成一个纯美国式的企业"。他采取法约尔的一般管理理论，完全按照美国模式设置了公司的组织结构，并建立了一整套规章制度。在管理体制上，山姆先生实行分层管理制度：总经理只管两个副经理，下面再一层管一层。但这套制度的执行结果造成了管理混乱，人心涣散，员工普遍缺乏主动性，工作效率大大降低。山姆先生强调"我是总经理，你们要听我的"。他甚至要求，工作进入正轨后，除副总经理外的其他员工不得进入总经理办公室。但他不知道，中国的企业负责人在职工面前总是强调和大家一样，以求得职工的认同。最终，山姆先生在公司陷入非常被动、孤立的局面。

　　山姆先生走后，BL公司重新选派了一位年轻的中国人担任总经理，新经理根据实际情况和组织文化，运用权变管理理论，迅速制定了新的规章制度，调整了机构，调动了全体员工的积极性。在销售方面，新经理也采取了多种促销手段。半年后，BL公司宣告扭亏为盈。

　　山姆先生之所以失败，主要是因为他完全照搬了惯用的传统企业管理模式，机械性地理解和运用了法约尔管理理论的"等级制度原则"，忽视了环境因素的变化，没有合理运用"法约尔跳板"实现有效沟通；中方经理则合理地运用了权变管理理论，取得了管理上的成功。

【管理启示】 管理理论对管理实践活动具有很强的指导作用，不同的管理理论又会产生不同的管理效果。在管理科学的发展过程中，形成了系统的管理思想和管理理论，学习和掌握这些理论，对于管理能力的培养具有基础性的作用。

管理思想是人们在社会实践中对管理活动进行思考形成的观点、想法和见解的总称。它是人们对管理实践中种种社会关系及其矛盾活动自觉的和系统的反映。管理思想是在管理实践基础上逐渐形成和发展起来的。直至19世纪末，人们才逐步将管理思想进行系统化的总结归纳，形成了管理理论。

管理思想与管理理论的发展经历了从思想萌芽、思想形成到不断系统与深化的发展过程，大致可分为4个阶段：①中外早期的传统管理思想，其产生于19世纪末以前。②古典管理理论，是19世纪末20世纪初在美国、德国、法国等西方国家形成的科学管理理论。③新古典管理理论。这一阶段的主流是行为科学理论，早期称为人际关系学说，出现于20世纪20年代后，代表人物有梅奥、巴纳德等。④现代管理理论，其主要出现于第二次世界大战以后，这一时期管理领域非常活跃，出现了一系列管理学派，各学派百花齐放、百家争鸣，孔茨（Koontz）形象地称为"管理理论丛林"。本章将主要介绍国内外在管理学研究中取得的思想成果，从而加深我们对管理学的理解，通过掌握管理理论来规范自身的管理活动，并把握管理理论的发展脉络和发展趋势。

2.1.1 中国传统管理思想发展历程

在中国古代社会的长期历史进程中，人们对管理实践的思考处在不自觉的状态中，对管理的具体问题与具体环节、方法等方面提出了很多见解，记录了许多成功的管理经验和方法，从而形成了丰富的古代管理思想遗产。

中国传统的管理思想可分为宏观管理的"治国学"和微观管理的"治生学"。"治国学"适应中央集权的封建国家的需要，包括财政赋税管理、人口田制管理、市场管理、货币管理、漕运驿递管理、国家行政管理等方面；"治生学"则是在生产发展和经济运行的基础上通过官、民的实践逐步积累起来的，包括农副业、手工业、运输、建筑工程、市场经营等方面的学问。

从中国历史上重要的哲学思想学派来看，中国传统的管理思想也来源于儒、道、法、兵、墨等各家学说。这些学说涉及治国思想、军事战略思想、对社会秩序的见解等内容，对历史上以及当今中国的企业、中国管理者思想的形成都发挥着重要作用。表2-1展示了中国历史上主要学说的思想及其管理内涵。

表2-1 中国历史上主要学说的思想及其管理内涵

主要学说	代表人物	主要思想	对管理实践的影响
儒家学说	孔子、孟子	仁、义、礼、智、信、忠、孝、悌、节、恕、勇、让	强调道德自律、仁义（尊重人）和守礼（伦理）为本等，强调中道、中和地处理问题
道教学说	老子	道法自然、提出无为而治、以柔克刚、刚柔并济等哲学观点	效法天道，探索并顺应客观规律；注重领导者清虚自守的品质，识人用人，以及进退有据、欲夺固予等影响深远的辩证主张

续表

主要学说	代表人物	主要思想	对管理实践的影响
法家学说	李悝、管仲、韩非子等	以法治为其思想核心,奖励耕战,毁弃诗书,主张以法治国	事断于法,制度管理;识人辨奸,明察秋毫;任贤使能,唯才是举;恩威并施,赏罚分明
兵家学说	孙子、孙膑	兵法、三十六计等	知己知彼、全胜而非战、奇正相生等战略决策思想
墨家学说	墨子	十论:尚贤、尚同、节葬、节用、非乐、非命、尊天、事鬼、兼爱和非攻	兼爱相利、尚同尚贤、兴利天下;注重积极作为以兴利,注重节俭以除害等

 特别提示

也有学者把中国古代传统管理思想总结为顺"道"、重人、求和、守信、利器、求实、对策、节俭、法治9个方面的内容。

2.1.2 西方传统管理思想发展历程

1. 亚当·斯密的劳动分工理论和"经济人"假设

亚当·斯密(Adam Smith)在《国富论》中系统地阐述了劳动价值论和劳动分工理论,提出了"经济人"假设。该理论的提出为后来的古典管理理论的建立和发展奠定了基础。

亚当·斯密认为劳动分工是增进劳动生产力的主要因素,其原因有三:①分工节约了由于工作的经常变动而损失的时间;②熟能生巧,重复同一作业可以使工人的技能得以提高;③分工使作业单纯化,这有利于工具和机械的改进。

 知识链接

4种人性假设

著名管理心理学家雪恩(Schein)在《组织心理学》一书中总结了4种人性假设理论。

1. "经济人"假设

"经济人"假设认为人性是懒惰的,做工作都只是为了获取经济报酬,满足自己的私利。因此,管理上主张用金钱等经济因素去刺激人们的积极性,用强制性的严厉惩罚去处理消极怠工者,即把奖惩措施建立在"胡萝卜加大棒"政策的基础上。

2. "社会人"假设

"社会人"假设认为人们的社会性需求是最重要的,人际关系、职工的士气、群体心理等对积极性有重要影响。因此,要在管理上实行"参与管理",要重视满足职工的社会性需要,关心职工,协调好人际关系,实行集体奖励制度等。

3. "自我实现人"假设

"自我实现人"假设认为人是自主的、勤奋的,自我实现的需要是人的最高层次的需要,只要能满足这一需求,个体的积极性就会被充分调动起来。自我实现是指人的潜能得到充分发挥,只有人的才能得以表现和发展,人才会有最大的满足。因此,管理上应创设良好的环境与工作条件，以促进职工的自我实现，即潜能的发挥。"自我假设人"假设强调通过工作本身的因素，即运用内在激励因素调动职工的积极性。

4. "复杂人"假设

"复杂人"假设认为一个现实的人，其心理与行为是很复杂的，人是有个体差异的。人不但有各种不同的需要和潜能，而且就个人而言，其需要与潜能也随年龄的增长、知识能力的提高、角色与人际关系的变化而发生改变。不能把人视为某种单纯的人，实际上存在的是一种具体的"复杂人"。依据这一理论，人们便提出了管理上的超Y理论，即权变理论。该理论认为不存在一种一成不变、普遍适用的管理模式，应该依据组织的现实情况采取相应的管理措施。

2. 罗伯特·欧文(Robert Owen)的人事管理实践和思想

罗伯特·欧文是19世纪初英国著名的空想社会主义者、企业管理的改革家。他在担任英格兰新拉纳克工厂的经理期间，针对当时工厂劳动条件和生活水平相对低下的情况推行了一系列改革：改善工人的工作生活条件、缩短工作日、提高工资、发放抚恤金等。这些改革不仅改善了工人的生活状况，也使工厂获得较高的利润，形成了工人和工厂双赢的局面。

罗伯特·欧文在人事管理方面的理论研究和实践探索对后来的行为科学理论产生了很大的影响，被称为"现代人事管理之父"。

3. 查尔斯·巴贝奇(Charles Babbage)的管理思想

查尔斯·巴贝奇是英国有影响的数学家，在剑桥大学教授数学，曾在英、法等国的工厂进行调研。巴贝奇在1832年出版了其最具代表性的名著《论机器与制造业的经济》。在这本书中，巴贝奇提出了在科学分析的基础上有可能制定出企业管理的一般原则。他还制定了一种"观察制造业的方法"，这种方法同后来他人提出的"作业研究的科学的、系统的方法"非常相似。观察者用这种方法进行观察时利用一种印好的标准提问表，表中项目包括生产所用的材料，如正常的耗费、费用、工具、价格、最终市场、工人工资、需要的技术、工作周期的长度等。

巴贝奇还进一步发展了亚当·斯密关于劳动分工的思想，分析了分工可以提高工作效率的原因。这些原因被总结为：①分工节省了学习所需要的时间。生产过程中包含的工序种类越多，学习这些工序所需要的时间就越长。假如一个工人仅仅完成了其中的少数工序，甚至某一道工序，那么就只需要花费少量的学习时间。②节省了学习中所耗费的材料。学习中都要耗费一定的材料，随着学习时间的减少，所耗费的材料也会相应减少。③节省了一道工序转变到另一道工序所花费的时间。④节省了改变工具所花费的时间。许多工艺中，工具通常很精细，需要大量时间进行精密的调节，分工减少了工具的变更，也减少了调节工具的时间。⑤由于经常重复同一操作，因此技术熟练的工人工作速度加快。另外，劳动分工后工人的注意力集中在比较简单的作业上，有利于改进工具和机器，从而提高劳动生产率。

无论是亚当·斯密、罗伯特·欧文还是查尔斯·巴贝奇，他们的管理思想都是随着生产力的发展，适应资本主义工厂制度发展的需要而产生的。这些管理思想虽然不系统、不全面，没有形成专门的管理理论和学派，但对于促进生产及以后科学管理理论的产生和发展都产生了十分积极的影响。

2.2 古典管理理论

导入案例 2-2

联合邮包服务公司的科学管理

20世纪中期的联合包裹运送服务公司（United Parcel Service，UPS）雇用了15万名员工，平均每天将900万个包裹发送到美国各地和180个国家。为了实现他们"在邮运业中办理最快捷的运送"的宗旨，UPS的管理当局系统地培训员工，使他们以尽可能高的效率从事工作。下面以送货司机的工作为例，介绍UPS的管理风格。

UPS的工业工程师对每一位司机的行驶路线进行了时间研究，并对每种送货、暂停和取货活动都设立了标准。工业工程师记录了红灯、通行、按门铃、穿院子、上楼梯、中间休息喝咖啡时间，甚至记录了上厕所时间，将这些数据输入计算机中，从而制定了每一位司机每天工作的详细时间标准。

为了完成每天取送130件包裹的目标，司机必须严格遵循工业工程师设定的程序。当他们接近发送站时，他们松开安全带，按喇叭，关发动机，拉起紧急制动，把变速器推到1挡上，为送货完毕的启动离开做好准备，这一系列动作严丝合缝。然后，司机从驾驶室出来到地面上，右臂夹着文件夹，左手拿着包裹，右手拿着车钥匙。他们看一眼包裹上的地址，把它记在脑子里，然后以每秒3英尺的速度快步走到顾客门前，先敲一下门以免浪费时间找门铃。送完货后，他们在回到卡车上的路途中完成登录工作。

这种刻板的时间表看起来有点烦琐，但确实能带来高效率。生产率专家公认，UPS是世界上效率最高的公司之一。举例来说，联邦快递公司平均每人每天取送80件包裹，而UPS却是130件。在提高效率方面的不懈努力，对UPS的净利润产生了积极的影响。虽然这是一家未上市的公司，但人们普遍认为它获利丰厚。

【思考】UPS的管理体现了什么管理思想和哪些内容？

早期的管理思想是管理理论的萌芽。较系统的管理理论的建立始于19世纪末20世纪初，该阶段的管理理论被称为古典管理理论。其代表性的理论有弗雷德里克·泰勒（Frederick Taylor，1856—1915年）的科学管理理论、亨利·法约尔的一般管理理论和马克斯·韦伯的理想行政组织理论。泰勒率先开辟了管理研究中采用科学方法之先河；法约尔明确管理是企业的一种基本活动，其过程或职能为计划、组织、指挥、协调、控制，以及研究管理过程打下了坚实基础；韦伯的理想行政组织理论提出了最适合于企业组织发展需要的组织类型和基本管理精神，成为各类大型组织的"理想模型"。这一时期管理研究的实践，为管理思想与管理理论的发展打下了良好的基础。

特别提示

古典管理理论都是以"经济人"假设为基础的、以物为中心的"物本"管理理论，该流派认为经济利益是驱动员工提高劳动生产率的主要动力，在研究方法上侧重于从静态的观点分析管理活动的一般规律，不太重视组织与外部环境的联系。

2.2.1 泰勒的科学管理理论

泰勒是美国古典管理学家,科学管理的创始人。泰勒年幼时就爱好科学研究和实验,对任何事情都想找出一种最好的解决办法。1881 年,泰勒开始在米德维尔钢铁厂进行劳动时间和工作方法的研究,他的著作主要有《计件工资制》《工厂管理》《科学管理的原理和方法》等。泰勒作为科学管理理论的主要倡导者,在管理思想的发展上起着极为重要的作用,被称为"科学管理之父"。

科学管理理论的主要内容包括以下几个方面。

1. 科学管理的中心问题是提高劳动生产率

泰勒认为,为了提高劳动生产率,必须要改变过去那种以估计、经验为依据的方法,通过科学手段制定合理的劳动定额。为此,泰勒提出要设立一个专门制定定额的部门或机构,该部门的主要任务是工作日写实、测时和动作研究,记录分析员工工作时动作的合理性,去掉多余的动作,改善必要动作,进行科学的测量和计算,制定标准的操作方法,并规定完成每一个标准动作的标准时间,制定有科学依据的工人"合理的日工作量"。这就是工作定额原理。

2. 能力与工作相适应原理

泰勒认为,为了提高劳动生产率,必须为工作挑选"第一流的工人"。"第一流的工人"是指有工作意愿并且体力、脑力、经验和技能与工作相适应的员工。据此,管理者应当对员工进行科学的选择、培训和晋升,应当选择合适的员工安排在合适的岗位上,并培训员工使用标准的操作方法,使之在工作中逐步成长。

3. 工作标准化

泰勒从铁锹实验等大量考察与测试中得出结论:工人在作业过程中,不仅操作动作和时间要标准化,还应实现劳动工具、机器和材料等方面的标准化,只有这样才能使工人更有效地作业,从而提高生产效率。这就是标准化原理。

4. 在工资制度上实行差别计件制

按照作业标准和时间定额,规定不同的工资率。对完成和超额完成工作定额的工人,以较高的工资率计件支付工资;对完不成定额的工人,则按低的工资率来支付工资。泰勒认为这样做不但能减少消极怠工的现象,更重要的是能调动工人的积极性,从而促使工人大大提高劳动生产率。

5. 计划职能与执行职能相分离

把企业中的计划职能(相当于现在的管理职能)同执行职能(工人的实际操作)分开,变经验工作法为科学工作法。泰勒指出,在旧的管理中,所有的计划都是由工人凭个人经验制订的;实行新的管理制度后,就必须由管理部门按照科学规律制订计划。他主张把计划职能从工人的工作内容中分离出来,由专业的计划部门去做。计划部门的任务是规定标准的操作方法和操作规程,制定定额,下达书面计划,监督控制计划的执行。管理者和劳动者在工作中必须互相呼应、密切合作,以保证工作按照科学的设计程序进行。

6. 例外原则

泰勒在实际考察中发现,工厂主每天都被一些琐碎之事缠身,忙得不可开交,管理效率十分低下。泰勒认为,工厂主应该将日常事务授权下属管理人员负责处理,而工厂主自身保留对例外的事项一般也是重要事项的决策权和控制权,如重大的企业战略问题和重要的人员更替问题等。这种例外原则至今仍然是管理中极为重要的原则之一。

7. 实行职能工长制

泰勒认为,在传统的组织结构中,一个工长为了完成工作要承担多种职责,往往力不从心;实行职能工长制后,一个工长只承担一个或少数职能,这样管理者职责明确,生产费用降低。泰勒设计出 8 个职能工长,其中有 4 个在计划部门,4 个在车间。计划工长承担工作命令、工时和成本、工作程序、纪律职能,车间工长承担工作分派、速度、修理、检验等职能。在职责范围内,这 8 个工长都可以直接向工人发布命令。但是这样一来,一个工人要分别从 8 个工长那里接受命令,容易出现多头领导,引起混乱。虽然这种职能工长制没有得到推广,但泰勒有关职能管理的思想,为以后企业中职能部门的建立和管理专业化提供了启发和参考。

总的来说,泰勒科学管理理论的贡献在于:①打破了多年沿袭下来的落后的经验管理办法,把科学引进了管理领域,并创立了一套具体的科学管理办法来代替单凭个人经验进行作业和管理的旧办法。这是管理理论上的进步,也为管理实践开创了新局面。②科学管理的方法和科学的操作程序使劳动生产率提高了 2～3 倍,推动了生产的发展。③职能管理原理使未来管理理论的创新和发展有了实践基础。

泰勒科学管理理论的局限在于:①泰勒对人的看法是错误的,把人看作纯粹的"经济人",认为人的活动仅仅出于个人的经济动机,忽视了企业成员之间的交往以及工人的感情、态度等社会因素对生产效率的影响;②泰勒的科学管理仅重视技术因素,不重视人群社会因素;③泰勒的科学管理理论解决的仅仅是具体工作的作业效率问题,而不是从整体上解决企业的经营管理问题,研究的范围比较狭窄。

 知识链接

泰勒的试验

1. 工时研究试验

泰勒认为工人懒怠的原因之一是他们有一种错误的思想,认为多干活会带来失业的高风险;原因之二是资本家并不知道工人一天能干多少活,形成了工人想干多少就干多少的局面。为此,泰勒进行了秒表测时试验,将每一个工作分解成若干个基本动作,用秒表测算工人完成每一项工作的时间,然后适当地多留出一点时间,就能较精确地确定每个工人一天能干多少活。在测算工人完成单件工作时间时,有的工人为了延长某一工作的时间、形成较低的工作定额,会故意加一些不必要的动作,或故意放慢工作节奏。为此,泰勒提出首先要把各个工作的操作标准化,即对工作进行认真研究,找出最合理的工作方法,通过训练后,工人应该按这种方法工作。

2. 搬运生铁试验

通过搬运生铁试验,泰勒摸索出工人的日合理工作量,从而为实行定额管理奠定了基础。1898 年,泰勒在伯利恒钢铁公司开展动作研究中进行了一项搬运铁块试验。他在从事管理研究时看到公司搬运铁块的工作量非常大,有 75 名搬运工人负责这项工作,把铁块搬上火车运走。每个铁块重 40 多千克,搬运距离为 30 米。尽管每个工人都十分努力,但工作效率并不高,每人每天平均只能搬运 12.5 吨的铁块,每天挣 1.15 美元。对工人的奖励和惩罚的方法就是找工人谈话或者开除；有时也可以选拔一些较好的工人到车间里做等级工，并且可得到略高的工资。后来泰勒经过仔细观察，挑选出4个工人，调查了他们的背景、习惯和抱负，最后挑中了一个叫施密特的人，这个人非常爱财并且很小气。泰勒要求施密特按照新的要求工作，每天给他1.85美元的报酬。泰勒试着转换各种工作因素，试验了行走速度、持握位置和其他变量对日生产率的影响。通过长时间的观察试验，泰勒制定出一套最优搬运方法、最优工休间歇的制度。这套制度的应用使工人日工作量提高到47.5吨，工资也提高到1.85美元。负重搬运的时间只有42%，同时工人并不会感到太疲劳。

3. 铁锹试验

泰勒在调查中发现，铲运工人每天上班都自带铁锹，铁锹的大小、形状和轻重各不相同，且无论铲运何种物料都使用同一把铁锹。泰勒做了一个测算，铲一锹铁矿石约重38磅，同一铁锹铲一锹煤粉约重3.5磅。他认为，每锹铲的物料过轻或过重都会浪费工人的体力，影响劳动效率。经过反复实验，泰勒得出结论：铲一锹物料的质量约21磅，对工人的体力付出最合适。但是，工厂必须提供统一规格的铁锹，且铲不同的物料用不同规格的铁锹。从此，铲运工人上班再也不用自己携带劳动工具了，而且劳动效率大大提高。

4. 切削金属试验

泰勒在考察中发现，工人切削金属的作业十分复杂，如对于加工不同的金属，应选用何种刀具，以及如何确定刀具的转速及进刀量是一个技术性非常强的问题，不是一般工人能够独立确定的。但是，在当时的劳动条件下，工人只能凭自己的经验来从事这些难度较大的作业，因此劳动效率低下。为此，泰勒先后用了十几台机床做切割金属试验，历时近26年，终于为工人找到合理的加工方法，摸索出一套切削不同金属选用刀具和确定作业方式及方法的规律，使劳动效率大大提高。泰勒认为，工人凭个人经验作业，只能是会做，但不能做到最佳，这不是工人的责任，把选择劳动工具和操作方法强加给工人是不负责任的做法，而责任在于管理层。

2.2.2　法约尔的一般管理理论

泰勒的科学管理理论的局限性主要是由法国的法约尔加以补充的，德国的韦伯等人也为此做出过重要贡献，他们的工作奠定了古典组织理论的基础。继泰勒之后形成的组织理论，所研究的中心问题是组织结构和管理原则的合理化及管理人员职责分工的合理化。

法约尔是欧洲一位杰出的经营管理者，被称为"现代经营管理之父"。他担任矿冶公司总经理达30年，积累了管理大企业的经验，所撰写的代表作《工业管理与一般管理》是他一生管理经验与管理思想的总结。他的管理理论以一个整体的大企业作为研究对象，不仅适用于公司企业，也适用于军政机关和宗教组织等，因此他的管理理论也被称为一般管理理论。

法约尔认为，企业的生产经营管理包括以下6种活动：①技术活动，指设计、生产、制造和加工等；②商务活动，指采购、销售和交换等；③财务活动，指确定资金的来源和使用计划；④安全活动，指保证员工劳动安全、设备使用安全和财产安全等；⑤会计活动，指货物盘点、编制各种会计报表、成本核算和统计等；⑥管理活动，指计划、组织、指挥、协调和控制5种管理职能。法约尔认为，所有类型的企业都存在这6种活动，特别是管理活动提出了管理的主要职能,是现代管理定义的核心部分。法约尔被公认为管理过程学派的创始人。

法约尔根据他多年的实践经验,还总结出了 14 项管理原则,如表 2-2 所示。

表 2-2 法约尔的 14 项管理原则

序号	管理重点	管理原则
1	劳动分工	将工作分解为具体的任务,并将责任分配给特定的个人
2	权力与责任	管理者必须有职有权,职权相当
3	纪律	纪律明确公正,遭到破坏时要采取惩罚措施
4	统一指挥	一个员工在任何活动中只应接受一位上级的命令
5	统一方向	组织必须有统一的方向,员工的努力应该集中在实现统一的组织目标上
6	个人服从整体	整体利益大于个人利益的总和,个人利益服从整体利益
7	报酬	系统地为支持组织目标的努力提供报酬
8	集权	决定高层管理者比下属相对的重要性
9	等级链	从最上级到最下级各层权力连成的等级结构,在此等级链内保持沟通
10	秩序	使工作和材料有秩序以支持组织目标
11	公平	贯彻"公道"原则,并善意地对待员工
12	稳定性	人员任期和替补应有清晰的规则,促进员工长期工作,提高忠诚度
13	主动性	提倡、鼓励员工认真思考问题和创新
14	团队精神	建立员工和管理层之间的利益共同体

法约尔的一般管理理论对管理实践活动的启示主要体现在以下 3 个方面:一是管理理论是可以指导实践的。二是管理必须善于预见未来,制订长期的管理计划。如今的企业面对剧烈变化的环境,计划职能尤为关键。许多企业缺乏战略管理思维,很少考虑长期发展,不制定长期规划,其结果多为短期行为,丧失长远发展的后劲,埋下了不稳定的隐患。三是管理能力可以通过教育来获得,这是企业得以良性发展的重要基准。

法约尔的管理思想具有较强的系统性和理论性,他提出的一般管理理论对西方管理理论的发展具有重大的影响,称为管理过程学派的理论基础;同时,法约尔对管理职能的分析为管理科学提供了一套科学的理论框架。法约尔的管理理论的缺点是管理原则缺乏弹性,且只考察了组织的内在因素,没有考虑组织同外在环境的关系,不全面。

2.2.3 韦伯的理想行政组织理论

韦伯是德国著名的社会学家,是现代社会学的奠基人,他对管理理论的主要贡献是提出了理想行政组织理论。他一生担任过教授、政府顾问、编辑等,其在代表作《社会组织与经济组织》一书中提出了理想行政组织理论,被称为"组织理论之父"。

理想的行政组织理论原意是通过职务或职位而不是通过个人或世袭地位来管理。这是一个有关集体活动理性化的社会学概念。韦伯的理想行政组织理论的主要内容包括以下几个方面。

1. 行政组织中的权力

韦伯认为等级、权威和行政制是一切社会组织的基础。权力有 3 种形式:法定的权力、传统的权力和超凡的权力。

韦伯认为,这3种纯粹形态的权力中,传统的权力的效率较差,因为其领导人不是按能力来挑选的,单纯是为了保存过去的传统而行事;超凡的权力带有过度的感情色彩并且是非理性的,不是依据规章制度而是依据神秘或神圣的启示的。所以,这两种权力都不宜作为行政组织体系的基础,只有法定的权力才能作为行政组织的基础。因为理性的合法权力具有较多的优点,如有明确的职权领域、执行等级系列、可避免职权滥用、权力行使的多样性等。这样就能保证经营管理的连续性和合理性,能按照人的才干来选拔人才,并按照法定的程序行使权力,因而是保证组织健康发展的最好的权力形式。

2. 理想的行政组织结构

韦伯认为理想的行政组织结构分为3层:最高领导层、中间领导层和一般工作人员。

(1) 最高领导层:相当于企业中的总经理、副总经理,其主要职能是进行决策。

(2) 中间领导层:相当于企业的中层部门经理,其主要职能是贯彻上级领导的决策。

(3) 一般工作人员:相当于基层管理阶层,其主要职能是做具体工作。

3. 理想行政组织理论的特点

(1) 存在明确的分工。把组织内的工作分解并分配给组织中的各个成员,组织中的每一个职位都有明确规定的权利和义务。

(2) 自上而下的等级系统。按照等级原则对各个职位进行法定安排,形成一个等级链或等级体系。每级成员都要接受他的上级的控制和监督,同时还要对下级进行控制和监督,并对下级的行动负责。为此,他必须对自己的下级拥有权力,能发出下级必须服从的命令。

(3) 人员间的考评和教育。组织中的所有成员都必须根据通过正式考试或者训练和教育而获得的技术资格来挑选。

(4) 管理人员实行委任制。行政管理人员除个别通过选举产生以外(如公共关系的负责人),都不是选举产生的,而是任命的。

(5) 遵守规则和纪律。行政管理人员必须严格遵守组织中规定的规则、纪律和办事程序。

(6) 行政管理人员领取固定的薪金。他们是"专职"的公职人员,有明文规定的升迁制度,按年资和工作成绩两者综合考虑决定升迁与否。工资等级基本按等级系列中的级别来确定。

(7) 组织中人员之间的关系以理性准则为指导,不受个人感情影响。

韦伯的理想行政组织管理体制在今天已成为各类正式组织的一种典型结构、一种主要的组织形式,并且被人们广泛应用于各种组织设计当中,发挥着有效的指导作用。但理想的行政组织管理体制把人视为被动的工具,这种机械的管理体制也可能产生相反的作用,如会使组织人员变得墨守成规、失去工作的主动性和创造性、组织失去应变能力等。

2.3 行为科学理论

泰勒的科学管理理论把人看作"活的机器""经济人",而行为科学认为"人"不仅是"经济人",而且是"社会人"。行为科学是研究人类行为规律的科学,它运用心理学、社会学等理论和方法,从人的工作动机、思想情感等角度,探究人的行为规律及其影响劳动生产率的因素。

行为科学分为早期行为科学和晚期行为科学,早期行为科学的主要代表理论是人际关系理论,晚期行为科学的主要代表理论有需要层次理论、双因素理论、X-Y 理论、超 Y 理论、Z 理论等。

2.3.1 早期行为科学理论

人际关系理论最主要的代表人物是乔治·埃尔顿·梅奥(George Elton Mayo)。人际关系理论也称行为科学理论,行为科学的产生源于梅奥有名的霍桑试验。

梅奥是原籍澳大利亚的美国管理学家,是早期行为科学理论——人际关系理论的奠基人,他先后发表了《工业文明的人类问题》《工业文明的社会问题》《工业中的团体压力》等著作。

 知识链接

霍 桑 试 验

1. 车间照明试验

试验目的是研究照明情况对生产效率的影响。试验把 12 名女工分为试验组和控制组,研究人员对两个组的工作情况做了仔细的观察和精确的记录。开始时,两个组的照明度一样,然后逐步把试验组的照明度降低。但是试验组同控制组一样,产量都是一直上升的。

试验结论:车间照明只是影响员工产量的因素之一,而且是不太重要的因素。由于牵涉的因素太多,难以控制,因此无法测出照明对产量的影响。

2. 电话机继电器装配试验

试验目的是了解各种工作条件的变动对小组生产效率的影响,以便能够更有效地控制影响工作效率的因素。研究人员先后进行了工资报酬、工间休息、每日工作长度、每周工作天数等因素对工作效率影响的试验。结果发现无论哪个因素发生变化,产量都是增长的。他们认为参加试验的女工产量增长的原因主要是参加试验的女工受到人们越来越多的注意,并形成一种参与试验计划的感觉,因而情绪高昂。

试验结论:工作条件、休息时间乃至工资报酬等方面的改变都不是影响劳动生产率的第一位因素,最重要的是企业管理当局同工人之间,以及工人彼此之间的社会关系。

3. 访谈计划试验

试验目的在于了解工人对现有管理方式的意见,为改进管理方式提供依据。研究人员对约 2 万名工人进行了访谈,访谈开始了解和研究工人对公司领导、保险计划、升职、工资报酬等方面的意见和态度。工人开始自由地谈论起公司和管理人员的事情,但他们不是按照研究人员事先拟好的提问表来回答问题,而是谈他们认为更重要的问题。谈话以后,虽然工作条件还没有改变,工资水平也维持原状,但工人在心理上觉得各种情况都改善了。根据访谈计划试验结果,企业管理层认识到必须对工厂管理人员进行训练,使他们能更好地倾听和了解工人的个人情绪及实际问题。访谈计划试验虽然取得了相当的成绩,但也有不足之处,即难以反映企业中非正式组织的情况。

试验结论:任何一位员工的工作成绩都会受到周围环境的影响。

4. 电话机线圈装配工试验

试验目的是研究非正式组织的行为、规范及其奖惩对工人生产率的影响。该试验选择了 14 名男工在一间单独的观察室中进行。其中，绕线工和焊工分成 3 组，每个小组由 3 名绕线工和 1 名焊工组成。2 名检验工则负责检验工作。工人的工资报酬是计件工资制度，研究人员原来设想，实行这套奖励办法会使工人更加努力工作，以得到更多的报酬。通过试验，研究人员首先注意到的是，工人对"合理的日工作量"有明确的概念，而这个"合理的日工作量"低于企业管理层拟定的产量标准。他们制订了非正式的产量定额，并运用团体压力使每个工人遵守这个定额。

试验结论：①非正式组织不顾企业管理层关于产量的规定而另外规定了自己的产量限额；②工人使上报的产量显得平衡均匀，以免露出生产得太快或太慢的迹象；③非正式组织制定了一套措施来使不遵守非正式组织定额的人"就范"。对电话机线圈装配工中社会关系分析的结果表明，在正式组织中存在着非正式组织。

1. 梅奥人际关系理论的主要观点

1）工人是"社会人"，而不是"经济人"

科学管理的基础是把人当成"经济人"，认为金钱是刺激人们工作积极性的唯一动力。梅奥则认为工人是"社会人"，影响人们工作积极性的因素，除了物质方面以外还有社会和心理方面，如他们还要追求人与人之间的友情、安全感、归属感、受人尊重等，这些社会和心理因素等方面形成的动力对提高劳动效率有更大影响。

2）企业中除了正式组织外，还存在非正式组织

这种非正式组织是企业成员在共同工作的过程中，由于具有共同的社会感情而形成的非正式团体。这种无形组织有其特殊的感情、规范和倾向，并左右着每个成员的行为。古典管理理论仅注重正式组织的作用是很不够的。非正式组织不仅存在，而且同正式组织是相互依存的，对生产率的提高有很大影响。非正式组织的存在对组织既有利，也有弊。管理人员要想实施有效的管理，既要重视正式组织的作用，又要重视非正式组织的存在和作用。

3）可以通过提高员工的满足度来提高劳动效率

泰勒的科学管理理论认为，生产效率与作业方法、工作条件之间存在单纯的因果关系。霍桑试验则表明，生产效率与工作条件之间并没有必然的直接联系，生产效率的提高关键在于工作态度的改变，即工作士气的提高，而士气的高低则主要取决于职工的满足度，这种满足度首先体现为人际关系，如职工在企业中的地位是否被上司、同事和社会承认等；其次才是金钱的刺激。员工满足程度越高，士气也越高，生产效率也就越高。管理者不仅要具有解决技术、经济问题的能力，而且要具有与被管理者建立良好的人际关系的能力。

2. 对梅奥人际关系理论的评价

梅奥的人际关系理论为管理思想的发展开辟了新的领域，也为管理方法的变革指明了方向，引发了管理上的一系列改革，其中许多措施至今仍是管理者们遵循的信条。但人际关系学说的研究都是以满足个人需要作为激励动机的根本，有一定的局限性。

1）梅奥人际关系理论的贡献

（1）强调对管理者和监督者进行教育和训练，以改变他们对工人的态度和监督方式。

（2）提倡下级参与企业的各种决策，以此来改善人际关系，提高职工士气。

(3)加强意见沟通,允许员工对作业目标、作业标准和作业方法提出意见,鼓励上下级之间的意见交流。

(4)重视管理者自身的人际关系以及协调人际关系的能力。

(5)重视、利用和倡导各种非正式组织。重视美化工作和宿舍环境,建设娱乐、运动、生活福利设施等。

2)梅奥人际关系理论的局限

(1)过分强调非正式组织的作用。

(2)过分强调感情的作用,似乎职工的行动主要受情感和关系的支配。

(3)过分否定经济报酬、工作条件、外部监督的影响。

2.3.2 晚期行为科学理论

晚期行为科学理论研究的重点从对人的行为动机的研究转向了对人的行为规律的研究,而且研究更多的是来自研究者们的个人哲学观,而不是像梅奥那样的实验室研究。晚期行为科学理论主要有马斯洛的需要层次理论、道格拉斯·麦格雷戈(Douglas McGregor)的 X-Y 理论、赫茨伯格的双因素理论、弗鲁姆的期望理论等。本小节只介绍人性理论,关于激励理论等内容将在后面的章节详细介绍。

1. X-Y 理论

麦格雷戈于 1957 年提出了 X-Y 理论,其将传统管理学说称为 X 理论,将自己的管理学说称为 Y 理论。

 特别提示

X 理论认为,人的本性是坏的,一般人都有尽可能逃避工作的特性;一般人通常满足于平稳地完成工作,不喜欢创造性的困难工作。

Y 理论认为,人并不懒惰,其对工作的喜欢和憎恶取决于这份工作对自己是满足还是惩罚;在正常情况下,人们愿意承担责任;人们热衷于发挥自己的才能和创造性。

根据 X 理论假设,管理者可采用"胡萝卜加大棒"的管理方法,一方面靠金钱刺激,另一方面靠严密的控制、监督和惩罚迫使员工为组织目标努力。

根据 Y 理论假设,相应的管理措施如下:①管理的重点是创造一个能让人发挥才能的工作环境,挖掘员工的潜力,使员工在为实现组织的目标贡献力量时,也能达到自己的目标。此时的管理者已不是指挥者、调节者或监督者,而是起辅助者的作用,给员工以支持和帮助。②激励方式主要来自工作本身的内在激励,让员工担任具有挑战性的工作,担负更多的责任,促使其工作做出成绩,满足其自我实现的需要。③在管理制度上给予员工更多的自主权,实行自我控制,让他们参与管理和决策,并共同分享权力。

由 X 理论和 Y 理论对人性的看法中可以看出,在实践中,用 X 理论指导员工对一般人是不合适的;而 Y 理论虽然是传统 X 理论的替代,但 Y 理论也不适用于所有员工。两个理论都存在着一定的合理性和片面性。因此,实践中要因人、因工作而异,恰当地运用 X-Y 理论。

2. 超 Y 理论

在麦格雷戈提出 X-Y 理论之后,美国的乔伊·洛尔施(Joy Lorsch)和约翰·莫尔斯(John Morse)提出了超 Y 理论。他们选了两个工厂和两个研究所作为试验对象,其中一个工厂和一个研究所按照 X 理论实施严密的组织和督促管理;另一个工厂和另一个研究所则按照 Y 理论实施松弛的组织和参与管理,并以诱导和鼓励为主。试验结果如表 2-3 所示。

表 2-3　X 理论和 Y 理论试验结果

试验对象	工厂工人	研究所研究人员
X 理论	效率高	效率低
Y 理论	效率低	效率高

从表 2-3 中可以看出,采用 X 理论和 Y 理论的单位组织都有效率高和效率低的,可见 Y 理论不一定都比 X 理论好。那么,到底应在什么情况下选用哪种理论呢?洛尔施等人认为,管理方式要由工作性质、成员素质等来决定,并据此提出了超 Y 理论。

特别提示

超 Y 理论认为不同的人对管理方式的要求不同。有人希望有正规化的组织与规章条例来要求自己的工作,而不愿参与问题的决策去承担责任。这种人愿意以 X 理论指导管理工作。有人却需要更多的自治责任和发挥个人创造性的机会。这种人愿意以 Y 理论指导管理工作。工作的性质、员工的素质也影响到管理理论的选择,不同的情况应采取不同的管理方式。

3. Z 理论

美国加州大学管理学院日裔美籍教授威廉·大内(William Ouchi)提出了 Z 理论。

特别提示

Z 理论认为企业管理层与员工的利益是一致的,两者的积极性可融为一体。

按照 Z 理论,管理的主要内容是:①企业对职工的雇佣应是长期的而不是短期的;②企业的重大决策应当上下结合制定,鼓励员工参与企业的管理工作;③实行个人负责制,提倡创造性地开展工作;④企业管理层应当关心员工的工作和生活,上下级之间关系要融洽;⑤对员工要进行全面的知识培训,使员工有多方面的工作经验;⑥对员工进行全方面、全过程的考核,然后相对缓慢地评价与稳步提拔;⑦控制机制要比较含蓄而不正规,但检测手段要正规;⑧加强组织文化建设。

2.4　现代管理理论

现代管理理论是第二次世界大战以来形成的管理理论,是继科学管理理论、行为科学理论之后,管理理论与实践发展的结果,形成了学派林立、百家争鸣的局面,带来了管理理论的空前繁荣,被称为"管理理论丛林"阶段。具体来说,现代管理理论可分为基于管理过程的管理学派、基于系统观的管理学派、基于方法论的管理学派和基于经理角色的管理学派。

2.4.1　基于管理过程的管理学派

　　管理过程流派又称经营管理学派或管理职能学派。该理论渊源于法约尔的一般管理理论，是继传统科学管理理论和行为科学理论之后影响最大、历史最久的一种理论，成为现代管理理论的一个主流学派。管理过程理论的代表人物有戴维斯、孔茨等人。该学派是围绕管理的概念结构、管理过程、管理原则来建立其理论体系的。他们把管理工作按其主要职能进行划分，并利用这些职能对管理理论进行分析、研究和阐述，最终建立起管理过程学派。

　　此学派的共同观点和理念如下：①将管理作为一个动态的过程，管理就是组织成员结合起来协调完成工作或任务的过程；②管理职能是追踪管理过程的一条主线，是研究管理过程的主要部分和内容；③各个企业和组织的内部条件与外部环境是不同的，但是管理过程的本质和管理职能的内容是相同的。

　　管理过程学派是所有管理学派中最为系统的学派，该学派将管理职能作为理论的核心内容，该理论对后世影响巨大，绝大多数管理学教材都是按照管理职能编写的。

2.4.2　基于系统观的管理学派

　　这一学派又可分为社会协作系统学派、决策理论学派、系统管理学派等。

1. 社会协作系统学派

　　社会协作系统学派是从社会学和系统论的观点来研究管理理论的。美国管理学家切斯特·巴纳德（Chester Barnard）是这一学派的主要代表人物，他的著作《经理人员的职能》对该学派有很大的影响。社会协作系统学派对其他学派的形成影响很大，是现代管理理论非常有影响力的学派之一。

　　社会协作系统学派又称社会系统学派，该学派的主要观点有：①组织是一个由两个或两个以上的个人组成的协作系统，个人只有在相互作用的社会关系下，同他人协作才能发挥作用。②组织作为一个协作系统包含3个基本要素：协作意愿、共同目标、信息交流。协作意愿即个人必须在行为自由等方面做出一些牺牲，而组织要为这些牺牲提供补偿，使个人感到组织赋予他的东西大于他的牺牲，否则协作的意愿无法形成，个人也就不会加入组织。共同目标是协作意愿的必然结果，任何组织都必须通过共同目标的实现使组织成员获得某种程度的满足。巴纳德还引入了"外部成员"的概念，他认为要维持组织的平衡，就必须保证组织与社会交流的平衡，随时根据社会需要调整组织目标。信息交流是实现共同目标和协作意愿的重要途径，巴纳德提出了保持组织良好信息交流的一些原则：必不可少的正式渠道、尽可能短的信息传递链、信息联系中心必须对称等。③在组织3个基本要素的基础上，经理人员主要履行3个方面的职能：提供信息交流的体系、促成必要的个人努力、提出和制定目标。

2. 决策理论学派

　　决策理论学派代表人物是美国卡内基·梅隆大学教授赫伯特·西蒙（Herbert Simon）。西蒙长期从事决策理论方面的研究，并曾在1978年获得诺贝尔奖。该学派发展了巴纳德的理论,将决策提高到管理的核心地位。

决策理论学派的主要观点有:①管理就是决策。西蒙认为,决策贯穿于组织的各个层次,管理活动的每一个环节都离不开决策,决策贯穿于整个管理过程。②决策活动分为4大阶段,分别是情报活动、设计活动、抉择活动、审查活动。这4个阶段中每一个阶段本身又是一个复杂的决策过程。③决策遵循的是"满意标准"而非"最优标准"。西蒙指出,在现实中,或者是受人类非理性方面的限制,或者是最优选择的信息条件不可能得到满足,或者是在无限接近最优的过程中极大地增加决策成本而得不偿失,最优决策是难以实现的,由此形成了满意型决策思想。④决策按照其活动是否反复出现可分为程序性决策和非程序性决策。⑤分析了决策的条件。管理者决策时,必须利用并凭借组织的作用,尽量创造条件,以解决知识的不全面性、价值体系的不稳定性及竞争中环境的变化性问题。

西蒙提出的决策理论不仅适用于企业组织,而且适用于其他各种组织的管理,具有普遍性。尤其是关于决策程序的观点,被大多数管理学者所认可和应用。

3. 系统管理学派

系统管理学派产生于20世纪60年代初,该学派的主要代表人物是弗理蒙特·卡斯特(F. E. Kast)和罗森茨威克(J. E. Rosenzwing),两人的代表作是合著的《系统理论与管理》。

系统管理学派是用系统理论的范畴、原理全面分析和研究企业及其他组织的管理活动和管理过程,重视对组织结构和模式的分析,并建立起系统模型以便于分析。其主要管理思想如下:①系统管理学派把组织看成一个由许多子系统形成的系统,而这个系统又是环境大系统中的一个分系统,它与环境大系统进行各种要素的交换。②系统管理学派强调应用系统理论的范畴、原理,全面分析和研究企业及其他组织的管理活动和管理过程,强调组织整体效率的提高。系统管理理论认为组织系统是由5个不同的分系统构成的,即目标与价值分系统、技术分系统、社会心理分系统、组织结构分系统、管理分系统。

2.4.3 基于方法论的管理学派

这一学派重点探讨了管理领域的方法论问题,如管理科学(Management Science)学派(运筹学派)、权变理论学派等。如果我们把运筹学看成解决管理问题的实际操作方法,那么权变理论就是为管理活动处理问题提供的思维方法。

1. 管理科学学派

管理科学来源于运筹学(operational research),美国习惯把对运筹学的理论研究称为管理科学。管理科学学派是将数学、运筹学、计算机学等学科引入管理领域,运用科学的计量方法来研究和解决管理问题,使管理问题的研究由定性分析发展为定量分析的管理学派。

管理科学学派的代表人物有埃尔伍德·斯潘赛·伯法(Elwood Spencer Buffa)等。管理科学学派的主要研究内容有:①运筹学。运筹学专门研究在一定的资源条件下,为达到既定的目标,运用数量分析的方法,选出最优方案,以便最经济有效地使用人力、物力、财力及其他资源,取得最大的效益。运筹学在具体运用中形成了许多分支,如规划论、库存论、排队论、对策论等。例如,线性规划法可以帮助管理者改进资源分配技术、库存模型可以辅助企业决定应维持的最佳库存水平、网络技术模型可以使工作进度计划更有效等。②系统分析。该学派认为事物往往都是非常复杂的系统,而运用科学和数学的方法对系统中的事件进行研究和分析就称为系统分析。系统分析的特点是在解决重要的管理问题时要有全局观念,从整体利益出发进行分析和研究,这样才能做出正确的决策。

管理科学学派的核心内容是运用先进的计量方法及现代管理手段,如系统论、信息论、控制论、运筹学、概率论等数学方法及数学模型等,依靠计算机进行管理,以经济效果好坏为评价标准,使衡量各项效果的标准定量化。

2. 权变理论学派

进入20世纪70年代以来,西方社会面临经济动荡、社会不安、政治骚乱等现象,企业的发展也面临不确定的环境。在这种情况下,以往的针对企业内部的、追求合理原则的管理理论在企业面临瞬息万变的外部环境下显得无能为力,人们不再相信管理会有一种最好的行为方式。于是,出现了一种管理取决于组织所处的环境状况的理论学派——权变理论学派。权变管理理论即权宜应变管理理论,它的理论基础是超Y理论。

权变理论学派认为,管理不存在普遍适用的"最好的"管理理论和方法,应该根据企业所处的内外部条件随机应变,明确每一具体管理情景中的各种变量及其相互关系,针对不同情况寻求不同的管理模式和方法。该学派的代表人物有弗雷德·菲德勒(Fred Fiedler)、弗雷德·卢桑斯(Fred Luthans)等。

权变理论的核心是函数关系,即管理因素和环境因素的函数关系。其中,环境是自变量,环境又分为内部环境和外部环境;管理思想、管理方法和技术是因变量。权变理论强调灵活性和适应性。随着环境的变化,观念、管理方式、组织结构、领导方式都要相应变化。

权变理论曾受到西方一些管理学者的高度评价,认为是解决动荡环境情况下管理问题的一种好方法。权变理论学派试图通过"权宜应变"来融合各大流派,它并不排斥任何一个学派,而是认为各个学派都是可取的,许多学派的理论和方法都是权变管理中的管理变量,对权变管理学派的产生奠定了重要的基础。它强调管理方法应随着管理环境的变化而变化,为管理学的发展做出了一定的贡献,该学派曾在美国等地风行一时,产生了一定的效果。

2.4.4 基于经理角色的管理学派

这一学派以经理担任的角色为主要研究对象,以经理的职务活动为内容,研究管理的规律,如经验主义学派。

经验主义学派又称经验管理学派、案例学派,代表人物是欧内斯特·戴尔(Ernest Dale)和艾尔弗雷德·斯隆(Alfred Sloan),分别著有《伟大的组织者》《管理的实践》《有效的管理者》等著作。经验主义学派的理论认为,管理学者和实际管理工作者通过研究各种各样的成功和失败的管理案例,就能理解管理问题,自然地学会有效地进行管理。

经验主义学派的主要观点如下:①管理不应该是纯粹的理论研究,而应侧重于实践应用。管理学如同医学、法学一样,是一门应用学科,但又不是单纯的常识、领导能力或财务技巧的应用,管理的实践应用是以知识和责任为依据的。②管理者的任务是了解本组织的使命和目标,使工作富有活力并使员工有成就感;③对建立合理组织结构问题普遍重视。④对科学管理和行为科学理论重新评价。这一学派中的许多人提出,科学管理和行为科学理论都不能完全适应企业的实际需要,只有经验主义学派将这两者结合起来,才真正实用。⑤提倡实行目标管理。德鲁克首先提出目标管理的建议,其后又有许多学者共同参与了研究。

经验主义学派并未形成完整的理论体系,其内容也比较庞杂,但该派理论为管理学的案例教学法提供了重要的理论依据,并在培养高层次管理者方面取得了良好的效果。

2.5 管理理论发展的新趋势

20世纪末至21世纪初,面对信息化、全球化、经济一体化等新的形势,企业管理活动出现了深刻的变化与全新的格局,管理思想与管理理论也出现了新的发展趋势。

2.5.1 战略管理理论

20世纪70年代以后,企业竞争加剧,风险日增。为了谋求长期生存发展,企业开始注重构建竞争优势。1976年,安索夫(Ansoff)的《从战略规则到战略管理》一书出版,标志着现代战略管理理论体系的形成;而迈克尔·波特(Michael Porter)所著的《竞争战略》更是把战略管理的理论推向了高峰。

该理论以企业组织与环境关系为主要研究对象,重点研究企业如何适应充满危机和动荡的环境的变化过程及规律,强调通过对产业演进的说明和各种基本产业环境的战略分析,得出不同的战略决策,并通过战略实施与评价验证战略的科学性和有效性。战略管理理论如图2-1所示。

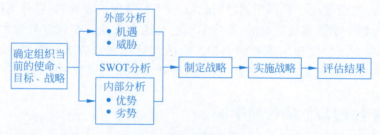

图 2-1 战略管理理论

战略管理理论的核心观点有:①提出对产业结构和竞争对手进行分析的一般模型,即5种竞争力(新进入者的威胁、替代品威胁、买方砍价能力、供方砍价能力和现有竞争对手)的竞争分析模型。②提出企业构建竞争优势的3种基本战略,即寻求降低成本的成本领先战略、使产品区别竞争对手的差异化战略、集中优势占领少量市场的集中化战略。③价值链的分析。波特认为企业的生产是一个创造价值的过程,企业的价值链就是企业所从事的各种活动,包括设计、生产、销售、发运以及支持性活动的集合体。价值链能为顾客生产价值,同时能为企业创造利润。

 导入案例 2-3

IBM 的战略管理转变

对 IBM(International Business Machines Corporation,国际商用机器公司)笔记本电脑时代稍有记忆的人都非常清楚,当年 IBM 小黑本是商务人士的标配,其流行程度和今天的苹果笔记本电脑并没有差别。然而，从20世纪90年代后期开始，IBM业务重心发生了重大转向。IBM将PC部门出售给联想，并完全转移到咨询服务领域。

IBM为什么要做这样的战略管理转变呢？虽然IBM拥有一流的科技水平和品牌知名度，但由于苹果、戴尔等计算机制造商的竞争，IBM的获利能力大大降低。与此同时，IBM发现以科技水平为依托，为全球各个国家、企业提供科技咨询和相关服务可以为企业创造更大的利润。20多年前的那次战略转型，使IBM脱离了硬件（计算机）制造业，成为科技咨询服务的提供者。在《财富》2020年"世界500强"排名中，IBM位居全球第44位，年利润120亿美元。IBM现在仍然是世界上排名前十的软件公司、数据库公司、服务器公司、安全软件公司和咨询公司。

2.5.2 比较管理理论

比较管理理论是20世纪80年代初对现代管理理论反思后，首先盛行于西方的一种管理理论。这是一种通过研究许多国家和企业在工业化发展过程中管理的历史经验和动态，采用科学的比较分析，以探索最佳管理模式的理论。该理论在研究方法上以比较研究为基础，把所研究的对象放到更为广阔的背景下考察，提高了研究的立足点，扩大了考察范围。在研究重点上，由注重理论转向注重管理实践比较。该理论还提出了一系列比较管理研究模式，其认为对管理过程与管理效果有特别影响的外部制约因素包括4个变量：教育变量、社会变量、政治法律变量、经济变量。而管理过程与管理效果决定了公司的效率，进而又决定了一个国家或社会的效率。

这一理论的著名代表人物有美国的理查德·帕斯卡尔（Richard Pascale）、托马斯·彼得斯（Thomas Peters）和日本的大岛国雄等。比较管理理论学派也是我国主要管理理论学派之一。由于我国在现代企业管理理论和实践上起步较晚，需要结合我国的国情特点有比较地引进吸收西方先进管理经验，同时加上大批从海外归来的学者介绍西方管理思想，因此目前我国大量的管理著述都具有比较管理理论的色彩。把一些发达国家运用成功的管理方法搬到中国企业未必就能成功，所以要最终创造出适合中国国情的、既先进又独具特色的企业管理模式。采用比较管理理论的学习、对比、消化、创新的方法显然是最有效的。

2.5.3 企业再造理论

美国企业从20世纪80年代起开始了大规模的企业重组革命，日本企业也于20世纪90年代开始进行第二次管理革命，企业管理经历了前所未有的、类似脱胎换骨的变革。1993年，美国麻省理工学院教授迈克尔·哈默（Michael Hammer）与詹姆斯·钱皮（James Champy）在经过多年调研后，提出了企业再造理论。

该理论认为，为了能够适应新的世界竞争环境，企业必须摒弃已成惯例的运营模式和工作方法，以工作流程为中心，对原来的流程进行全面的功能和效率分析，重新设计企业的经营管理、运营方式，制定企业再造方案，并组织实施与持续改善。

企业再造理论包括企业战略再造、企业文化再造、市场营销再造、企业组织再造、企业生产流程再造和质量控制系统再造等多方面内容。

2.5.4 企业文化理论

20世纪80年代初,在西方管理理论研究的非理性主义倾向中,企业文化理论是首先向现代管理理论学派提出挑战的。"企业文化"概念首先由美国管理学者托马斯·彼得斯(Thomas Peters)和小罗伯特·沃特曼(Robert Waterman)合著的《成功之路》一书中提出。他们认为,美国最佳公司成功的经验说明,公司的成功并不是仅仅靠严格的规章制度和利润指标,更不是靠电子计算机、信息管理系统或任何一种管理工具、方法、手段,甚至不是靠科学技术,关键是靠"公司文化"或"企业文化"。

企业文化主要包括以下两个方面的内容。

(1) 从直接意义上来说,主要包括企业共同价值观、企业精神、企业民主、企业风俗习惯、企业道德规范等企业的纯精神、纯观念因素,也可称为隐性文化。

(2) 从间接意义上来说,可分为两种情况:一种是在企业制度、企业规章、企业形象、企业典礼仪式、企业组织领导方式及其他一切行为方式中体现的精神因素,可称为行为精神因素,也可称为半显性文化;另一种是在企业产品和服务、企业技术和设备、企业外貌和标志形象、企业教育与文化活动等一切有形物质因素中体现的精神因素,即物化精神因素,也称显性文化。

当前,企业文化理论的研究和构建文化管理的实践也是我国企业着重探索的领域。

导入案例 2-4

星巴克咖啡的企业文化

中国拥有数千年的饮茶历史和强大的茶文化,没人能想到中国人会爱上喝咖啡。因此,当星巴克在1999年进入中国时,许多人认为星巴克不可能获得成功。然而,截至2020年,星巴克在中国已开设了4400家门店,融入了年轻一代的生活。

星巴克连锁式的扩张得益于星巴克给自己的品牌注入了价值观,并把企业文化变成消费者能够感受到的内容和形式。星巴克的品牌扩张一直坚持直营路线:由星巴克总部进行直接管理,统一领导,目的是控制品质标准。这样每家店都由总部统筹管理和训练员工,保证每家海外商店都是百分之百的美国星巴克血统。虽然初期投入的资本较大,但是职员的专业素质高,便于咖啡教育的推广,并建立了同业中最专业的形象,星巴克品牌的扩张也更加坚定有力。不仅如此,星巴克打造的不仅是一家为顾客创造新体验的公司,更是一家高度重视员工情感与员工价值的公司。在星巴克,员工叫"伙伴",员工更有归属感。据统计,星巴克的员工跳槽率远远低于快餐行业的平均值。

这就是星巴克咖啡的企业文化理念:一直致力于向顾客提供优质的咖啡和服务,营造独特的"星巴克体验",让星巴克店成为人们除了工作场所和生活居所之外温馨舒适的"第三生活空间"。这也正是星巴克咖啡进军中国市场的成功之道。

2.5.5 学习型组织理论

20世纪90年代以来,知识经济的到来,使信息与知识成为重要的战略资源,相应诞生了学习型组织理论。该理论的形成以美国管理学家彼得·圣吉(Peter Senge)的著作《第五项修炼》为标志。

该理论认为,传统的组织类型已经越来越不适应现代环境发展的要求,未来真正出色的企业将是能够设法使组织成员全心投入,并有能力不断学习的组织。该类型组织成员必须具备 5 项技能,即锻炼系统思考能力、追求自我超越、改善心智模式、建立共同远景目标和开展团队学习。学习型组织是一种更人性化的组织模式,这种组织有崇高而正确的核心价值和使命,具有强大的生命力和实现共同目标的动力,不断创新,持续蜕变。

特别提示

创建学习型组织应该做到以下 7 个 C。
(1) Continuous:持续不断的学习。
(2) Collaborative:亲密合作的关系。
(3) Connected:彼此联系的网络。
(4) Collective:集体共享的观念。
(5) Creative:创新发展的精神。
(6) Captured and Codified:系统存取的方法。
(7) Capacity Building:建立能力的目的。

2.5.6 现代管理理论发展的新趋势

现代社会已进入新经济时代,呈现出信息化、网络化、知识化、全球化的时代特征。与之相应地,现代管理理论的各学派虽各有所长、各有不同,但其发展趋势有其共性。

(1) 更加强调系统化。现代管理理论越来越强调运用系统思想和系统分析方法来指导管理的实践活动,解决和处理管理问题,防止片面性和受局部的影响。

(2) 更加重视人的因素。管理的主要内容就是管人,以人为中心的管理是现代管理区别于传统管理的重要方面。现代管理理论越来越重视人的因素,重视对人的需要的研究与探索以及非正式组织的作用,以保证组织成员齐心协力地完成组织目标而自觉做出贡献。

(3) 更加注重"效率"与"效果"的结合。现代管理理论的内容不只限于"效率"的提高,不只注重"如何正确地做事",而是把"效率"和"效果"结合起来,关注经营的实际效力,注重"做正确的事",要求从整个组织的角度来考虑组织整体效果及对社会的贡献。

(4) 更加重视管理方法和手段的科学化、现代化。随着社会的发展、科学技术水平的迅速提高,现代管理理论更多地使用一些现代管理方法,如投资决策、线性规划、排队论、博弈论、统筹法、模拟方法、系统分析等。其在管理手段的研究和使用方面也有了突破性进展,如办公设备的自动化、大数据分析、物流网、云平台的应用等,极大地促进了管理水平的提升。

(5) 更加强调管理创新。创新让企业具有活力,管理方面的重大进步和创新能为企业带来显著的竞争优势。无论环境如何变化,现代管理者都应当利用一切可能的机会进行变革,从而使组织更加适应社会条件的变化。随着经济一体化和全球化的发展,人们对许多管理理论及其假设提出了疑问,管理理论完善与创新也成为可能。

【本章小结】

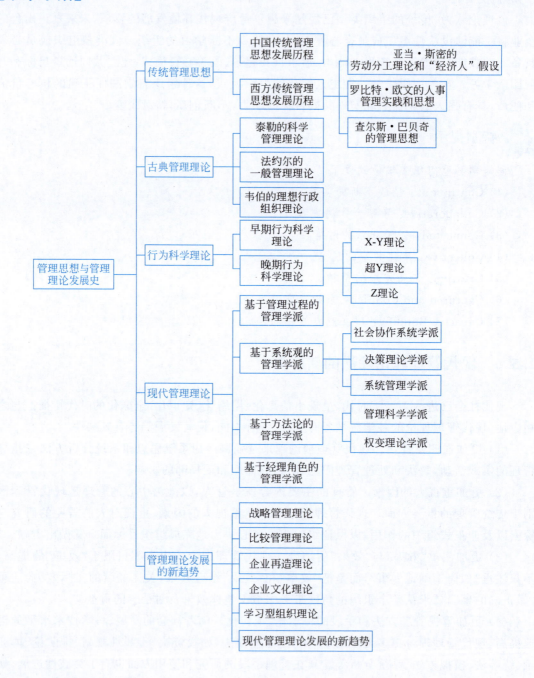

【思考与练习】

一、单项选择题

1. 科学管理理论的创始人是（　　）。

A. 泰勒　　　　　B. 巴贝奇　　　　　C. 甘特　　　　　D. 福特
2. 梅奥通过霍桑试验得出人是(　　)的结论。
A. 经济人　　　　B. 社会人　　　　　C. 理性人　　　　D. 复杂人
3. 威廉·大内在分析研究了日本的企业管理经验之后,提出了(　　)。
A. X理论　　　　B. Y理论　　　　　C. 超Y理论　　　D. Z理论
4. 根据麦格雷戈的理论,有人希望有正规化的组织与规章条例来要求自己的工作,而不愿参与问题的决策,这种人愿意以(　　)指导管理工作。
A. X理论　　　　B. Y理论　　　　　C. 超Y理论　　　D. Z理论
5. 根据麦格雷戈的理论,有人需要更多的自治责任和发挥个人创造性的机会,这种人愿意以(　　)指导管理工作。
A. X理论　　　　B. Y理论　　　　　C. 超Y理论　　　D. Z理论
6. 根据麦格雷戈的理论,(　　)认为企业管理当局与职工的利益是一致的,两者的积极性可以融为一体。
A. X理论　　　　B. Y理论　　　　　C. 超Y理论　　　D. Z理论
7. 现有很多公司实行了弹性工作制,员工可以自行安排工作时间,甚至有的从事特殊工作的人可以利用公司提供的互联网等资源在家办公;这样他们对工作和个人的家庭、社交生活也有了较大的自由度。当然,也有一些人必须每天去公司上班。你认为该公司的管理者持有的对人的认识主要倾向于(　　)。
A. X理论　　　　B. Y理论　　　　　C. Z理论　　　　D. 社会人
8. 首先提出企业中存在非正式组织的管理理论是(　　)。
A. 科学管理理论　　　　　　　　　B. 行为科学理论
C. 古典组织理论　　　　　　　　　D. 行政组织理论
9. SWOT分析中的4个字母分别代表的含义是(　　)。
A. 内部优势、内部劣势、外部机会、外部威胁
B. 内部劣势、内部优势、外部机会、外部威胁
C. 外部优势、外部劣势、内部机会、内部威胁
D. 外部劣势、外部优势、内部机会、内部威胁
10. 认为没有一成不变的、普遍适用的"最好的"管理理论和方法的是(　　)。
A. 管理过程学派　　　　　　　　　B. 权变理论学派
C. 社会系统学派　　　　　　　　　D. 数理学派

二、多项选择题

1. 著名管理心理学家雪恩在《组织心理学》一书中总结的人性假设理论包括(　　)。
A. "经济人"假设　　　B. "社会人"假设　　　C. "简单人"假设
D. "复杂人"假设　　　E. "自我实现人"假设
2. 下面属于人际关系学派的主要观点的有(　　)。
A. 企业的职工是社会人
B. 满足工人的社会欲望是提高生产效率的关键
C. 企业中实际存在着一种非正式组织
D. 人的行为都是由一定的动机引起的

E. 企业应采用新型的管理方法

3. 战略管理中提出的对产业结构和竞争对手进行分析的一般模型中，5种竞争力是（　　）。

　　A. 新进入者的威胁　　　　B. 替代品威胁　　　C. 买方砍价能力
　　D. 供方砍价能力　　　　　E. 现有竞争对手

4. 对于泰勒的科学管理原则中提到的例外原则，理解错误的有（　　）。

　　A. 管理者具有一定的特殊权力，有些问题的处理可以例外，不受制度约束
　　B. 将程序化的工作按制度规定授权下属去完成，管理者主要集中精力处理非程序化事务
　　C. 制度的制定要留有一定的余地，以便对特殊情况的处理
　　D. 给管理者留存不按制度办事的权力，以便照顾某些特殊关系

5. 新经济时代表现出的基本特征有（　　）。

　　A. 信息化　　　　　　　B. 网络化　　　　　C. 知识化
　　D. 全球化　　　　　　　E. 科学化

三、简答题

1. 泰勒科学管理思想包括哪些内容？
2. 简述法约尔提出的管理原则。
3. 简述Z理论的主要内容。
4. 试比较麦格雷戈的X理论和Y理论。
5. 简述超Y理论的主要观点。

四、案例分析

两位企业老总的管理经验

在一次管理经验交流会上，有两个企业的老总分别论述了他们各自对如何进行有效管理的看法。老总A认为，企业的首要资产是员工，只有员工们都把企业当成自己的家，把个人的命运与企业的命运紧密地联系在一起，才能充分发挥他们的智慧和力量为企业服务。因此，企业有什么问题，管理者应该与员工商量解决；平时要注重对员工需求的分析，有针对性地给员工提供学习、娱乐的机会和条件；每月应公布当月过生日的员工姓名，并祝他们生日快乐；如果哪位员工结婚、生儿育女，企业应送上贺礼；企业经济效益增长了，也应该与员工分享。在老总A的企业中，员工们普遍以自己所在的企业为荣，全心全意地为企业服务，企业日益兴旺。

老总B则认为，大家聚集在一起的目的是实现组织目标，只有实现了组织目标才能实现每一个人的个人目标，为此就必须实行严格的管理，以保证企业各项活动的顺利进行，实现企业目标。因此，企业要制定严格的规章制度和岗位责任制，建立严密的计划和严格的控制体系；注重对员工的上岗培训和过程检查；根据员工个人的工作业绩和与他人的协作情况确定其个人的报酬。在老总B的企业中，员工们都非常注意遵守规章制度，努力做好本职工作以完成任务，企业发展迅速。

【案例讨论】

这两位老总分别运用了什么管理理论来进行企业管理？这两种管理理论分别采用了哪种人性假设？其核心观点分别是什么？各自有什么优势和劣势？

【实践训练】

1. 实训目标

(1) 更好地理解中外古代管理思想精髓。

(2) 能借鉴中外管理思想精华,指导自己的管理实践。

2. 实训内容与成果要求

按下列要求完成实训。

(1) 分组。由学生自愿组成小组,每组 6~10 人,并选出小组负责人。

(2) 每组的每位学生收集 2~3 则体现中外古代管理思想的箴言名句。序号为单数的组收集中国古代管理思想名句,序号为偶数的组收集外国古代管理思想名句。由小组负责人组织,对各自组的管理名句进行归纳整理。

(3) 组织一次课堂讨论,各组选派代表向大家展示自己收集到的管理名句,并解释其意义,表现最优异的组可获得额外加分,考核由教师进行。

(4) 每位学生将讨论的结果进行梳理和记录,并整理好自己的感想,完成一篇题为《中外古代管理思想比较》的报告作为书面作业上交。

第3章 决 策

【教学目标】
1. 理解决策的概念、特点和主要特征;
2. 掌握决策的类型和决策制定的程序;
3. 理解影响决策的因素和决策制定的原则,掌握定性与定量的决策方法。

【能力目标】
1. 掌握决策的过程,做到决策有层次;
2. 能结合实际运用定性与定量的决策方法进行决策;
3. 具备运用决策的基本原理解决实际问题的能力。

3.1 决策的概念、原则与依据

导入案例3-1

可口可乐差点因为一个决策倒闭

可口可乐公司当年更换配方是重大的商业决策失误,差点让可口可乐公司因此而倒闭。

曾经在很长一段时间里,相对于百事可乐而言,可口可乐是拥有绝对优势的。但是随着时间的推移,百事可乐不断做出正确而高效的营销投入,正快速地缩小与可口可乐之间的差距。随后很长一段时间里,可口可乐和百事可乐竞争得很厉害。面对百事可乐愈加凌厉的挑战,原本不放在心上的可口可乐终于无法再高枕无忧、安于现状了。

于是可口可乐的最高管理层召开了一次会议,他们在这次会议上做出了一个决定,即要在可乐的口味上做出改变,并期望以此来挽救不断下降的订单市场份额。

可口可乐的技术人员开发出了一种味道更甜的新配方,这个新配方顺利地通过了口味测试,测试结果证明这种新配方在口味上是胜过百事可乐的。于是在1985年4月23日,可口可乐公司董事长罗伯特·戈伊朱埃塔向外宣布了一项惊人的决定,他宣布可口可乐公司决定放弃已经保持了99年没有变化过的传统配方。罗伯特阐述了这样做的原因,即"现在的消费者偏好口味更甜的软饮料"。而为了迎合这一偏好,可口可乐公司决定更改配方,引入新配方来调整口味,并最终推出新一代可口可乐。

正当可口可乐的高层们满心欢喜地等待销售员带来好消息的时候,现实给了他们当头一棒。在"新可乐"上市后的一个月,可口可乐公司每天接到超过5000个抗议电话,还有雪片般飞来的抗议信件。可口可乐公司不得不为此专门开辟了83条热线,并雇用更多的公关人员来处理这些抱怨和批评。有的顾客称可口可乐是美国的象征,不应该随意变化;有的顾客威胁说情愿改喝茶水也不愿意再购买这个新口味的可口可乐;更有忠于传统可口可乐的人们组成了"美国老可乐饮者"组织并发动全国抵制"新可乐"的运动。与此同时,越来越多的人开始寻找已停产的传统可口可乐,导致这些"老可乐"的价格一涨再涨。面市后两个月,"新可乐"的销量远远低于公司的预期值,很多销售商强烈要求改回销售传统可口可乐。

最终,拗不过消费者与媒体铺天盖地的批评,可口可乐在坚持了几个月后就宣布放弃新配方,全面启用老配方,即原本那个已经坚持了99年的配方。至此,可口可乐的新配方改革可以说以完全失败告终。历史残忍地记下了这属于可口可乐失败的一笔,但是它带给我们很多深刻的启示。

【思考】 什么是决策?怎样才能科学地进行决策?

3.1.1 决策的概念

决策活动自古就有。在我国数千年的历史中,许多杰出的思想家、政治家、军事家都是高瞻远瞩,"运筹帷幄之中,决胜于千里之外"。诸葛亮的"隆中对"做出了三分天下决策,使刘备能雄踞一方;朱元璋做出"广积粮,高筑墙,缓称王"这一决策,为明王朝的建立奠定了基础;而孙膑为田忌赛马献策的故事更是脍炙人口,流芳千古。

决策是决定的意思,它是为了实现特定的组织目标,根据客观的可能性,在占有一定信息和经验的基础上,借助一定的工具、技巧和方法,对影响目标实现的诸因素进行分析、计算和判断选优后,对未来行动做出决定。

特别提示

决策的概念包括以下两层含义。

(1) 决策是一种自觉地有目标的活动,是为了解决问题,没有目标也就没有决策。

(2) 决策是一个过程,要有若干可行方案。决策要围绕既定目标拟定若干可行方案,再经过比较分析。没有可供选择的可行方案,就谈不上决策。

导入案例 3-2

万科的关键性决策

万科公司组建于1984年,最初从事录像机进口贸易,接着"什么赚钱就干什么"。截至1991年年底,万科的业务已包括进出口、零售、房地产、投资、影视、广告、饮料、机械加工、电气工程等13大类。在企业发展方向上,其创始人王石曾提出,把万科建成一个具有信息、交易、投资、融资、制造等多种功能的大型"综合商社"。1992年前后,万科通过增资扩股和境外上市筹集到数亿元资金,一方面将业务向全国多个地区、多个领域扩展;另一方面向国内30多家企业参股,多元化发展的速度和程度达到其历史顶点。虽然万科的每一项业务都是盈利的,但是从1993年开始,万科的经营战略发生了重大改变。

第一,在涉足的多个领域中,万科于1993年提出以房地产为主业,从而改变过去的摊子平铺,主业不突出的局面;第二,在房地产的经营品种上,万科于1994年提出以城市中档民居为主,从而改变过去的公寓、别墅、商场、写字楼"什么都干"的做法;第三,在房地产的投资地域分布上,万科于1995年提出回师深圳,由全国13个城市转为重点经营京、津、沪、深4个城市,其中以深圳为重中之重。

【管理启示】 万科公司的关键性决策,即从多元化经营转向集中化经营,既顺应了时代的特点,抓住了机遇,又在社会经济政策环境改变时迅速调整战略,顺应新的环境。

3.1.2　决策的原则

决策的原则是决策者在决策过程中必须遵循的基本准则与行为规范。决策的有效性直接影响管理的实现。决策要科学,必须遵循以下原则。

1. 满意而非最优原则

决策遵循的是满意原则,而不是最优原则。满意决策即在现实条件下,有把握地取得一个满意的结果,使主要目标得以满足和实现,其他次要目标也足够好。为什么决策不遵循最优原则呢?因为最优目标实现的前提是决策要处于理想条件下,而实际中理想条件是难以达到的。因此,现实生活中,决策者难以做出最优决策,只能做出相对满意的决策。

2. 分级原则

分级原则是指在企业内部决策时分级实施。组织需要的决策广泛而复杂,是高层领导难以全部应付的,因此在组织决策中必须按其难度和重要程度分级进行。

3. 集体决策和个人决策相结合原则

决策要有效地进行,必须做到科学化和民主化。集体决策和个人决策相结合的原则是提高决策质量的保证。根据决策事务的轻重缓急,对那些有战略性、非程序化的、非确定型的事关组织全局的决策,应实行集体决策;对其他事务,应酌情选择个人决策或集体决策。

4. 整体效用原则

整体效用原则是指决策者在做决策时,应正确处理组织内部各个单元之间、组织与社会之间、组织与其他组织之间的关系。组织内部各单元的利益不总是一致的,管理者在做决策时,应在充分考虑局部利益的基础上,把提高整体效率放在首位,实现决策方案的满意化。

5. 定性分析与定量分析相结合原则

将定性分析与定量分析相结合,是进行科学决策的基本原则和基本思路。定性分析是指管理者根据对客观情况和客观规律的认识和经验,运用个人或集体的智慧和判断力,对事物的性质及其发展变化趋势进行逻辑判断,做出决定;定量分析是指运用科学原理和数学方法进行计算和分析,揭示事物间的数量关系,以此判断事物的特性及其发展变化的规律。

3.1.3　决策的依据

管理者在决策时离不开信息,信息的数量和质量直接影响决策水平。这要求管理者在决策之前以及决策过程中应该尽可能地通过各种渠道收集信息,作为决策的依据。在进行信息收集时,管理者要进行成本-收益分析,并不是不计代价地收集海量信息。只有在收集的信息带来的收益超过因此而付出的成本时,才应该去收集信息。

3.2 决策的类型

决策活动因管理层次、管理部门、管理者的风格不同而不同,因此可以按照不同的原则和标准对决策活动进行分类。

3.2.1 战略决策与战术决策

按决策的重要性,可将决策分为战略决策与战术决策。

1. 战略决策

战略决策对一个组织来说是最重要的,是组织与经常变化的外部环境之间谋求达成动态平衡的一种决策。战略决策是对全局、长远、整体性的重大问题进行的决策,这种决策通常都由高层管理者来加以引导。战略决策要求抓住问题的关键,而不是注重细枝末节的面面俱到。

2. 战术决策

战术决策又称为策略决策,是执行战略决策过程的具体决策,通常包括管理决策和业务决策。

1) 管理决策

管理决策是对组织中人、财、物等有限资源进行调动或改变其结构的决策,是为了实现战略决策而做出的局部性的具体决策。例如,营销计划与营销策略组合、产品开发方案、员工招聘与薪资水平、设备的更新换代等。

2) 业务决策

业务决策又称执行性决策,是日常工作中为提高生产效率和工作效率而做出的决策。业务决策针对的是短期目标,大部分属于影响范围较小的常规性、技术性决策,直接关系到组织的生产经营效率和工作效率的提高。

 特别提示

组织中不同的管理者承担的决策任务各不相同,基层管理者主要从事业务决策,中层管理者主要从事管理决策,高层管理者主要从事战略决策。

3.2.2 长期决策、中期决策与短期决策

按影响时间的长短,可将决策分为长期决策、中期决策与短期决策。

1. 长期决策

长期决策是指决策结果对组织的影响时间长,对组织今后的发展方向具有长远性、全局性的重大影响的决策,又称长期战略决策,一般时间在 5 年或 5 年以上,如投资方向选择、人力资源开发及组织规模的确定等问题的决策。

2. 中期决策

中期决策是介于长期决策和短期决策之间的决策,一般时间在 5 年以下、1 年以上。

3. 短期决策

短期决策是指决策结果对组织的影响时期较短,是实现长期战略目标采用的短期策略手段,通常是战术性的策略,一般时间在 1 年或 1 年以下,如日常营销决策、物资储备决策等。

3.2.3 程序化决策与非程序化决策

按决策问题的不同性质或重复程度,可将决策分为程序化决策与非程序化决策。

1. 程序化决策

程序化决策是指那些例行的、按照一定的频率或间隔重复进行的决策。程序化决策处理的主要是常规性、重复性问题。处理这些问题的特点就是要预先建立相应的制度、规则、程序等,当问题再次发生时,只需根据已有的规定加以处理即可。现实中有许多问题都是经常重复出现的,如日常任务安排、日常生产技术管理等。由于这些问题反复多次出现,因此可以制定一套例行程序来依例处理。

导入案例 3-3

程序化决策典型案例

某公司办公室秘书打印纸采购决策遵循以下两个规则。

规则 1:当打印纸存储箱有 3/4 空着时,秘书就需要提前采购打印纸。

规则 2:打印纸的采购数量要填满打印纸存储箱。

本案例中,办公室秘书打印纸采购决策就属于典型的程序化决策。公司管理者制定规则后,办公室秘书对日常打印纸采购的时机、数量都有章可循,不存在模糊不清的问题;而公司管理者也通过制定打印纸采购规则,精确地控制了打印纸采购的组织行为。

2. 非程序化决策

非程序化决策又称为例外决策,是指在管理过程中那些非例行的、很少重复出现的、没有常规可循的决策。这种决策缺乏准确可靠的统计数据和资料,在很多程序上依赖于决策者的知识、能力与经验,变量更多的是人的意志因素。

 特别提示

有证据显示,组织中大量的决策是程序化决策,而且不同的管理者面临的程序化决策数量也不同。高层管理者做出的重复性决策至少有 40%,中层管理者可达 60%~70%,基层管理者或者操作者则高达 80%~90%。随着管理者地位的提高,进行非程序化决策的能力变得越来越重要,进行决策所需要的时间也会相对延长。因此,许多组织一方面设法提高决策者的非程序化决策能力,另一方面会尽量使非程序化决策向程序化决策方向转化。

3.2.4 确定型决策、风险型决策与非确定型决策

根据决策问题所处条件不同,可将决策分为确定型决策、风险型决策与非确定型决策。

1. 确定型决策

确定型决策是指每一种可供选择的方案所需要的条件都是已知的,每一方案实施的后果也是可以计算确定的,只需要比较其结果优劣,就能做出最优选择的决策。确定型决策是一种肯定状态下的决策。这类决策一般可以通过建立数学模型进行,如企业产量决策、材料利用率的决策等。

2. 风险型决策

风险型决策是指每个备选方案都会遇到不同的可能状态,同时只能知道每种状态可能发生的概率,而难以获得充分可靠信息的决策。在这样条件下的决策,不论选择哪一种方案都要承担一定的风险,故称为风险型决策。例如,某企业为了增加利润,提出两个备选方案:一个方案是扩大老产品的销售,另一个方案是开发新产品。不论哪一种方案都会遇到市场需求高、市场需求一般和市场需求低几种可能状态,这几种可能状态发生的概率都可以测算,若遇到市场需求低,企业就面临亏损。因此,在上述条件下决策带有一定的风险性。

3. 非确定型决策

非确定型决策是指那些难以获得各种可能状态发生的概率,甚至对未来状态都难把握的决策。这类决策比较复杂,难度大,风险也大,主要依赖决策者经验和主观判断进行。例如,某企业拟将一种新产品投放市场,有大批量、中批量、小批量 3 种生产方案,由于缺乏历史资料和统计数据,因此产品市场需求大小难以估算,此时的决策即为非确定型决策。

 导入案例 3-4

苹果公司推出新产品决策

2007 年,苹果公司首次发布 iPhone,正式涉足手机领域。苹果公司将创新的移动电话、可触摸宽屏 iPod 以及具有桌面级电子邮件、网页浏览、搜索和地图功能的突破性因特网通信设备这 3 种产品完美地融为一体。iPhone 引入了基于大型多触点显示屏和领先性新软件的全新用户界面,让用户用手指即可控制 iPhone。iPhone 还开创了移动设备软件尖端功能的新纪元,重新定义了移动电话的功能。

然而,当时苹果公司的首席执行官乔布斯并不知道新开发的 iPhone 能成功赢得市场的概率有多大,这是因为苹果公司是第一个向市场推出这种全新产品的公司。管理者没有任何已知的信息和数据来估计产品成功的可能性。这就属于典型的不确定型决策。尽管如此,苹果公司依然大获成功,手机市场的原有格局在 iPhone 的冲击下完全瓦解。

3.2.5 群体决策与个人决策

从决策主体来看,可将决策分成群体决策与个体决策。

1. 群体决策

群体决策是由多人共同参与决策分析并制定决策的整体过程。在群体决策中,多人共

同决策可以掌握更多的信息,产生更多的可选方案,提高决策质量;同时,由于是集体参与决策,因此组织成员对决策的接受度也会更高。群体决策的主要缺点是决策的效率相对较低,决策所用的时间较长。

2. 个人决策

个人决策是指个人在参与组织活动中的各种决策。个人决策的优点在于决策速度快,责任明确;但决策过程带有强烈的个人主义色彩,容易出现因循守旧、先入为主的问题。

特别提示

个人决策与群体决策的优劣是相对而言的,不是绝对的。所以,应根据实际情况和现实条件决定到底采用个人决策还是群体决策。

若决策的有效性以速度为标准定义,则个人决策更优;若决策的有效性以创造性为标准定义,则群体决策更好。

群体决策的有效性还受到群体规模的影响,群体越大,差异性出现的机会越多。大规模的群体需要更多的协调和更多的时间使所有的成员有效参与。一般来说,群体决策规模不宜过大,5~15人最合适。实际上有统计数据表明,5~7人的群体决策最有效率。

3.2.6 初始决策与追踪决策

1. 初始决策

初始决策又称零起点决策,是指组织对从事某种活动或从事该活动的方案进行的初次选择,是在有关活动尚未进行而环境未受到影响的情况下进行的。

2. 追踪决策

追踪决策又称非零点决策,是在初始决策的基础上对组织活动方向、内容或方式的重新调整。如果说初始决策是在对内环境某种认识的基础上做出的,那么追踪决策则是由于这种环境发生了变化,或者是由于组织对环境特点的认识发生了变化而引起的。

特别提示

组织中的大部分决策属于追踪决策。

3.3 决策的影响因素与决策过程

3.3.1 决策的影响因素

在决策过程中,有很多因素都会对决策造成影响,其中重要的因素包括环境因素、组织自身的因素、过去决策的影响、决策主体的因素、时间因素等。

1. 环境因素

任何组织都是在一定的环境下运行的,所以决策首先受到环境的影响。环境对组织决策的影响是双重的,其从以下两个方面对决策施加影响。

(1) 环境的特点影响组织的活动选择。例如,就企业而言,如果市场相对稳定,企业的决策相对简单,则大多数决策可以在过去决策的基础上做出;如果市场环境复杂,变化频繁,那么企业就可能要经常面对许多非程序性的、过去没有遇到过的问题,甚至需要经常对经营方向和内容进行调整。又如,处在垄断市场的企业,通常将经营重点放在内部生产条件的改善、生产规模的扩大以及生产成本的降低上;而处在竞争市场的企业,则需要密切关注竞争对手的动向,不断推出新产品,努力改善营销宣传,建立健全销售网络。

(2) 对环境的习惯反应模式也影响组织的活动选择。对于相同的环境,不同的组织可能做出不同的反应。而这种调整组织与环境关系的模式一旦形成,就会趋于稳固,限制决策者对行动方案的选择。

2. 组织自身的因素

1) 组织文化

在管理领域,组织文化主要指组织的指导思想、经营理念和工作作风,包括价值观念、行业标准、道德规范、文化传统、风俗习惯、典礼仪式、管理制度及企业形象。组织文化不仅包括思想和精神方面的内容,也包括社会心理、技能、方法和组织自我成长的特殊方式等各种因素。组织文化是理解组织运行的途径。

组织文化会影响到组织成员对待变化的态度,进而影响到一个组织对方案的选择与实施。欢迎变化的组织文化有利于新方案的通过与实施;而抵御变化的组织文化不利于那些对过去做重大改变的方案的通过,即使决策者费尽周折让方案勉强通过,也要在正式实施前设法创建一种有利于变化的组织文化,这增加了方案的成本。

2) 组织信息化程度

信息化程度对决策的影响主要体现在其决策效率的影响上。信息化程度较高的组织拥有较先进的信息技术,可以快速获取质量较高的信息。另外,信息化程度较高的组织,决策者通常掌握着比较先进的决策手段。高质量的信息与先进的决策手段便于决策者快速做出较高质量的决策。不仅如此,在高度信息化的组织中,决策者的意图容易被人理解,决策者也比较容易从他人那里获取反馈,使决策方案能根据组织的实际情况进行调整而得到很好的实施。

3. 过去决策的影响

组织的决策是连续不断的,大多数情况下,当前组织决策不是在一张白纸上进行初始决策,而是对初始决策的完善、调整或改革,即当前组织决策是前期决策的延续,组织过去的决策是目前决策过程的起点。过去选择的方案的实施,不仅伴随着人力、物力、财力等资源的消耗,而且伴随着内部状况的改变,带来了对外部环境的影响。

过去的决策对目前决策的影响程度取决于过去决策与现任决策者的关系情况。如果过去的决策是由现在的决策者做出的,决策者考虑到要对自己当初的选择负责,就不会愿意对组织活动做出重大调整,而倾向于将大部分资源继续投入过去方案的实施中;相反,如果现在的决策者与过去的决策没有太大关系,重大改变就可能被其接受。

4. 决策主体的因素

1) 决策者对风险的态度

决策是确定未来活动的方向、内容和行动的目标,由于人们对未来的认识能力有限,目前预测的未来状况与未来的实际情况不可能完全相符,因此任何决策都存在一定的风险。

人们对待风险的态度是不同的,有人喜欢冒险,在多种选择中趋向于风险大的方案;而另一些人则不太愿意冒险,在多种选择中趋向于风险小的方案。因此,决策者的风险偏好对决策的选择会产生直接的影响。

2)伦理观

个人伦理是就某一行为、行动或决定做出是非判断的个人信念。个人的伦理观决定着人们的行为取向。决策者是否重视伦理以及采用何种伦理标准会影响其对待行为或事物的态度,进而影响其决策。不同的伦理标准会对决策产生不同的影响。

5. 时间因素

美国学者威廉·金和大卫·克里兰把决策分为时间敏感型决策和知识敏感型决策。

(1)时间敏感型决策是指那些必须迅速而准确做出的决策。危机事件处理、紧急问题解决都属于时间敏感型决策,强调决策效率和时效性,要求在较短时间内迅速决策。

(2)知识敏感型决策对时间的要求不是非常严格。这类决策的效果主要取决于决策质量,而非决策速度。战略重点选择、重大投资决定属于知识敏感型决策,强调决策的质量和科学性,稍有失误,后果不堪设想。因此,管理者宁愿多花些时间反复论证,也要保证决策的科学性。

特别提示

时间敏感型决策是对时间要求较高,必须迅速做出的决策;知识敏感型决策对时间要求不高,但对质量要求较高。

3.3.2 决策过程

典型的决策过程包括图 3-1 所示的 6 个步骤。决策的 6 个步骤并不是单向的,而是一个循环的过程,即每一个循环的完成,在评估反馈的同时也是下一个决策的开始,是下一步决策的依据。

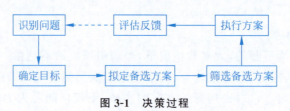

图 3-1 决策过程

1. 识别问题

决策源于问题。为了解决现实问题,管理者才要进行决策。管理者要密切关注与其责任范围有关的各类信息,包括外部的信息和报告以及组织内的信息。

2. 确定目标

目标是决策的方向,体现的是组织想要获得的结果。根据时间的长短,可把目标分为长期目标、中期目标、短期目标。长期目标通常用来指导组织的战略决策,中期目标通常用来指导组织的战术决策,短期目标通常用来指导组织的业务决策。无论时间的长短,目标总指导着随后的决策过程。

 **特别提示**

决策目标必须明确具体,尽可能量化,以便衡量决策的实施效果。

在进行多目标决策时,必须分清决策目标的主次。可以通过剔除从属目标、削减重复目标、合并类似目标,以及把次要目标降为约束条件的办法,尽量减少决策目标数量。对保留下的目标还可以根据重要性的大小区分为必须达到的目标和希望达到的目标,以保证决策者抓住关键,解决决策的核心问题。

3. 拟定备选方案

问题识别以后,管理者就要提出达到目标和解决问题的各种方案。在提出备选方案时,管理者必须紧紧围绕目标,提出尽可能多的方案。为了提出更多、更好的方案,需要从多个角度审视问题,这意味着管理者要善于征询他人的意见。备选方案可以是标准的,也可以是独特的和富有创造性的。通过头脑风暴法、名义小组技术和德尔菲法,可以提出富有创造性的方案。

备选方案要具备3个条件:①能够保证决策目标的实现;②组织外部环境和内部条件都有可行性;③具有排他性。

备选方案的拟定也是一个反复论证的过程,只有经过反复的设计与分析论证,备选方案才会更可行、更科学。

4. 筛选备选方案

在对各个备选方案分析评估的基础上,决策者最后要从中选择一个满意方案。在评估过程中,管理者要使用预定的决策标准来评估每种方案的预期成本、收益不确定性和风险,最后对各种方案进行排序。

筛选备选方案是很困难的,由于最满意的决定通常建立在仔细判断的基础上,因此管理者要想做出一个好的决定,必须仔细考察全部事实,确定是否可以获取足够的信息以及最终选择最好的方案。

5. 执行方案

在方案选定以后,管理者就要制定实施方案的具体措施和步骤,执行方案。

执行方案需要做好以下工作:①制定相应的具体措施,保证方案的正确实施;②确保与方案有关的各种指令能被所有有关人员充分接受和彻底了解;③应用目标管理方法把决策目标层层分解,落实到每一个执行单位和个人;④建立重要的工作报告制度,以便及时了解方案进展情况,及时进行调整。

 **导入案例 3-5**

超音速民航客机研制的成与败

1962年,英法航空公司开始合作研制"协和"式超音速民航客机,其特点是快速、豪华、舒适。经过十多年的研制,耗资上亿英镑,"协和"式超音速民船客机终于在1975年研制成功。然而,随着时间的流逝,情况发生了很大变化。西方许多国家都面临着能源危机、生态危机,许多航空公司都因此而改变了对在航客机的要求。乘客的要求是票价不要太贵,航空公司的要求是节省能源、多载乘客、噪声小。但"协和"式超音速民船客机却不能满足消费者的这些要求。首先,其噪声大,飞行时会产生极大的声响,有时甚至会震碎建筑物上的玻璃;其次,由于燃料价格增长快,运行费用也相应大大提高。这些情况表明,消费者对这种飞机需求量不会很大,因此不应大批量投入生产。但是,由于公司没有决策运行控制计划,也没有重新进行评审,而且飞机是由两国合作研制的,雇用了大量人员参与这项工作,如果中途下马,就要解雇大量人员。上述情况使得飞机的研制生产决策不易中断,后来两国对是否要继续协作研制生产这种飞机发生了争论,但由于缺乏决策运行控制机制,只能勉强将决策继续实施下去。结果,飞机生产出来后却卖不出去,原来的"宠儿"变成了"弃儿"。

【管理启示】 企业决策的执行与企业的命运息息相关。一项决策在确定后,能否最后取得成功,除了决策本身性质的优劣外,还要依靠对决策运行的控制与调整,包括在决策执行过程中的控制,以及在决策确定过程中各阶段的控制。

6. 评估反馈

方案执行后,决策者还必须对决策实施情况进行跟踪检查,根据反馈信息对决策不断地进行调整。由于组织环境的复杂性与决策者认识能力的局限性,决策者做出的决策不符合或不完全符合实际的情况常有发生,需要不断对方案进行修正。当方案实施后,组织目标与既定目标发生部分偏离的,决策者应采取有效措施,以确保既定目标的顺利实现;当客观情况发生重大变化,原先目标确实无法实现的,决策者则要重新寻找问题或机会,确定新的目标,重新拟定可行的方案,并进行评估、选择和实施。

总之,组织决策不是一项决策,而是一系列决策的总和。只有这一系列的具体决策相互协调,并与组织目标相一致时,才能认为组织的决策已经形成。同时,组织决策本身就是一个包含了许多工作、由众多人员参与的过程,从决策目标的确定,到决策方案的拟定、评价和选择,再到决策方案执行结果的评估,这些步骤共同构成了一项完整的决策,这是一个"全过程"的概念。

3.4 决策方法

为了保证组织的决策尽可能正确、有效,必须运用科学的决策方法。根据决策采用的分析方法,可以把决策方法分为定性决策方法、定量决策方法以及定性与定量相结合的方法。

3.4.1 定性决策方法

定性决策方法又称主观决策法,是指描述决策对象的指标无法量化,采取有效的组织形式,依靠专家们的知识和经验,根据已掌握的情况和资料,提出决策目标及实现目标的方法,并做出评价和选择。定性决策方法简便易行,容易被一般管理者接受,而且特别适用于非常规决策。

1. 集体决策方法

1) 头脑风暴法

头脑风暴法是比较常用的集体决策方法,便于发表创造性意见,因此主要用于收集新设想。通常是将对解决某一问题有兴趣的人集合在一起,在完全不受约束的条件下,敞开思路,畅所欲言。其目的在于创造一种畅所欲言、自由思考的氛围,诱发创造性思维的共振和连锁反应,产生更多的创造性思维。

头脑风暴法的原则包括:①不对别人的建议做任何评价,将相互讨论限制在最低限度内;②建议越多越好;③鼓励独立思考,广开思路;④可以对已有的建议进行必要的完善和补充。

 特别提示

头脑风暴法的时间安排应在1~2小时,参加者以5~6人为宜。

2) 名义小组法

在集体决策中,如果大家对问题性质的了解程度有很大差异,或彼此的意见有较大分歧,就可以采取名义小组法。管理者先选择一些对要解决的问题有研究或有经验的人作为小组成员,并向他们提供与决策问题相关的信息。小组成员各自先不交流,独立地思考,提出决策建议,并尽可能详细地将自己提出的备选方案写成文字资料。然后管理者召集会议,让小组成员陈述自己的方案。在此基础上,小组成员对全部备选方案投票,产生大家最赞同的方案,并形成对其他方案的意见,提交管理者作为决策参考。

名义小组法可以有效地激发个人的创造力和想象力。

3) 德尔菲法

德尔菲法是兰德公司提出的,被用来听取有关专家对某一问题或机会的意见。

(1) 德尔菲法的基本过程。应用德尔菲法的第一步是设法取得有关专家的合作,然后把要解决的关键问题分别告诉专家们,请他们单独发表自己的意见,在此基础上管理者收集并综合各位专家的意见,再把综合后的意见反馈给各位专家,让各位专家再次进行分析并发表意见。在此过程中,如遇到差别很大的意见,则把提供这些意见的专家集中起来进行讨论并综合。如此反复多次,最终形成代表专家组意见的方案。

(2) 德尔菲法的优缺点。德尔菲法的优点包括:①避免了集体决策中面对面的争论,有利于新的意见和看法的表达。②避免了集体决策容易形成的崇拜权威。服从权威意见会导致创造性思维被抑制,而德尔菲法有利于组织中普通成员的新思想、新观念的有效表达,能够产生有价值的方案。③能较好地使参与决策的每一个专家畅所欲言。

德尔菲法的缺点包括:①决策时间较长;②信息处理的工作量大;③不利于直接交流。

 特别提示

德尔菲法的关键是:①选择好专家,专家的选择主要取决于决策涉及的问题的性质;②确定适当的专家人数,一般10~50人较好;③拟定好意见征询表,征询表的质量直接关系到决策的有效性。

4) 电子会议

电子会议是将名义小组法与计算机技术相结合的一种群体决策方法。采用电子会议方法时,多达50人围坐在一张马蹄形的桌子旁,这张桌子只放置计算机终端,计算机屏幕上将显示要进行决策的问题,个人评论和票数统计都投影在会议室的屏幕上。

电子会议的主要优点是匿名、诚实和快速。决策参与者能匿名表达自己的意见,即时输人信息就可以显示在投影屏幕上,使所有人能立即看到其要表达的想法而不会受到非议。电子会议比传统会议效率高一倍以上,可能在未来的群体决策中会有广泛的应用。

导入案例3-6

决策游戏

假如有一架飞机在沙漠中发生意外,你恰好是飞机上的一名乘客,你和一部分幸存者面临生死存亡的选择。时间是上午10点,飞机在某沙漠紧急着陆。着陆时,机师和副机师意外身亡,余下你和一群人幸运地没有受伤。失事前,机师无法通知任何人有关飞机的位置,手机没有任何信号。失事前,天气报告气温达45摄氏度。GPS导航信号显示,距离最近的城镇约120千米,西北偏北45千米有一个不明建筑物。除此以外,满目黄沙,地势平坦。你穿着简便,短袖T恤衫、长裤、短袜和皮鞋。口袋中有十几元的硬币、五百多元的纸币、香烟一包、巧克力一盒和圆珠笔一支。

你可以在以下物品中做出选择:①手枪及子弹;②手机充电宝;③每人4升水;④压缩饼干和薯片;⑤当地地图;⑥镜子;⑦太阳眼镜;⑧塑料雨衣;⑨降落伞;⑩急救箱;⑪指南针;⑫长外套;⑬食盐片一瓶(1000克);⑭《沙漠生存指南》;⑮手电筒。

决策1:请按照自己的想法为上述15种物品的重要性程度排序。

决策2:由6~10人组成决策小组,充分讨论后将上述15种物品按重要性程度排序,并说明原委。

完成游戏后,总结个人决策与群体决策的优缺点。

2. 有关活动方向的决策方法

1)经营单位组合分析法

管理者有时需要对企业或企业的某部门的经营活动方向进行选择,这时可采用由美国波士顿咨询公司提出的经营单位组合分析法。

经营单位组合分析法的基本思想是:大部分企业有两个以上的经营单位,每个经营单位都有相互区别的产品和市场,企业应该为每个经营单位确定其活动方向。在确定某个单位的经营活动方向时,应该考虑其相对竞争地位和业务增长率两个维度。竞争地位经常体现在市场占有率上,其决定了企业的销量、销售额和盈利能力;而业务增长率反映业务增长的速度,影响投资的回收期限。根据上述两个维度,可把企业的经营单位分成四大类:①相对竞争地位和业务增长率"双高"的"明星"类经营单位;②相对竞争地位和业务增长率"双低"的"瘦狗"类经营单位;③业务增长率高、相对竞争地位低的"幼童"类经营单位;④业务增长率低、相对竞争地位高的"金牛"类经营单位,如图3-2所示。

企业应根据各类经营单位的特征选择合适的活动方向。

(1)"明星"类经营单位。"明星"类经营单位相对竞争地位和业务增长率"双高",代表着最高利润增长率和最佳投资机会,企业应该不失时机地投入资金,扩大生产规模。

(2)"瘦狗"类经营单位。"瘦狗"类经营单位的市场份额和业务增长率"双低",其财务特点是利润率低,处于保本或亏损状态,负债比率高,无法为企业带来收益。对这类业务经营单位,应采取收缩或放弃的战略。

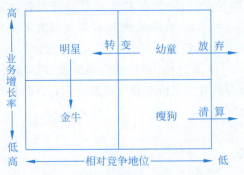

图 3-2 企业经营单位组合分析图

(3)"幼童"类经营单位。"幼童"类经营单位业务增长率高,市场占有率低,很有可能是企业刚开发的颇具前途的领域。高增长的速度需要大量资金,然而其市场占有率低,仅通过该业务自身难以筹措所需的资金。我们应当向该业务投入必要的资金,提高市场份额,促进其向"明星"类经营单位转变。若发现该经营单位不能转化成"明星"类经营单位,则应及时放弃该领域。

(4)"金牛"类经营单位。"金牛"类经营单位业务增长率低,市场占有率高,是成熟市场中的领导者,可以为企业带来较多的利润。由于市场成熟,企业不必大量投资来扩展市场规模,仅需要较少的资金投资,且该业务享有规模经济和高边际利润的优势,能够产生大量现金满足企业经营的需要。

在充分了解了 4 种企业经营单位的特点后,可进一步明确各业务经营单位在公司中的不同地位,从而进一步明确其战略目标。通常有 4 种战略目标分别适用于不同的业务:①发展。以提高经营单位的相对竞争地位为目标,甚至不惜放弃短期收益。若"金牛"类经营单位想尽快成为"明星"类经营单位,就要增加资金投入。②保持。投资维持现状,目标是保持业务单位现有的市场份额。较大的"金牛"类经营单位可以此为目标,产生更多的收益。③收割。这种战略主要是为了获得短期收益,目标是在短期内尽可能得到最大限度的现金收入。处境不佳的"金牛"类经营单位及没有发展前途的问题类经营单位和"瘦狗"类经营单位应视具体情况采取这种策略。④放弃。其目标在于清理和撤销某些经营单位,减轻负担,以便将有限的资源用于效益较高的业务。这种目标适用于无利可图的"瘦狗"类和问题类经营单位。一个公司必须对其业务加以调整,以使其投资组合趋于合理。

2) 政策指导矩阵

政策指导矩阵是由荷兰皇家壳牌公司创立的一种战略分析技术。该矩阵根据市场前景和相对竞争能力把企业的经营单位分成 9 类,分析企业各个经营单位的现状和特征,对企业所处的战略位置做出判断,并把它们标示在矩阵上,据此指导企业活动方向的选择,如图 3-3 所示。

市场前景分为吸引力强、吸引力中等和吸引力弱

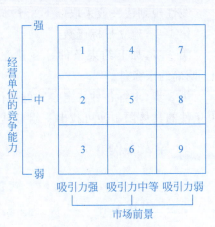

图 3-3 政策指导矩阵

3 类,并用盈利能力、市场增长率、市场质量和法规形势等因素加以定量化。竞争能力分为强、中、弱 3 类,由市场地位、生产能力、产品研究和开发等因素决定。政策指导矩阵可以被分为 9 个不同的战略方格,9 个战略方格又分成三大战略区间,落入不同的区间需要采取不同的战略方式。当企业落入 1、2、4 方格内时,该分部即被看作增长型和建立型部门;当企业落入 3、5、7 方格内时,该分部被看作坚持型和保持型部门;当企业落入 6、8、9 方格内时,该分部被看作收获型与剥离型部门。

3.4.2 定量决策方法

定量决策方法是运用数学工具建立反映各种因素及其关系的数学模型,并通过对这种数学模型的计算和求解,选择出最佳决策方案的决策方法。对决策问题进行定量分析,可以提高常规决策的时效性和决策的准确性,运用定量决策方法进行决策也是决策方法科学化的重要标志。定量决策方法根据决策问题的概率性质可分为 3 类:确定型、风险型和非确定型。

1. 确定型决策方法

确定型决策是指决策者对供决策选择的各备选方案所处的客观条件完全了解,每一个备选方案只有一种结果,可供选择方案之间的优劣比较和预期结果是明确的,比较其结果的优劣就可做出决策。确定型决策问题的主要特征有 4 方面:一是只有一个状态;二是有决策者希望达到的一个明确的目标;三是存在着可供决策者选择的两个或两个以上的方案;四是不同方案在该状态下的收益值是清楚的。确定型决策方法主要有线性规划法和量本利分析法等。

1) 线性规划法

线性规划法是企业进行产量计划时常用的一种定量方法,主要用于研究有限资源的最佳分配问题,即如何对有限的资源做出最佳的调配和最有利的使用,以便最充分地发挥资源的效能,从而获取最佳的经济效益。

线性规划法一般采取以下 3 个步骤(图 3-4)。

第 1 步,建立目标函数。

第 2 步,加上约束条件。在建立目标函数的基础上,明确约束条件。

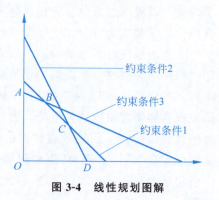

图 3-4 线性规划图解

第 3 步,求解各种待定参数的具体数值。在目标最大的前提下,根据各种待定参数的约束条件的具体限制便可找出一组最佳的组合。

 导入案例 3-7

线性规划法决策案例

某企业生产两种产品,A 产品每台利润 100 元,B 产品每台利润 180 元,有关生产用料如表 3-1 所示,试求企业利润最大时两种产品的产量。

表 3-1　A、B 产品生产用料

资源名称	单位产品消耗总额		可利用资源
	A 产品	B 产品	
原材料/kg	120	80	2400
设备/台时	900	300	13500
劳动力/工时	200	400	10400

解　具体计算方法如下。

(1) 确定影响目标的变量。设 X_1 为企业利润最大时 A 产品的生产数量，X_2 为企业利润最大时 B 产品的生产数量，$P(X_i)$ 为企业利润函数，$i=1,2$。

(2) 列出目标函数方程：

$$\mathrm{Max} P(X_i) = 100X_1 + 180X_2$$

(3) 找出实现目标的约束条件：

$$120X_1 + 80X_2 \leqslant 2400$$

$$900X_1 + 300X_2 \leqslant 13500$$

$$200X_1 + 400X_2 \leqslant 10400$$

$$X_1 \geqslant 0, X_2 \geqslant 0$$

(4) 找出使目标函数达到最优的可行解，即该线性规划的最优解。分别以 X_1、X_2 为横纵坐标，将约束方程绘制于表中。由于有 3 个约束方程，因此有 3 条直线。3 条直线共同构成的区域为可行解区域。目标函数的最大值一定在由约束方程构成的可行解区域的凸点上。

通过计算 4 个凸点 A、B、C、D 对应的目标函数值，可得满足使目标函数最大值的点为 B 点，即当生产 A 产品 4 台、B 产品 24 台时企业获得的利润最大，为 4720 元。其具体计算过程如下。

A 点的计算：解方程 $200X_1 + 400X_2 = 10400$，其中 $X_1 = 0$，则 $X_2 = 26$；$P(X_i) = 100X_1 + 180X_2 = 4680$。

B 点的计算：解方程组 $120X_1 + 80X_2 = 2400, 200X_1 + 400X_2 = 10400$，得 $X_1 = 4$，$X_2 = 24$；$P(X_i) = 100X_1 + 180X_2 = 4720$。

C 点的计算：解方程组 $120X_1 + 80X_2 = 2400, 900X_1 + 300X_2 = 13500$，得 $X_1 = 10$，$X_2 = 15$；$P(X_i) = 100X_1 + 180X_2 = 3700$。

D 点的计算：解方程 $900X_1 + 300X_2 = 13500$，其中 $X_2 = 0$，则 $X_1 = 15$；$P(X_i) = 100X_1 + 180X_2 = 1500$。

2) 量本利分析法

量本利分析法也称保本分析或盈亏平衡分析，是通过分析产品成本、销售量和销售利润这 3 个变量之间的关系，掌握盈亏变化的临界点（保本点），从而制定出能产生最大利润的经营方案。

在量本利分析法中，我们假设生产出来的产品都能销售出去，即产量的销售量相等，企业初期和末期的产品库存量相同。该方法把总成本分为固定成本和可变成本，然后与总收入进行比较，以确定盈亏平衡时的产量或某一盈利水平的产量。盈亏平衡点是企业总收入等于总成本的状态,该状态的产量称为保本点。

若设 F 为固定成本,V 为单位变动成本,P 为产品单价,Q_0 为平衡点销售量,Q 为产品销售量,则企业达到盈亏平衡时,销售收入＝固定成本＋变动成本,即

$$PQ_0 = F + VQ_0$$

由上式可得

$$Q_0 = F/(P-V)$$

在企业的经营过程中,若 $Q>Q_0$,则企业能盈利;若 $Q=Q_0$,则企业经营保本;若 $Q<Q_0$,则企业不能盈利。

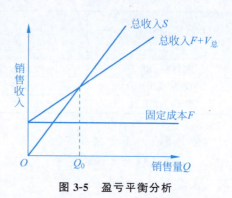

图 3-5 盈亏平衡分析

在盈亏平衡分析中,可变成本与总收入为产量的函数,当可变成本、总收入与产量为线性关系时,总收入、总成本和产量的关系如图 3-5 所示。

导入案例 3-8

量本利分析法决策案例

某企业某年计划生产一种产品,该产品单价为 500 元,单位产品的变动费用为 250 元,其固定成本为 600 万元。根据以上资料确定该产销量不赔的最低产销量(假定市场容量足够大)。

解

$$Q_0 = F/(P-V) = 6000000/(500-250) = 24000(件)$$

因此,产销量不赔的最低产销量为 24000 件产品。

2. 风险型决策方法

风险型决策是指方案实施可能会出现几种不同的情况(自然状态),每种情况下的后果(效益)是可以确定的,但不可确定的是最终将出现哪一种情况。风险型决策的方案评价方法有很多,这里主要介绍期望值法和决策树法。

1) 期望值法

期望值法用于管理者面临的备选方案存在着两种以上的可能结果,且管理者可以估计每一种结果发生的客观概率,即根据各方案的期望值大小来选择行动方案。

$$期望值 = \sum (i\text{ 方案在相应状态下的预期收益}) \times (i\text{ 方案状态发生的概率})$$

导入案例 3-9

期望值法决策案例

某企业在下一年拟生产某种产品,需要确定产品批量。根据预测估计,这种产品市场状况的概率是:畅销为 0.3,一般为 0.5,滞销为 0.2。产品生产采取大、中、小 3 种批量的生产方案,其有关数据如表 3-2 所示。应如何决策才能使本厂取得最大的经济效益?

表 3-2 数据统计

状态 概率	畅销 0.3	一般 0.5	滞销 0.2	期望值
大批量损益值	40	28	20	30
中批量损益值	36	36	24	33.6
小批量损益值	28	28	28	28

解 选择方案的过程如下。

大批量生产期望值 $=40\times0.3+28\times0.5+20\times0.2=30$

中批量生产期望值 $=36\times0.3+36\times0.5+24\times0.2=33.6$

小批量生产期望值 $=28\times0.3+28\times0.5+28\times0.2=28$

3种生产方案的期望值最大的是中批量生产,因此最终企业的经营决策应当选择中批量生产。

2)决策树法

决策树法是将构成决策方案的有关因素以树状图形的方式表现出来,并以此分析和选择决策方案的一种系统分析法。该方法以损益值为依据,特别适合于分析较为复杂的问题。

决策树由决策节点、方案枝、状态节点和概率枝以及损益值等要素构成,如图3-6所示。

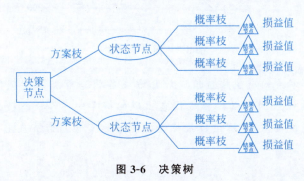

图 3-6 决策树

通过决策树的绘制计算,可以较好地实现策略的选择。决策树绘制过程如下。

(1)从左至右,从决策节点到方案枝,再到状态节点,直到各树枝的末端,即结果节点。绘制完成后,在数值末端标上指标的期望值,在各树枝上标上其相应发生的概率值。

(2)决策树的计算从右至左,用子节点的期望损益值乘以相应的概率求和后计算父节点的期望损益值,直至计算到方案节点,求出各方案节点的期望损益值。

(3)各方案节点期望损益值最大的方案为最佳决策。

导入案例 3-10

决策树法决策案例

参加投标报价的某施工企业需制定投标报价策略。投标人既可以投高标,也可以投低标,其中标概率与效益情况如表3-3所示。若未中标,投标人损失投标费用5万元。

表 3-3 中标概率与效益情况

高/低标	中标概率	效果	利润/万元	效果概率
高标	0.3	好	300	0.3
		中	100	0.6
		差	−200	0.1
低标	0.6	好	200	0.3
		中	50	0.5
		差	−300	0.2

请运用决策树方法为上述施工企业确定投标报价策略。

解 首先绘制出报价决策树,如图 3-7 所示。

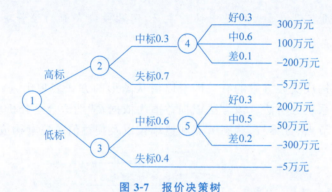

图 3-7 报价决策树

其次计算出各个方案的期望收益值。计算方案各状态节点的期望值,即使用方案在各种自然状态下的损益值分别乘以各自然状态出现的概率;将各状态枝的期望收益值累加,求出每个方案的期望收益值(可将该数值标记在相应方案的圆形节点上方)。

分别求出各节点的期望值。

④节点的期望值 $=0.3\times300+0.6\times100+0.1\times(-200)=130$(万元)

⑤节点的期望值 $=0.3\times200+0.5\times50+0.2\times(-300)=25$(万元)

②节点的期望值 $=0.3\times130+0.7\times(-5)=35.5$(万元)

③节点的期望值 $=0.6\times25+0.4\times(-5)=13$(万元)

从第②③节点的期望值的比较来看,应采取投高标的报价策略。

3. 非确定型决策方法

非确定型决策是指方案实施可能会出现的自然状态或者对所带来的后果不能做出预计的决策。非确定型决策方法一般有乐观原则、悲观原则、乐观系数原则和后悔值原则。

1) 乐观原则

乐观原则又称"好中求好"决策准则,或称"大中取大"决策准则。这种决策准则会充分考虑可能出现的最大利益,在各最大利益中选取最大者,将其对应的方案作为最优方案。比较乐观的决策者愿意争取一切机会获得最好结果。决策步骤是从每个方案中选一个最大收益值,再从这些最大收益值中选一个最大值,该最大值对应的方案就是入选方案。

2)悲观原则

悲观原则又称"坏中求好"决策准则,或称"小中取大"准则。这种决策准则会充分考虑可能出现的最坏情况,从每个方案的最坏结果中选择一个最佳值,将其对应的方案作为最优方案。比较悲观的决策者总是小心谨慎,从最坏结果着想。其决策步骤是先从各方案中选一个最小收益值,再从这些最小收益值中选出一个最大收益值,其对应方案便是最优方案。这是在各种最不利的情况下又从中找出一个最有利的方案。

3)乐观系数原则

乐观系数原则又称为折中原则,是对"坏中求好"和"好中求好"决策准则进行折中的一种决策准则。其决策的标准是:各方案损益值=最大损益值×乐观系数+最小损益值×(1−乐观系数),最后取其最大值对应的方案为佳。乐观系数根据决策经验确定为 0~1。

4)后悔值原则

后悔值原则也称"最小最大后悔值"决策准则。决策者先计算出各方案在各种自然状态下的最大收益与实际采用方案的收益值之间的差额,即后悔值;然后从各方案的最大后悔值中找出最小值,将其对应的方案作为最优方案。

这种方法的基本思路是:确定各种可行方案及各方案面临的各种自然状态,将各种方案在各种自然状态下的损益值列于决策矩阵表中,计算每一种方案在不同自然状态下的后悔值,找出各个方案的最大后悔值,选择最大后悔值中最小者对应的方案作为最优方案。

实际工作中采用哪种决策方法有相当程度的主观随意性。悲观原则主要由哪些比较保守稳妥并害怕承担较大风险的决策者所采用,乐观原则主要由哪些对有利情况的估计比较有信心的决策者所采用,乐观系数原则主要由哪些对形势判断既不乐观也不太悲观的决策者所采用,后悔值原则主要由哪些对决策失误的后果看得较重的决策者所采用。

 导入案例 3-11

非确定型决策案例

某企业计划开发新产品,有 3 种设计方案可供选择。不同的设计方案制造成本、产品性能各不相同,在不同的市场状态下的损益值也不同。其有关资料如表 3-4 所示。

表 3-4 损益值统计数据

市场状态	畅销	一般	滞销
方案 A	150	100	50
方案 B	180	80	25
方案 C	250	50	10

试用乐观原则、悲观原则、乐观系数原则、后悔值原则分别选出最佳方案,其中乐观系数根据决策经验设定为 0.4。

解 (1)乐观原则。首先,求出每种方案的最大损益值:

方案 A Max{150,100,50} = 150

$$\text{方案 B } \text{Max}\{180,80,25\}=180$$
$$\text{方案 C } \text{Max}\{250,50,10\}=250$$

其次,求出3种方案中最大损益值的最大值:
$$\text{Max}\{150,180,250\}=250$$

因此,C方案是最佳方案。

(2) 悲观原则。首先,求出每种方案的最小损益值:
$$\text{方案 A } \text{Min}\{150,100,50\}=50$$
$$\text{方案 B } \text{Min}\{180,80,25\}=25$$
$$\text{方案 C } \text{Min}\{250,50,10\}=10$$

其次,求出3种方案中最小损益值的最大值:
$$\text{Max}\{50,25,10\}=50$$

因此,A方案是最佳方案。

(3) 乐观系数原则。首先,求出3种方案的折中收益值。方案A的折中收益值:
$$150\times 0.4+50\times(1-0.4)=90$$

方案B的折中收益值:
$$180\times 0.4+25\times(1-0.4)=87$$

方案C的折中收益值:
$$250\times 0.4+10\times(1-0.4)=106$$

其次,求出3种方案中最小损益值的最大值:
$$\text{Max}\{90,87,106\}=106$$

方案C的平均收益最大,因此方案C为最优方案。

(4) 后悔值原则。首先,求出每种方案在不同状态下的后悔值,其计算过程如表3-5所示。

表3-5 最大后悔值统计

市场状态	畅销	一般	滞销	最大后悔值
方案A	250−150=100	100−100=0	50−50=0	100
方案B	250−180=70	100−80=20	50−25=25	70
方案C	250−250=0	100−50=50	50−10=40	50

其次,求出每种方案的最大后悔值:
$$\text{方案 A } \text{Max}\{100,0,0\}=100$$
$$\text{方案 B } \text{Max}\{70,20,25\}=70$$
$$\text{方案 C } \text{Max}\{0,50,40\}=50$$

最后,在3种方案最大后悔值中求出最小值:
$$\text{Min}\{100,70,50\}=50$$

因此,C方案是最佳方案。

【本章小结】

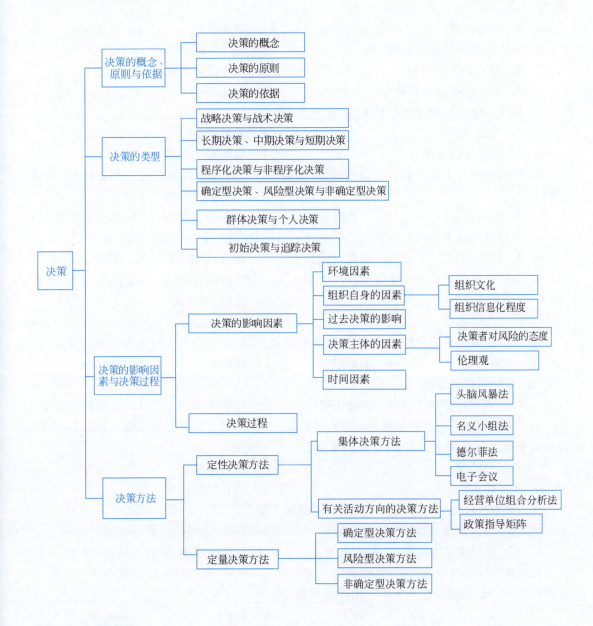

【思考与练习】

一、单项选择题

1. 决策者在做出决策时要确定一套标准,要求这些标准是( )的。
   A. 绝对理性　　　B. 最优　　　　C. 完全合理　　　D. 令人满意
2. 下列选项中属于企业的短期决策的是( )。
   A. 投资方向的选择　　　　　　　B. 人力资源的开发

C. 组织规模的确定 　　　　　　　　D. 企业日常营销

3. （　　）是日常工作中为提高生产效率、工作效率而做出的决策,牵涉范围较窄,只对组织产生局部影响。
　　A. 战略决策　　B. 战术决策　　C. 管理决策　　D. 业务决策

4. 集体决策的缺点不包括（　　）。
　　A. 花费较多的时间　　　　　　B. 产生群体思维
　　C. 产生的备选方案较少　　　　D. 责任不明

5. 对于一个完整的决策过程来说,第一步是（　　）。
　　A. 确定目标　　　　　　　　　B. 发现问题
　　C. 拟定可行方案　　　　　　　D. 组织有关人员

6. 针对越南人力资本较为便宜的情况,某公司决定在越南投资设立工厂,这种决策属于（　　）。
　　A. 管理决策　　B. 战略决策　　C. 业务决策　　D. 程序化决策

7. 喜好风险的人往往会选取风险程度（　　）而收益（　　）的行动方案。
　　A. 较高,较高　　B. 较高,较低　　C. 较低,较低　　D. 不确定

8. 知识敏感型决策是指那些对时间要求（　　）而对质量要求（　　）的决策。
　　A. 不高,较高　　　　　　　　B. 较高,也较高
　　C. 较高,不高　　　　　　　　D. 不高,也不高

9. 根据环境因素的可控程度,决策分为确定型决策、（　　）决策和非确定型决策。
　　A. 程序型　　B. 半确定型　　C. 偶然型　　D. 风险型

10. 零起点决策是指（　　）。
　　A. 程序化决策　　B. 追踪决策　　C. 初始决策　　D. 非程序化决策

11. 假如各种可行方案的条件大部分是已知的,但每个方案执行后可能出现几种结果,方案的选择由概率决定。那么,这种决策属于（　　）决策。
　　A. 风险型　　　　　　　　　　B. 不确定型
　　C. 确定型　　　　　　　　　　D. 非程序化决策

12. 保本产量是（　　）和（　　）交点对应的产量。
　　A. 总固定成本曲线,总成本曲线　　B. 总收入曲线,总成本曲线
　　C. 总固定成本曲线,总收入曲线　　D. 总变动成本,总收入曲线

13. 某工厂生产一种产品,其总固定成本为200000元,单位产品变动成本为10元,产品售价为15元,则该企业不亏本时的产品数量应是（　　）件。
　　A. 40　　B. 400　　C. 4000　　D. 40000

14. 下面不能反映群体参与决策情况的说法是（　　）。
　　A. "一个好汉三个帮"　　　　　B. "众人划桨开大船"
　　C. "三个和尚没水喝"　　　　　D. "十根筷子折不断"

15. 在经营单位组合分析法中,具有较高业务增长率和较低市场占有率的经营单位是（　　）。
　　A. "金牛"　　B. "明星"　　C. "幼童"　　D. "瘦狗"

二、多项选择题

1. 决策者只寻求满意结果的原因有(　　)。
   A. 只能满足于在现有方案中寻找
   B. 决策者能力的缺乏
   C. 选择最佳方案需要花费大量的时间和金钱
   D. 决策者只需要有满意的结果
2. 通过(　　)等方法可以提出富有创造性的方案。
   A. 独自思考　　　　　　　　　　B. 头脑风暴法
   C. 名义小组法　　　　　　　　　D. 德尔菲法
3. 下列因素中可对决策产生影响的有(　　)。
   A. 环境　　　　B. 组织文化　　　　C. 管理知识　　　　D. 时间
4. 一个企业在进行一项决策,而且确定这项决策是非确定型决策时,可以依据(　　)来解决。
   A. 乐观原则　　B. 悲观原则　　　　C. 后悔值原则　　　D. 决策树
5. 以下属于网络计划技术中的网络图的构成部分的是(　　)。
   A. 事项　　　　B. 工序　　　　　　C. 进度安排　　　　D. 线路

三、简答题

1. 什么是决策?决策的原则和依据各是什么?
2. 决策过程包括哪几个阶段?
3. 决策的影响因素有哪些?

四、案例计算题

某公司为提高产品竞争能力,扩大出口,拟进口国外先进设备。购买设备所需外汇可通过补偿贸易方式或直接贷款获得。据分析,用直接贷款购买新设备,投产后前3年产品出口换汇除了用于归还贷款外,在销路好时还可净收汇300万美元;在产品销路一般时,可净收汇100万美元;在产品销路不好时,则需要支出50万美元。若采用补偿贸易方式,投产后前3年,除一部分产品用于抵偿设备贷款外,其余部分在产品销路好、一般、差3种情况下可分别净收汇250万美元、100万美元、0美元。

(1) 根据以上资料,分别用乐观原则、悲观原则、乐观系数原则($a=0.7$)、后悔值原则确定最佳方案。

(2) 据产品销售部门估计,市场前景好、一般、差的概率分别为0.5、0.3、0.2,用决策树法画出决策树形图,根据树形图进行决策分析。

五、案例分析

李明是某建筑施工企业的董事长兼总经理。他上任不久,了解到上任董事长决定将企业主营业务从之前熟悉的房屋建设逐渐扩展到公路、铁路等其他专业的工程项目建设。但是具体到上任董事长率头制定的、对本市某地铁线路某标段的投标方案——投资金额涉及100多亿元的投标方案,李明隐隐觉得不妥。他经过调研发现,本单位在地铁专业的施工经验并不多,对比其他投标单位没有绝对优势。另外,该项目所需大型施工机械,如盾构机价格昂贵,还要进行租赁,若要拿下该项目则要投入大量的资金、技术力量,该项目风险非常大,稍有不慎可能面临亏损。于是,李明召集本企业的技术专家进行了内部调研,共同商讨,明确了扩展业务经营方向的思路是正确的,有利于该企业的进一步发展壮大,但这个步子可以暂缓,可以通过陆续引进专业技术人才、加大企业培训等方式稳步地推进主营业务方向的扩展。最后,李明修改了该项目的投标方案,决定与在地铁建设方面经验丰富的另一家建筑施工企业进行联营,针对该项目进行联合体投标。

【案例讨论】
(1) 本案例中的决策属于个人决策还是集体决策?
(2) 李明纠正原决策是否正确?群体决策有哪些方式?

【实践训练】
1. 实训目标
(1) 正确掌握头脑风暴法。
(2) 深刻体会决策的过程。

2. 实训背景
假设你和你的合伙人有20万元启动资金,你们在学校内租赁了一间约40平方米的门面房,地理位置优越,试图进行创业。你们觉得进行什么样的项目创业将最成功?

运用头脑风暴法确定:
(1) 请花5~10分钟,形成你们认为最可能获得成功的类型,每位成员要尽可能富有创新性和创造力,对任何提议不能加以批评。
(2) 指定一成员把各种方案写下来。
(3) 用10~15分钟讨论优缺点,形成一致意见。
(4) 做出决策后,对头脑风暴法的优缺点进行讨论,确定是否有阻碍。

3. 实训内容与要求
教师根据学生头脑风暴过程的表现及最终的决策方案进行考核和评价。

第4章 计 划

【教学目标】
1. 了解计划的概念、性质、作用与类型;
2. 掌握计划工作程序;
3. 掌握计划的方法。

【能力目标】
1. 能结合具体的环境,掌握计划的工作原理和编制步骤;
2. 能够运用计划方法和网络计划技术;
3. 掌握目标管理、战略管理及其在实践中的运用方法。

4.1 计划概述

4.1.1 计划的概念

计划具有承上启下的作用,一方面,计划工作是决策的逻辑延续,为决策选择的目标活动的实施提供组织实施保证;另一方面,计划工作又是组织、领导、控制和创新等管理活动的基础,是组织内不同部门、不同成员行动的依据。计划是为了实现决策确定的组织目标预先进行的行动安排。具体来说,计划就是将决策所指明问题的解决方案具体化为行动目标,具体包括做什么、为什么做、谁去做、何时做、何地做和怎样做。

 特别提示

计划的内容可总结为5W1H,具体如下。
(1) What:做什么——目标与内容。
(2) Why:为什么做——原因。
(3) Who:谁去做——人员。
(4) Where:何地做——地点。
(5) When:何时做——时间。
(6) How:怎样做——方式、手段。

4.1.2 计划与决策的关系

计划与决策是两个既相互区别又相互联系的概念。

决策需要发现问题,计划需要解决问题。组织的实际绩效与组织制定的目标往往存在着差距。决策是解决这些差距的方向性,而计划则是解决这些差距的方法性;决策是关于组织活动方向、内容以及方式的选择,计划是对组织内部不同部门和不同成员在一定时期内行动任务的具体安排。

两者的关系具体表现为:①决策是计划的前提,计划是决策的逻辑延续。决策为计划的任务安排提供依据,计划则为决策选择的目标活动的实施提供组织保证。②在实际工作中,决策与计划相互渗透,有时甚至不可分割地交织在一起。

在决策制定过程中,不论是对内部能力优势或劣势的分析,还是在方案选择时关于各方案执行效果或要求的评价,实际上都已经开始孕育着决策的实施计划;反过来,计划的编制过程既是决策的组织落实过程,也是决策的更为详细的检查和修订过程。无法落实的决策,必然要进行一定程度的调整。

4.1.3 计划的性质

1. 计划的目标性

计划是为实现组织目标服务的,计划工作是管理活动的基础,所有的计划都必须围绕组织目标来展开。组织正是为了通过有意识地合作来完成群体的目标而生存的。因此,组织的各种计划及其各项计划工作都必须有助于完成组织的目标。

2. 计划的首要性

计划在各项管理职能中处于首要地位,管理的组织、领导和控制职能都是为了促使和保证目标的实现。只有计划这项职能才能使后边的各项职能取得一致性和连贯性。

3. 计划的普遍性

计划是所有管理者的共同职能。管理者的层次、职权不同,所制订的计划的特点和范围也会有所不同,但无论他们的职位高低、职权大小,都或多或少地需要进行计划工作。例如,高管理层次确定总目标及其战略计划,低管理层次根据总目标的要求制订具体落实的计划。

4. 计划的效益性

计划的效益性是指一项计划对目标的贡献,是以实现组织的总目标和一定时期的目标所得到的利益,扣除为制订和执行计划需要的费用和其他预计不到的损失之后的余额来测定的。计划工作不仅要确保组织目标的实现,更要强调协调、节约,其重大安排都要经过经济和技术的可行性分析,要从众多方案中选择最满意的资源配置方案,尽可能地合理利用资源和提高效率。

4.1.4 计划的作用

哈罗德·孔茨说:"计划是我们现在所处的位置达到将来预期目标之间的桥梁。"计划的重要作用在于为组织目标活动指明了方向,降低了风险,促进资源合理配置,有利于控制工作的开展,如图 4-1 所示。

1. 计划能为组织活动提供指导

计划首先要确定组织目标,只有当组织目标确定后,才能分配任务,根据任务确定各级管理者的权力和责任。计划还为目标规定了预期结果,这就为组织的各级管理者指明了方向,有利于把组织中全体成员的行动统一到实现组织总目标上来。

2. 计划能降低组织活动风险

计划促使管理者展望未来,提前预见变化,鉴定潜在的机会与威胁,更多地考虑组织可能遇到的冲击,从而制定适当的对策,减小各种不确定性,降低组织活动风险。

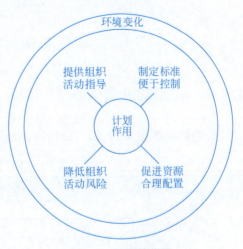

图 4-1 计划的作用

导入案例 4-1

试飞员 A 先生的技巧

国外的 A 先生是一家飞机制造厂的飞机试飞员。在他 60 多岁退休之后,报纸、电台等媒体纷纷前往采访。这是一个传奇式的人物,据说这位老先生尽管经历了很多次事故和意外,但都化险为夷。媒体记者问他有什么诀窍。

"为什么别人在各种各样的灾难面前躲不过去,而你却能化险为夷呢?"这位老先生解释道:"我有一个习惯,就是我在每次执行任务之前都会做脑操。我会设想可能出现的各种情况,假如出现某种不测的时候,我应当如何应对;假如发生某种意外的时候,我如何处理才是最佳的选择。每次执行任务之前,我都会闭上眼睛进行这样的冥想。所以在很多次执行任务的过程中,尽管遇到了意外,但对我来讲,却是意料之中的事。"

【管理启示】 在面临不确定性风险时,经过周密的计划可以把这种不确定性风险降到最低。

3. 计划能促进资源合理配置

计划工作的重要任务就是使未来的组织活动均衡发展。计划的预见性能够在组织活动实施之前发现浪费和冗余,消除和减少不必要的组织活动带来的浪费和重复,使资源得到更合理的配置,提高工作效率。当计划工作确定的目标与手段都非常明确时,效率低下的行动就会很容易被发现且被剔除。

4. 计划能形成标准,成为控制的基础和依据

如果组织目标不清晰,管理者就无法判断是否达到了目标。在计划中设立组织目标,在控制职能中将实际绩效和组织目标进行比较,才可能及时发现偏差,以便采取必要的校正行动。若组织没有科学合理的计划,绩效无法与目标对照,就不可能实现有效的控制,如图 4-2 所示。

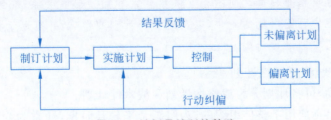

图 4-2 计划是控制的基础

4.2 计划的类型

4.2.1 计划的分类

计划的种类很多,我们可以按不同的标准对其进行分类,如表 4-1 所示。

表 4-1 按不同标准划分的计划类型

分类标准	计划类型
按时间长短	长期计划、中期计划、短期计划
按职能空间	业务计划、财务计划、人事计划
按综合性程度	战略性计划、战术性计划
按明确性	具体性计划、指导性计划
按对应的问题是否重复	程序性计划、非程序性计划

1. 长期计划、中期计划和短期计划

按计划时间长短,可将计划分为长期计划、中期计划和短期计划。

长期计划描述了组织在较长时期的发展方向和方针,规定了组织的各个部门在较长时期内组织活动应达到的目标和要求,绘制了组织长期发展的蓝图,通常指 5 年以上的计划;短期计划具体规定了组织的各个部门近期应该如何行动,且组织行动要达到什么样的要求,一般指 1 年以内的计划;而中期计划则为 1~5 年的计划,介于长期计划与短期计划之间。

2. 业务计划、财务计划和人事计划

按职能空间,可将计划分为业务计划、财务计划和人事计划。

业务计划是组织的主要计划,内容包括产品开发、物资采购、仓储后勤、生产作业以及市场销售等内容。长期业务计划主要涉及业务方面的调整或业务规模的发展,短期业务计划则主要涉及业务活动的具体安排。

财务计划与人事计划是为业务计划服务的,也是围绕着业务计划而展开的。财务计划研究的是如何从资金的提供和利用上促进业务活动的有效进行,人事计划则分析如何为业务规模的维持或扩展提供人力资源的保证。

特别提示

各职能计划通常是由组织的职能部门编制和执行的。将计划按职能空间分类,有助于更加精确地确定主要作业领域之间的相互依赖关系和相互影响关系,有助于估计各职能部门的计划执行过程中可能出现的变化,以及对全部计划的影响,并有助于将有限的资源更合理地在各职能部门之间进行分配。

3. 战略性计划和战术性计划

按综合性程度,可将计划分为战略性计划和战术性计划。

战略性计划是指应用于整体组织的,为组织未来较长时期(通常为 5 年以上)设立总体目标和寻求组织在环境中的地位的计划,它们覆盖较宽的领域,不规定具体的细节。此外,战略性计划的一个重要任务是设立目标。

战术性计划是指规定总体目标如何实现的细节的计划,其需要解决的是组织的具体部门或职能在未来各个较短时期内的行动方案。

战略性计划的两个显著特点是长期性与整体性。长期性是指战略性计划涉及未来较长时期;整体性是指战略性计划是基于组织整体而制订的,强调组织整体的协调。战略性计划是战术性计划的依据;战术性计划是在战略性计划指导下制订的,是战略性计划的落实。从作用和影响上来看,战略性计划的实施是组织活动能力的形成与创造过程,战术性计划的实施则是对已经形成的能力的应用。

特别提示

战略性计划和战术性计划强调的是组织纵向层次的指导和衔接。

4. 具体性计划和指导性计划

按计划内容的明确性标准,可将计划分为具体性计划和指导性计划。

例如,一个企业拟定了一个增加利润的指导性计划:未来 6 个月使利润增加 5%～10%;又如,一个企业拟订了一个增加利润的具体性计划:在未来 6 个月中成本要降低 4%,销售额增加 6%。从这两个例子中可以看出两者的区别,即具体性计划具有明确规定的目标,不存在模棱两可的情况,一般由基层制定。

特别提示

具体性计划一般有明确的程序、预算方案以及日常进度表。与指导性计划相比,具体性计划更具有明确性,更易于计划的执行、考核及控制,但其缺点是缺少灵活性。

5. 程序性计划和非程序性计划

按对应的问题是否重复的标准,可将计划分为程序性计划和非程序性计划。组织活动可分为例行活动和非例行活动两类。

例行活动是指一些会重复出现的工作,如订货、材料的出入库等。这类活动的决策属于程序化决策,与此对应的计划就是程序性计划。

非例行活动是指不重复出现的工作,如新产品的开发、生产规模的扩大、品种结构的调整、工资制度的改变等。处理这类问题时没有一成不变的方法和程序,属于非程序化决策,与此对应的计划就是非程序性计划。

4.2.2 计划的层次体系

一个计划包含组织将来行动的目标和方式。面向未来和面向行动是计划的两大显著特征。哈罗德·孔茨和海因·韦里克从抽象到具体,把计划分为一种层次体系,如图 4-3 所示。

1. 使命

使命(或目的)指明一定的组织机构在社会上应起的作用、所处的地位,决定组织的性质以及区别于其他组织的标志。例如,大学的使命是教书育人,医院的使命是救死扶伤。

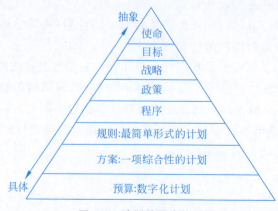

图 4-3　计划的层次体系

2. 目标

目标是组织的目的或使命的具体化,组织各个时期的目标和各部门的目标都是围绕组织存在的使命制定的。例如,大学的使命是教书育人,大学在完成这一使命的过程中会进一步具体化不同时期的目标和各院系的目标,如近 3 年培养多少个哪一类型的人才。

3. 战略

战略是为了达到组织总目标而采取的行动和利用资源的总计划。

4. 政策

政策是指导或沟通决策思想的全面的陈述书或理解书。有时,政策也会从主管人员的行动中含蓄地反映出来。

5. 程序

程序是制订处理未来活动的一种必需方法的计划,它详细列出必须完成某类活动的切实方式,并按时间顺序对必要的活动进行排列。

6. 规则

规则详细地阐明必需的行动或非必需的行动,其本质是反映一种必须或无须采取某种行动的管理决策。规则通常是形式最简单的计划。

7. 方案

方案(或规划)是一个综合性的计划,通常情况下,一个主要方案可能需要很多支持计划。

8. 预算

预算指一种将资源分配给特定活动的数字性计划,即一份用数字表示预期结果的报表。预算通常是为规划服务的,但其本身也可能是一项规划。预算帮助组织各级管理部门的主管人员从资金和现金收支的角度,全面、细致地了解组织经营管理活动的规模、重点和预期成果。预算还是一种主要的控制手段,是计划和控制工作的连接点——计划的数字化产生预算,预算又作为控制的衡量基准。

预算的类型主要有:收入预算、费用预算、利润预算、现金预算、可变预算、固定预算等。

4.3 计划编制的影响因素与程序

4.3.1 计划编制的影响因素

按不同的标准,可以把计划分为不同类型,那么哪些因素会影响我们对不同类型计划的选择呢?

1. 组织的层次

大多数情况下,较低层级的管理者制订操作层面的战术性计划,而高层管理者制订战略性计划。计划类型与组织层级如图 4-4 所示。

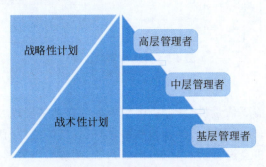

图 4-4 计划类型与组织层级

2. 组织的生命周期

组织都要经历一个生命周期,包括形成阶段、成长成熟阶段、衰退阶段。在组织生命周期的各个阶段上,计划的类型并非都具有相同的性质,计划的时间长度和明确性应当在不同阶段上做相应调整。

当组织进入成熟期时,可预见性最大,从而也最适用于具体性计划。而在组织的幼年期,管理者应当更多地依赖指导性计划,因为处于这一阶段时要求组织具有很高的灵活性。在这个阶段,目标是尝试性的,资源的获取具有很大的不确定性,辨认出谁是目标客户很难,而指导性计划可以使管理者随时按需要进行调整。在成长阶段,随着目标更确定、资源更容易获取和客户忠诚度的提高,计划也更趋于明确性。当组织从成熟期进入衰退期时,计划也从具体性转向指导性,这时目标要重新考虑,资源要重新分配。

计划的时间也应当与组织的生命周期联系在一起。短期计划具有最大的灵活性,因此更多地用于组织的形成期和衰退期;成熟期是一个相对稳定的时期,因而更适合制订长期计划。

3. 环境的不确定性

当组织的经营环境的不确定性越大、变动越大时,计划更应当是指导性的,计划期也应更短。因为具体性计划缺少灵活性,而指导性计划比较自由,短期计划又可以随时变动,在外界环境不稳定的情况下,是更佳的选择。

4. 未来许诺的期限

计划的选择还与计划的时间轴有关。当前的计划越是影响到对未来的许诺,计划的期限就应当越长。计划期限应当合理设置,以便管理者能在此计划期限中实现当前的许诺。计划对太长的期限和太短的期限都是无效的。管理者不是计划未来的决策,而是计划当前决策对未来的影响。今天的决策是对未来行动和支出的许诺。

4.3.2 计划编制的程序

计划编制的过程一般包括8个步骤,如图4-5所示。

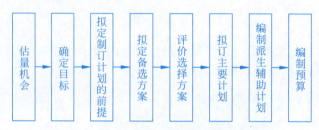

图 4-5 计划编制的步骤

1. 估量机会

在实际编制计划之前要估量机会,分析组织所处的外部环境以及组织的内部条件,充分认识到自身优势与劣势,分析面临的机会与威胁,摆正自己的位置,认清过去与现在,对未来可能出现变化和预示的机会进行初步分析,形成判断,明确组织要解决的问题。

认识现在的目的是寻求合理有效的通向未来的途径;研究过去是为了从过去发生的事件中得到启示和借鉴,探讨过去是为了防止过去的失败在未来重演。

估量机会就是根据现实情况,对可能存在的机会做出现实主义的判断。确切地说,这项工作并非计划的正式过程,它应该在计划过程开始之前就已完成,但它是整个计划工作的真正起点。

2. 确定目标

在估量机会的基础上,计划工作的第1步就是要为组织以及各组成部分确定目标。确定目标是决策工作的主要任务。计划工作的主要任务就是将决策确立的目标进行分解,以便落实到各个部门、各个活动环节,并将长期目标分解为各个阶段的目标。目标要说明预期的成果,指明将要做的工作有哪些、重点应放在哪里、必须完成哪些任务等。

确定目标包括的主要内容是进行资源的合理分配;充分发挥组织全员的积极性和潜力;促进组织内部团结一致,对外享有良好的声誉;达到组织经营活动的最佳效果。

 **导入案例 4-2**

驴子和马

唐太宗贞观年间,有一头马和一头驴子,它们是好朋友。贞观三年,这匹马被玄奘选中,前往印度取经。

17年后,这匹马驮着佛经回到长安,便到磨坊会见它的朋友驴子。老马谈起这次旅途的经历:浩瀚无边的沙漠、高耸入云的山峰、炽热的火山、奇幻的波澜……神话般的境界,让驴子听了大为惊异。

驴子感叹道:"你有多么丰富的见闻呀!那么遥远的路途,我连想都不敢想。"

老马说:"其实,我们跨过的距离大体是相同的,当我向印度前进的时候,你也一刻没有停步。不同的是,我同玄奘大师有一个遥远的目标,按照始终如一的方向前行,所以我们走进了一个广阔的世界。而你被蒙住了眼睛,一直围着磨盘打转,所以永远也走不出狭隘的天地。"

【管理启示】 马与驴子最大的差别就在于目标不同,最终导致了不同的结果。企业或团队有目标不等于有好目标,好目标一定要结合企业的长远发展和员工的特点来制定。

3. 拟定制订计划的前提

计划的第 2 步是确定一些关键性的计划前提条件。前提条件是关于要实现计划的环境的假设条件,仅限于那些最影响计划贯彻实施的假设条件。我们对制订计划的前提条件认识得越清楚、越深刻,计划工作就会越有效;组织成员越彻底地理解和同意使用一致的计划前提条件,组织计划工作就越协调。

4. 拟定备选方案

计划的第 3 步是调查和设想可供选择的行动方案。一般来说,组织目标达成的途径不止一条,有多种方案可供选择,但通常我们只能选择其中的一个方案实施,因此要尽量避免遗漏优秀的方案、选错方案。在拟定备选方案时,应当集思广益、开拓思路、大胆创新,尽可能地列举所有可行的计划方案。

5. 评价选择方案

计划的第 4 步是评价选择方案。我们应当认真考察每一个计划方案的制约因素和隐患,充分地、动态地、多方位地评价、分析和比较这些方案,在此基础上选出最终实施的计划方案。有的方案可能获利能力大,但投资大,回收期也长;有的方案获利小,但风险也小;有的方案则更适合于企业长远目标的要求。由于涉及大量的可变因素和限定条件,计划方案的评价与选择工作往往是非常复杂的,因此常常需要借助运筹学、数学方法等手段。

6. 拟订主要计划

拟订主要计划就是将所选择的计划用文字形式正式地表达出来。拟订计划要清楚地确定和描述 5W1H 内容。

7. 编制派生辅助计划

派生辅助计划即为了支持主要计划的实现而由各个职能部门和下属单位制订的计划。例如,假设将某大学的招生计划看成一个主要计划,则相应的宿舍建设计划、图书设备采购计划等可看成派生辅助计划。

编制派生辅助计划时要注意,计划人员须了解组织主要计划的指导思想和内容;各派生辅助计划内容要互相协调,服务于主要计划;各派生辅助计划时间要互相协调,前后衔接,统筹安排。

8. 编制预算

计划编制的最后一步是把计划转变成预算,使计划数字化。编制预算,一方面是为了使计划的指标体系更加明确,另一方面也是便于企业对计划执行进行控制。定性的计划往往在可比性、可控性和进行奖惩方面比较困难,而定量的计划则具有较强的约束。

4.4 计划编制的方法

计划工作的效率高低和质量好坏在很大程度上取决于采用的计划方法。计划方法多种多样,本节介绍较常见的几种方法:滚动计划法、甘特图法和网络计划法。

4.4.1 滚动计划法

滚动计划法是按照"近细远粗"的原则制订一定时期内的计划,然后按照计划的执行情况和环境变化调整和修订未来的计划,并逐期向后移动,把短期计划和中期计划结合起来的一种计划方法。

滚动计划法会使计划工作任务量加大,但优点也十分明显。首先,计划始终处于一个动态的调整过程中,可以随着环境变化及时进行调整。其次,计划更加符合实际。采用滚动计划法,可以根据环境条件变化和实际完成情况定期地对计划进行修订,使组织始终有一个更为切合实际的长期计划作指导。第三,大大增加了计划的弹性,避免了计划的僵化,提高了组织在剧烈变化环境中的应变能力。

滚动计划法的具体做法是:在制订计划时,同时制订未来若干年的计划,但计划内容粗细不同,越是近期计划内容越细、越具体;越是远期计划内容越粗、越概括。当执行了最近一个周期的计划后,根据该期计划执行的具体情况与预期结果进行差异分析,同时根据当前内部条件和外部环境的变化情况对原定的下一期计划进行修订,并将整个计划向前滚动一个周期,以后逐年根据同样的原则进行定期修订与滚动。

例如,应用滚动计划法编制企业 5 年计划,如图 4-6 所示。从图 4-6 中可以看出 5 年计

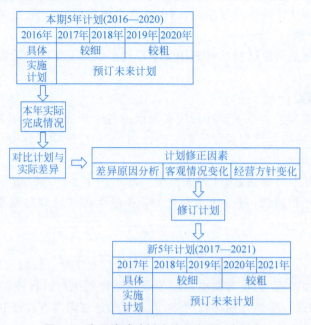

图 4-6 应用滚动计划法编制企业 5 年计划

划的滚动程序：首先企业编制出 2016—2020 年的 5 年计划，到 2016 年年末，企业根据当年计划的完成情况及客观条件变化等因素对原定的上期 5 年计划做必要的调整，在此基础上再编制出 2017—2021 年新的 5 年计划。同理，到 2017 年年末再根据 2017 年计划的执行情况、计划修正因素等编制出 2018—2022 年的 5 年计划。

 特别提示

在编制滚动计划时，长期、中期和短期计划必须有机地衔接起来，长期计划要对中、短期计划具有指导作用，而中、短期计划的实施要有助于长期计划的实现。

4.4.2　甘特图法

甘特图又称横道图、条状图，以提出者亨利·甘特的名字命名。甘特图是以图示的方式通过活动列表和时间刻度形象地表示出任何特定项目的活动顺序与持续时间。甘特图是一种线条图，纵轴表示要安排的活动，横轴表示时间，线条则表示整个期间计划活动与实际完成的情形。甘特图的优点是简明直观。例如，某部门绘制了主要计划工作任务甘特图如图 4-7 所示，深灰色方块表示目标计划，浅灰色方块表示实际进度，整个项目何时开始、何时完成非常直观，管理人员能及时发现实际进度与计划进度的偏差，针对性地进行控制纠偏。

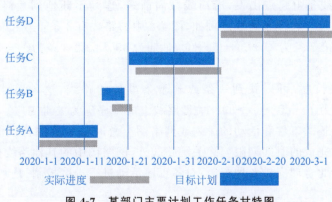

图 4-7　某部门主要计划工作任务甘特图

 特别提示

甘特图的优点是形象、直观、简明、易掌握，对控制计划进度、改进管理工作有很大帮助；缺点是虽能直观显示某一时刻实际进度与计划进度的偏差，但无法显示产生偏差的原因，也无法确定哪些偏差是管理者应当着力解决和控制的。

4.4.3　网络计划法

简单来说，网络计划法的基本原理就是把一项工作或项目分成各种作业，然后根据作业顺序进行排列，通过网络图对整个工作或项目进行统筹规划和控制，以便用最少的人力、物力、财力和最快的速度在最短的时间内完成工作。

1. 网络计划法的基本内容

1) 网络图

网络计划法利用网络图表达计划任务的进度安排及其中各项工作或工序之间的相互关系。任何一项任务都可分解成许多步骤的工作,根据这些工作在时间上的衔接关系,用箭线表示它们的先后顺序,画出一个由各项工作相互联系,并注明所需时间的箭线图,这就是网络图,如图4-8所示。

(1)"→"工序。工序也称作业或活动,它是一项工作的过程,需要人力、物力,经过一段时间才能完成,也表示一个事件到另一个事件的过程。"→"由箭头和箭尾组成,箭尾表示活动的开始,箭头表示活动的结束。组成整个任务的各个局部任务都需要一定的时间和资源。"→"下的数字表示完成该项工作所需时间。图4-8中,完成工作B的时间为14天。有一些工作既不占用时间也不消耗资源,是虚设的,称为虚工作,用"→"表示,如G工作就是虚工作,仅仅表示一种工序上的逻辑关系。

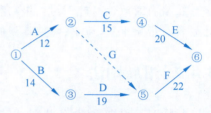

图4-8 网络图(单位:天)

(2)"○"事项。它是两个工序间的连接点,表示前道工序结束、后道工序开始的瞬间。它既不消耗资源,也不占用时间。

(3)路线。路线是由起点出发,沿箭线方向前进,连续不断地到达终点为止的一条通道。一个网络图往往存在多条路线。例如,图4-8中的路线有3条:第1条为①→②→④→⑥,工期为47天;第2条为①→③→⑤→⑥,工期为55天;第3条为①→②→⑤→⑥,工期为34天。

比较各路线的长度,可以找到一条或若干条最长的路线,这种路线称为关键路线。图4-8的关键路线为①→③→⑤→⑥。关键路线上的工序称为关键工序。关键路线是所有路线中花费时间最长的事件和活动的序列或网络图上总时差为零的各项活动的连线,直接影响整个作业计划完成的时间期限。除关键路线外,网络图中的其他路线称为非关键路线。确定关键路线并据此合理安排各种资源,对各工序活动进行进度控制,是利用网络技术的主要目的。

2) 时间参数

在计划任务的实施过程中,涉及人、事、物的运动状态。这种运动状态都是通过转化为时间函数来反映的。反映人、事、物的运动状态的时间参数包括各项工作的作业时间、开工与完工时间、工作之间的衔接时间、完成任务的机动时间及总工期等。

3) 网络优化

网络优化是指根据关键路线法,通过利用时差,不断改善网络计划的初始方案,在满足一定的约束条件下,寻求管理目标达到最优化的计划方案。网络优化是网络计划技术的主要内容之一,也是较之其他计划方法优越的主要方面。

 特别提示

一个网络图中只能有一个起点,一个终点。两个节点之间只能有一条箭线,不能出现几条作业线并行现象。网络图不允许有封闭的循环路线。网络图中的所有节点均须按从小到大的原则用正整数进行统一编号,以便于识别、检查和计算。编号顺序遵循从左到右、从上到下的原则,箭头节点的编号要大于箭尾节点的编号,同时结合工序之间前后关系的规则来进行,不允许有重复编号的情况出现。号码数字写在节点的圆圈之内,以与工序作业时间相区分。

关键路线的长度决定了整个计划任务所需时间。关键路线上各工序完工时间提前或推迟都直接影响整个活动能否按时完成。关键路线在网络图中一般以双箭线、粗线或红线加以表示。

2. 网络计划法的基本步骤

网络计划法的基本步骤主要包括确定目标;项目分解,列出作业明细;绘制网络图,进行节点编号;计算网络时间,确定关键路线;进行网络计划方案的优化与贯彻执行。

1)确定目标

确定目标是指决定将网络计划技术应用于哪一个项目,并提出对项目技术经济指标的具体要求,如在时间、成本、费用等方面要达到什么要求,再依据企业现有的情况,利用网络计划技术寻求最适合的方案。

2)项目分解,列出作业明细

一个项目是由许多任务组成的,在绘制网络图前就要将项目分解成各项任务。通常情况下,任务包含的内容多、范围大可分粗略些,反之则精细些。任务分得细,网络图的节点和箭线就多。对于高层管理者,网络图可绘制得粗略些,主要是统观全局、分析矛盾、掌握关键、协调工作、进行决策;对于基层管理者,网络图就可绘制得精细些,以便具体组织和指导工作。

在将项目分解成任务之后,还要进行任务分析,以便明确先行任务(紧前工作)、平行工作和后续工作(紧后工作),即在该工作开始前,哪些工作必须先期完成,哪些工作可以同时平行地进行,哪些工作必须后期完成,或者在该工作进行的过程中,哪些工作可以与之平行交叉地进行。

3)绘制网络图,进行节点编号

根据分解好的项目任务明细表进行网络图的绘制。网络图的绘制方法有顺推法和逆推法。顺推法即从始点时间开始根据每项作业的直接紧后工作,依次绘出各项工作的箭线,直至终点事件为止;逆推法即从终点事件开始,根据每项工作的紧前工作,逆箭头前进方向逐一绘出各项作业的箭线,直至始点事件为止。按照各项工作之间的关系绘制网络图后,就要进行节点编号。

4)计算网络时间,确定关键路线

根据网络图和各项活动的工作时间,可以计算出全部网络时间和时差,并确定关键路线。

5)进行网络计划方案的优化与贯彻执行

找出关键路线后,即初步确定了完成整个计划任务所需总时间。项目完成总时间是否符合计划规定的时间要求,是否与计划期的劳动力、物资供应、成本费用等计划指标相适应,需要进一步综合平衡,通过优化,择取最优方案。最后,正式绘制网络图,编制各种进度表以及预算等各种计划文件。

编制网络计划仅仅是计划工作的开始,更重要的是组织计划的实施。网络计划的贯彻执行,需要加强管理,采取切实有效的措施,保证计划任务的完成。

3. 网络计划法的评价

网络计划法优势明显,主要包括以下方面:①网络图能清晰地展示整个项目各项任务的时间顺序和相互关系,并指出了完成任务的关键环节和路线。因此,管理者在制订计划时既可以统筹安排、全局考虑,也能很好地把握重点。②网络计划法可对项目的时间进度和资源利用进行优化。管理者可以调动非关键路线上的各种资源到关键工作上,这样的综合平衡既能节省资源,又能加快项目进度。③便于组织与控制,管理者易于操作。管理者可以将特别复杂的大项目分成许多小项目来分别组织实施与控制,这种既化整为零、又化零为整的管理方法,可以达到局部和整体的协调一致。

网络计划法比较适合子项较多、需要众多单位配合的大型工程项目,也广泛应用于工业、农业、军事、商业等各个领域。当然,网络计划法也有其局限性,如更多地强调时间因素而容易忽略费用因素等。

4.5 目标管理

导入案例 4-3

目标的力量

曾经有人做过这样一个试验:组织 3 组人,让他们沿着公路步行,分别向 10 千米外的 3 个村子行进。甲组不知道去的村庄叫什么名字,也不知道它有多远,只需要跟着向导走即可。这个组刚走了两三千米时就有人叫苦了,越往后他们的情绪越低,溃不成军。

乙组知道去哪个村庄,也知道有多远,但是路边没有里程碑,人们只能凭经验大致估计需要走两个小时。该组走到一半时才有人叫苦,大多数人想知道他们已经走多远了。比较有经验的人说:"大概刚刚走了一半的路程。"于是大家又簇拥着向前走。当走到 3/4 路程时,大家情绪低落,觉得疲惫不堪,而路程似乎还很长。而当有人说快到了时,大家又振作起来,加快了脚步。

丙组最幸运。大家不仅知道要去的是哪个村子,它有多远,而且路边每千米有一块里程碑。人们一边走一边留心看里程碑,每看到一个里程碑,大家心里便有一阵小小的快乐。这个组的情绪一直很高涨。走了七八千米以后,大家确实都有些累了,但他们不但没有叫苦,反而开始大声唱歌、说笑,以消除疲劳。最后的两三千米,他们越走情绪越高,速度反而加快了,因为他们知道,村子就在眼前了。

【管理启示】 这个案例说明,当人的行动有了明确的目标,并且把自己的行动与目标不断地加以对照,清楚地知道自己行进的速度和不断缩小达到目标的距离时,人的行动就会得到维持和加强,就会自觉地克服一切困难。

4.5.1 目标与目标管理

1. 目标的特性

目标具有目的性、驱动性、约束性、集约性、指导性、结果性 6 个特性,如表 4-2 所示,这也是实施目标管理的基础。

表 4-2 目标的特性及意义

特性	意 义
目的性	目标是行为活动的目的,促使人们有目的地付诸行动
驱动性	目标也是一种欲求,是人们希望满足的某种愿望,这种愿望驱动个体去付诸行动
约束性	目标对个体行为有约束力,表现为程度不一地专注于目标的实现,抵制目标之外的诱惑
集约性	目标是一种方向性的集中,体现为时间、精力、物质资源最大化地向这一方向集中
指导性	目标指导人们判断事情是否必要,增进了人们对自身行为结果是否有意义的理解和认识
结果性	目标的实现体现为结果,结果的可预见性、可感受性、可考核性是目标的重要特质

2. 目标管理的内涵

目标管理是美国管理学家彼得·德鲁克于 1954 年提出的,是指组织内部各部门乃至每个人为实现组织目标,自上而下地制定各自的目标并自主地确定行动方针、安排工作进度、有效地组织实现和对成果严格考核的一种系统的管理方法。

目标管理的基本思想主要有:①目标管理是以目标为中心的管理,建立目标体系。目标管理通过专门设计的过程,将组织的整体目标逐级分解,转换为各单位、各员工的分目标。从组织目标到经营单位目标,再到部门目标,最后到个人目标。在目标分解过程中,权、责、利三者十分明确。②目标管理是重视人的管理。组织中的上下各级管理人员会共同制定目标,明确彼此的成果责任,上级与下级的关系是平等、尊重、依赖、支持的,下级在承诺目标和被授权之后会自觉、自主和自愿地去实现组织目标。③目标管理是结果导向的管理。以制定目标为起点,以目标完成情况的考核为终结。工作成果是评定目标完成程度的标准,也是人事考核和奖评的依据。至于完成目标的具体过程、途径和方法,上级并不过多干预。所以,在目标管理制度下,监督的成分很少,而控制目标实现的能力却很强。

4.5.2 目标制定的原则

确定的目标是目标管理基础。为了有效地实现目标,使制定的目标具有可操作性,我们在制定组织目标时应遵循 SMART 原则,如图 4-9 所示。

图 4-9 目标制定的 SMART 原则

1. S(specific)——明确性

为使目标在组织中发挥应有的作用,不论是组织的总目标还是部门的分目标及个人的子目标,都要制定得明确、具体,而不能含糊、空洞。例如,某企业销售部门的目标为"本月要多拜访客户",这种描述就太模糊;若将目标修改为"本月拜访 10 个重要客户、20 个普通客户",目标就变得非常清晰,更易于执行与评判。

 导入案例 4-4

猴子与"手表定律"

森林里生活着一群猴子,它们每天在太阳升起的时候外出觅食,太阳落山的时候回去休息,日子过得平淡而幸福。一名游客穿越森林,把手表落在了树下的岩石上,被猴子阿果拾到了。聪明的阿果很快就弄清了手表的用途,于是,阿果成了整个猴群的明星,每只猴子都向阿果请教确切的时间,整个猴群的作息时间也由阿果来规划。阿果逐渐建立起威望,当上了猴王。做了猴王的阿果认为是手表给自己带来了好运,于是它每天在森林里巡查,希望能够拾到更多的表。功夫不负有心人,阿果又拥有了第二块、第三块表。

但阿果有了新的麻烦:每只表的时间指示都不尽相同,哪一个才是确切的时间呢?阿果被这个问题难住了。当有下属来问时间时,阿果支支吾吾回答不上来,整个猴群的作息时间也因此变得混乱。过了一段时间,猴子们开始造反,把阿果推下了猴王的宝座,阿果的收藏品也被新任猴王据为己有。但很快,新任猴王同样面临着阿果的困惑。

【**管理启示**】 只有一只手表,可以知道时间;拥有两只或更多的手表,却无法确定几点,这就是著名的"手表定律"。更多钟表并不能告诉人们更准确的时间,反而会让看表的人不知所措。同样,一个企业不能同时采用两种不同的价值标准,导致员工完全弄不清企业未来的发展方向。手表定律在企业经营管理方面也给我们一种非常直观的启发,即对同一个人或同一个组织的管理不能同时采用两种不同的方法,不能同时设置两个不同的目标,甚至每一个人不能由两个人来同时指挥,否则将使这个企业或这个人无所适从。

2. M(measurable)——可衡量性

目标应当是可衡量的。如果制定的目标无法衡量,就无法检查实际与期望之间的差异,从而无法指导组织成员不断改进工作,无法使目标的作用落到实处。目标值要尽可能用数字或程度、状态、时间等准确客观地表述,衡量方法不应是主观判断,而应是客观评价。

3. A(achievable)——可实现性

组织制定的目标必须是在本部门工作能力范围内能够达成的,目标值过高或过低都会影响目标作用的发挥。目标的标准如果太高,会使组织成员失去信心而放弃努力,影响组织成员的积极性;若目标太缺乏挑战性,则难以激发组织成员的斗志,缺乏激励性。合适的标准应该是大部分组织成员经过努力可以达到而不努力则达不到的水平。

4. R(relevant)——相关性

目标内容的确定必须与组织的宗旨和远景相关联,必须与组织成员的职责相关联,目标的实现对组织是有明确的价值的。例如,学院为每位教师设立了提升信息化教学能力的目标是合适的,这个目标与学校提升教学质量的整体目标是密切相关的。

5. T(time-bound)——时限性

目标应当是有期限的,否则无法评价。各部门在认领目标时,需要确认目标的完成期限。例如,教师发布了一个求职简历设计大赛任务,要求全班学生在9月30日之前提交设计成果进行评比,那么9月30日就是一个确定的时间期限。没有时间限制的目标没有办法考核或会带来考核的不公。

4.5.3 目标管理的过程

目标管理分为3个阶段:第1阶段为目标的设置,第2阶段为实现目标过程的管理,第3阶段为测定与评价取得的成果。

1. 目标的设置

目标的设置是目标管理最重要的阶段,可以细分为以下4个步骤。

(1) 高层管理者预定目标。这是一个暂时的、可以改变的目标方案,既可以由上级提出,再同下级讨论,也可以由下级提出,上级批准。无论采用哪种方式,必须共同协商决定。高层管理者必须根据组织的使命和长远战略,估计客观环境带来的机会和挑战,对组织的优劣有清醒的认识,对组织应该能够完成的目标心中有数。

(2) 重新审议组织结构和职责分工。目标管理要求每一个分目标都有确定的责任主体,因此预定目标之后,需要重新审查现有组织结构,根据新的目标分解要求进行调整,明确目标责任者和协调关系。

(3) 确立下级的目标。首先下级明确组织的规划和目标,然后协商下级的分目标。在讨论中,上级要尊重下级,耐心倾听下级意见,帮助下级发展一致性和支持性目标。分目标要具体量化,便于考核;分清轻重缓急,以免顾此失彼;既要有挑战性,又要有实现的可能。每个员工和部门的分目标要和其他的分目标协调一致,支持本单位和组织目标的实现。

(4) 上级和下级达成协议。上级和下级就实现各项目标所需的条件以及实现目标后的奖惩事宜达成协议。分目标制定后,要授予下级相应的资源配置的权力,实现权、责、利的统一。由下级写成书面协议,编制目标记录卡片,整个组织汇总所有资料后绘制出目标图。

2. 实现目标过程的管理

目标管理重视结果,强调自主、自治和自觉,并不等于高层管理者可以放手不管。相反,由于形成了目标体系,一环失误就会牵动全局,因此高层管理者在目标实施过程中的管理是不可缺少的:①进行定期检查,利用双方经常接触的机会和信息反馈渠道自然地进行;②要向下级通报进度,便于互相协调;③要帮助下级解决工作中出现的困难,当出现意外严重影响组织目标实现时,也可以通过一定的方式修改原定目标。

3. 测定与评价取得的成果

达到预定期限后,下级首先进行自我评估,提交书面报告;然后上、下级一起考核目标完成情况,决定奖惩;同时,讨论下一阶段目标,开始新循环。如果目标没有完成,应分析原因,总结教训,保持相互信任的气氛,切忌相互指责。

4.5.4 目标管理的评价

1. 目标管理的优点

(1) 目标管理能够形成良好的激励作用。一方面,对于那些在技术上具有可分性的工作,由于责任、任务明确,目标管理常常会起到立竿见影的效果;另一方面,当目标成为组织的每个层次、每个部门和每个成员未来时期内欲达到的一种结果,且实现的可能性相当大时,目标就成为组织成员的内在激励。特别当这种结果实现,组织还有相应的报酬时,目标的激励作用就更大。从目标成为激励因素来看,这种目标最好是组织每个层次、每个部门及组织每个成员自己制定的目标。

(2) 目标管理有助于改进组织结构的职责分工。由于组织目标的成果和责任划归每一个职位或部门,因此容易发现授权不足与职责不清等缺陷。管理者可以据此对组织结构进行变革和完善。

(3) 目标管理能提升员工的自我管理能力。目标管理实际上也是一种自我管理方式,或者说是一种引导组织成员自我管理的方式。在实施目标管理过程中,组织成员不再只是执行指示或等待指导和决策,而是有了明确规定的目标。一方面,组织成员参与了目标的制定,并取得了组织的认可;另一方面,组织成员在努力工作实现目标的过程中,除了目标已定外,如何实现目标则由自己决定。从这个意义上看,目标管理可以算作自我管理方式。

(4) 目标管理有利于实现有效控制。目标管理方式本身也是一种控制方式,即通过实现分解目标,最终保证组织总目标的实现。目标管理并不是将目标分解下去就可以了,事实上组织高层在目标管理过程中要经常检查、对比目标,如果有偏差及时纠正。从另一方面来看,一个组织如果有一套明确的可考核的目标体系,那么其本身就是进行监督控制的最好依据。

2. 目标管理的不足

目标管理尽管有许多优点,但也存在着不足。

(1) 适当的目标难以制定。组织内的许多目标难以定量化、具体化,许多团队任务在技术上不可分解,造成了目标的制定往往是十分困难的。另外,适当的目标更难确定,尤其是要让各级管理人员的目标都具有正常的"紧张"和"费力"程度,即"不跳够不到""跳一跳够得到"的合理程度非常困难。而这个问题恰恰是目标管理能否取得成效的关键。为此,目标设置要比展开工作和拟订计划做更多的研究。

(2) 强调短期目标。在目标管理方式的实施中,组织似乎常常强调短期目标的实现而忽视了长期目标。大多数目标管理中的目标是一些短期目标,如年度的、季度的、月度的等。短期目标比较具体,易于分解;而长期目标则比较抽象,难以分解。另外,短期目标易迅速见效,长期目标则不然。短期目标的弊端在管理活动中是显而易见的,短期目标会导致短期行为,以损害长期利益为代价,换取短期目标的实现。为防止这种现象的发生,高层管理人员必须从长远利益来设置各级管理目标,并对可能出现的短期行为做出某种限制性规定。

(3) 目标管理的哲学假设不一定都存在。目标管理基于的Y理论对人类的动机做了过分乐观的假设,实际上人是有"机会主义本性"的,尤其在监督不力的情况下。因此,很多时候,目标管理要求的承诺、自觉、自治气氛难以形成。

(4) 目标协商可能增加管理成本。目标协商要上下沟通、统一思想是需要时间成本的,每个单位、个人都关注自身目标的完成,很可能忽略了相互协作和组织目标的实现,滋长了急功近利的倾向。

(5) 无法权变。目标管理在执行过程中,一旦目标确定就不能轻易修改,这就使得组织运作缺乏弹性,无法通过权变来适应变化多端的外部环境。

4.6 战略管理

战略管理(strategic management)是指对一个企业或组织在一定时期的全局的、长远的发展方向、目标、任务和政策,以及资源调配做出的决策和管理艺术。

4.6.1 企业战略类型

按照经营层次,战略可分为 3 个层次:公司层战略、业务层战略和职能层战略。

1. 公司层战略

公司层战略也称总体战略,是指一家公司在从事多种业务或在多个产品市场上,为了获得竞争优势而对业务组合进行选择及管理的行为。它要解决的主要问题是整个企业的经营范围和企业资源在不同经营单位上的分配。

根据战略的进攻性,可以将公司层战略分为稳定型战略、发展型战略和紧缩型战略。

1) 稳定型战略

稳定型战略是指企业受外部环境和内部条件的约束,在战略计划期内使资源配置和经营状况基本保持在目前状态水平上的战略。企业实施稳定型战略不是不发展或不增长,而是稳步地、缓慢地增长。

特征:与过去相同或相似的战略目标;追求的绩效是在市场占有率保持不变的情况下,销售额的增长随总体市场容量的增长而增长;继续以基本相同的产品或服务满足客户。

采用原因:企业高层管理者不希望由于现行战略的改变带来风险。这类管理者属稳定型管理者,他们怕冒风险;公司经过较长一段时间的快速发展后遇到一些问题,需要进行一段时间的调整;由于外部环境的恶化,公司一时找不到合适的发展机会。一般来说,单一产品或服务的企业、公共事业的企业较多采用稳定型战略。

2) 发展型战略

发展型战略也称进攻型战略,是一种快速增长战略。

特征:增长速度比产品市场发展得更快;企图消除其行业中价格竞争危险,不断地开发新产品、开拓新市场、采用新技术等创新手段,利润率高出行业的平均水平,通过创新来创造需求、影响环境。

采用原因:激烈市场竞争的需要,与企业高层管理者的价值观有关。许多企业高层管理者将企业的发展看成他们事业的成功,从而也使他们从中获得高额的报酬和地位的提升。

3) 紧缩型战略

紧缩型战略也称为防御战略,是指企业不寻求规模的扩张,而是通过调整来缩减经营规模。

特征:对企业现有的产品和市场领域实行收缩、调整和撤退策略,如放弃某些市场和产品线系列。因此,企业规模会缩小,同时一些效益指标(如利润及市场占有率等)都会有明显的下降。

采用原因:企业现有的经营状况、资源条件及发展前景不能应付外部环境的变化,难以为企业带来满意的收益,以致威胁企业的生存和发展。

对企业资源的运用采取较为严格的控制和尽量削减各项费用支出,往往只投入最低限度的资源,因而战略实施过程中会裁减大量员工,暂停购买一些奢侈品和大额资产等。这种战略具有短期性,是一种以退为进的战略。

2. 业务层战略

业务层战略也称竞争战略或事业部战略,属于第二层的战略,主要决定怎样在市场上实现可持续的竞争优势。

企业的一般竞争战略可以划分为 3 种类型:成本领先战略(cost leadership strategy)、

差异化战略(differentiation strategy)和集中化战略(focus strategy)。

1) 成本领先战略

成本领先战略又称为低成本战略,指企业在生产和研发、财务、营销、人力资源等管理上最大限度地降低产品、服务和管理成本,使成本显著低于行业平均水平或主要竞争对手的水平,从而使企业与顾客受益于这种低成本的战略。这样的企业可以通过规模经济、原材料优势、先进专利技术等来降低成本。

2) 差异化战略

差异化战略是企业通过向顾客提供行业内其他企业无法提供的、独特的产品或服务,以独具一格的特色来获取竞争优势的战略。差异化战略并非不在意成本,但更注重独特的产品和经营特点,而且必须以这种独特的优势来满足顾客的需求,这样就可以通过提高产品或服务价格增强盈利能力,从而超越竞争对手。如奔驰、劳力士、英特尔等公司都是这方面的典范,它们所拥有的特性,要么代表品质过硬,要么彰显身份地位,要么特别适合某类人群的个性偏好。

3) 集中化战略

有的企业受到自身资源、技术水平或品牌形象的制约,无法实现低成本战略,也无法执行差异化战略,这就要利用自己有限的资源和专业优势采取集中化战略,在一个特点的细分市场上获得竞争优势。

3. 职能层战略

职能层战略是为企业层战略和业务层战略服务的,所以必须与企业战略和业务战略相配合。例如,企业层战略确立了差异化的发展方向,要培养创新的核心能力,企业的人力资源战略就必须体现对创新的鼓励;要重视培训,鼓励学习;把创新贡献纳入考核指标体系;在薪酬方面加强对各种创新的奖励。职能层战略描述了在执行企业层战略和业务层战略的过程中,企业中的每一个职能部门采用的方法和手段。

 特别提示

职能层战略不同于企业层战略和业务层战略的地方在于:首先,职能层战略的时间跨度要比企业层战略短得多。其次,职能层战略要较企业层战略更具体和专门化,且具有行动导向性。企业层战略只是给出公司发展的一般方向,而职能层战略必须指明比较具体的方向。最后,职能层战略的制定需要较低层管理人员的积极参与。

企业职能层战略一般可分为市场营销战略、人力资源战略、财务战略、生产战略和研究与开发战略等。

1) 市场营销战略

市场营销战略是涉及市场营销活动过程整体(市场调研、预测,分析市场需求,确定目标市场,制定营销战略,实施和控制具体营销战略)的方案或谋划,决定了市场营销的主要活动和主要方向。有效的市场营销战略是企业成功的基础。市场营销战略是一个完整的体系,其基本内容包括市场细分战略、市场选择战略、市场进入战略、市场营销竞争战略和市场营销组合战略。

2) 人力资源战略

人力资源战略是指根据企业总体战略的要求,为适应企业生存和发展的需要,对企业人力资源进行开发,提高职工队伍的整体素质,从中发现和培养出一大批优秀人才所进行的长远性的谋划和方略。必须以企业总体战略的要求来确定人力资源战略的目标。企业人力资源战略可分为人力资源开发战略、人才结构优化战略、人才使用战略3个方面。

3)财务战略

财务战略是根据公司战略、竞争战略和其他职能战略的要求,对企业资金进行筹集、运用、分配,以取得最大经济效益的方略。财务战略的基本目的就是最有效地利用企业各种资金,在企业内部、外部各种条件制约下,确保实现企业战略计划规定的战略目标。

4)生产战略

生产战略是企业在生产的成本、质量流程等方面建立和发展相对竞争优势的基本途径,它规定了企业在生产制造和采购部门的工作方向,为实现企业总体战略服务。企业生产战略不能仅根据企业内部生产条件来确定,还应考虑市场需求和企业整体战略的要求。

5)研究与开发战略

研究与开发包括科学技术基础研究和应用研究,以及新产品、新工艺的设计和开发。对于企业来讲,研究与开发涉及市场、技术、产品、生产、组织等各方面,其中主要是技术、产品和生产方面的研究与开发。研究与开发战略的选择常常受企业总体战略和经营战略的影响,处于不同的环境条件下,企业可采取不同的研究与开发战略。

4.6.2 战略制定过程

战略制定过程如图4-10所示。

1. 识别企业当前的使命、目标和战略

每一个组织都有一项使命,即对组织目标的陈述。要对使命进行定义,需要管理者识别企业的业务是什么。例如,雅芳的使命陈述是"成为一家最了解女性需求,能够满足全球女性对产品、服务以及自我成就感需要的公司",Facebook的使命是"一项联系你和周围人群的社会公共服务事业",澳大利亚国家心脏基金会的使命是"减少澳大利亚心脏病、中风和血管疾病带来的痛苦和死亡"。这些陈述提供了组织如何看待其目标的线索。

2. 分析外部环境

环境分析在战略管理过程中是一个关键步骤,管理者只有通过外部环境分析才能了解情况。例如,竞争对手正在做什么、即将通过的法律会对组织产生怎样的影响、当地劳动力的供给状况如何等。

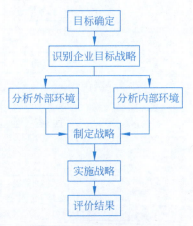

图4-10 战略制定过程

在外部环境分析中,管理者应该考察具体的和一般的环境,以找到趋势和变化。一旦管理者完成了对环境的分析,就需要准确地找出可以利用的机会和必须消除或减轻的威胁。

3. 分析内部环境

此步骤提供了关于组织内特定资源和能力的重要信息。一个组织的资源就是它的资产(财务的有形的、人力的无形的),企业使用这些资源以开发、生产并将产品交付给客户,它们代表组织拥有的一切。另外,能力(capabilities)指的是完成业务活动运用的技能和才能。组织中价值创造的主要能力是核心竞争力(core competencies)。资源和核心竞争力共同决定了组织有着怎样的竞争"武器"。

将外部环境分析和内部环境分析综合起来的分析方法称为SWOT分析法,利用该方法就可以制定适当的战略：开发组织的优势和把握外部的机会、阻隔或者保护组织免遭外部的威胁、纠正关键的劣势。

4. 制定战略

管理者制定战略时应该考虑外部环境中的现实以及可利用的资源和能力，并设计可以帮助组织实现目标的战略。主要有3种战略类型：公司战略、竞争战略和职能战略。

5. 实施战略

一旦组织制定了战略，就必须实施战略。无论组织如何制定战略，如果战略没有得到恰当的实施，绩效仍不能实现。

6. 评价结果

战略管理过程的最后一个步骤是评价结果，如战略对组织实现目标的效果怎样、需要做哪些调整等。例如，当年施乐公司前首席执行官安妮·马尔卡希接到任命后，她评估了公司原有战略的效果并确定哪些需要改善，随后做了战略调整（裁员、出售资产并重组管理层）以重新获得市场份额，最终提升了公司的效益。

【本章小结】

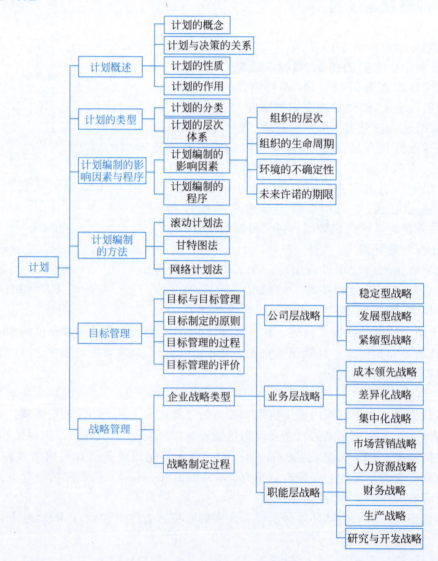

【思考与练习】

一、单项选择题

1. 使计划数字化的工作称为(   )。
   A. 规划　　　　　B. 决策　　　　　C. 预测　　　　　D. 预算
2. 管理的首要职能是(   )。
   A. 组织　　　　　B. 领导　　　　　C. 计划　　　　　D. 控制
3. 计划是(   )。
   A. 面向未来的　　　　　　　　　　B. 过去的总结
   C. 现状的描述　　　　　　　　　　D. 面向行动的
4. 计划工作的核心是(   )。
   A. 确定目标　　　　　　　　　　　B. 确定计划的前提条件
   C. 确定可供选择的方案　　　　　　D. 做决策
5. "第10个五年计划"属于(   )计划。
   A. 专项　　　　　B. 长期　　　　　C. 中期　　　　　D. 短期
6. "本月费用控制在5万元以内"属于(   )。
   A. 战略目标　　　　　　　　　　　B. 战术目标
   C. 作业目标　　　　　　　　　　　D. 以上说法都不对
7. 越是组织的上层管理者,做出的决策越趋向于(   )。
   A. 战略决策　　　B. 程序化决策　　C. 风险决策　　　D. 肯定决策
8. "打造百年老店"属于(   )。
   A. 战略目标　　　　　　　　　　　B. 战术目标
   C. 作业目标　　　　　　　　　　　D. 以上说法都不对
9. 根据计划的明确性,可以把计划分为(   )。
   A. 长期计划和短期计划　　　　　　B. 战略性计划和战术性计划
   C. 具体性计划和指导性计划　　　　D. 程序性计划和非程序性计划
10. (   )不仅是计划工作的终点,也是组织工作、人事工作、领导工作和控制活动所要达到的结果。
    A. 宗旨　　　　　B. 目标　　　　　C. 政策　　　　　D. 预算

二、多项选择题

1. 按计划的明确程度。计划可以分为(   )。
   A. 指令性计划　　B. 指导性计划　　C. 非程序性计划　D. 程序性计划
2. 拟定和选择行动计划包括(   )等内容。
   A. 拟订可行动计划　　　　　　　　B. 评估计划
   C. 修改计划　　　　　　　　　　　D. 选定计划
3. 目标管理的局限性表现在(   )。
   A. 没有把指导方针向拟定目标的各级主管人员讲清
   B. 缺乏灵活性

C. 目标难以确定
　　D. 目标一般是短期的

三、简答题
1. 怎样理解计划职能的含义？
2. 如果按计划的重要性来划分，计划可以分为哪几种类型？
3. 简述计划编制的程序。

四、案例分析

李明的目标设置构想

　　李明担任某建筑公司董事长后，大力推进改革，调整业务结构，努力将公司打造成市场竞争力强、资产规模大、管理先进、技术含量高、跨行业和专业经营的建筑总承包集成服务商。

　　为了更好地实现企业目标，李明强调公司一定要认真开展目标管理工作。他主持召开了专门的会议，详细介绍了目标管理的起源和发展以及诸多成功实例，并列举了在分公司推行目标管理的好处，要求下属考虑他的建议。他提出将公司的年度总目标进行分解，要求各个分公司根据公司的年度总目标确定分公司的年度目标，再层层分解到财务、市场、生产、人事等各个部门。这些目标必须转化为客观可衡量的数字，便于考核。

【案例讨论】
1. 根据目标管理理论，目标设置的第 1 步是（　　）。
　　A. 设置组织总体目标　　　　B. 设置部门目标
　　C. 设置员工目标　　　　　　D. 建立衡量目标完成的标准
2. 实施目标管理时，设定目标的方式为（　　）。
　　A. 自上而下
　　B. 自下而上
　　C. 自上而下与自下而上相结合，反复循环，最终趋于一致
　　D. 以上都对
3. 设置部门和员工的预定目标时，必须采取的做法是（　　）。
　　A. 由上下级共同商量确定　　B. 由上级提出，再同下级讨论
　　C. 由下级提出，由上级批准　　D. 由下级自己确定
4. 根据目标管理理论，目标应具有哪些特征？
5. 目标管理有什么优缺点？

【实践训练】
1. 实训目标
制订一份计划书，培养学生编制计划的能力。
2. 实训内容与要求
（1）班级分成若干小组，每组自拟一个题目。
（2）在调查研究的基础上，运用创新性思维，策划一项具体活动，制订计划书。
要求所策划活动的主题与内容尽可能与所学专业业务相关。
3. 实训成果要求
（1）分小组进行交流和讨论，形成一份计划书。
（2）由教师与学生共同对各小组的计划书编制情况和可行性进行评估，确定成绩。

第 5 章 组 织

【教学目标】
1. 了解组织变革的内容和组织文化的层次结构；
2. 熟悉组织和组织工作的概念；
3. 掌握组织结构设计和组织结构的运行方法。

【能力目标】
1. 具备运用组织的基本原理解决实际问题的能力；
2. 具备科学选用组织结构的能力，能理论联系实际，掌握科学组织的方法。

5.1 组织概述

导入案例 5-1

美的组织结构改造

美的空调全国销售排名在很长一段时间内都保持着强劲的增长势头，1994 年全国排名第三，然而两年之后跌落至第七位，1997 年的空调销售台数和销售收入还要低于 1996 年。甚至行业内风传美的要被科龙收购，美的危机重重。

美的当时的领导层既抓销售又抓生产研发。在公司发展早期，这种集权式组织结构对公司发展起到了推动作用。但随着企业规模的扩大，美的发展到风扇、空调、电饭煲在内的五大类 1000 多种产品，这些产品仍然由总部统一销售、统一生产，这样在很大程度上形成了销、研、产的脱节。以董事长、总裁何享健为首的美的高层经过调研和反复论证，最终决定改造组织结构。

1997 年 1 月，美的成立空调事业部；7 月，成立风扇事业部；10 月，又成立家庭电器事业部。

2001 年，美的集团正式分拆为两个集团公司——美的股份和威尚集团，一个投资公司——美的技术投资公司，美的股份下设 6 大事业部——空调、厨具、电机、家庭电器、压缩机和磁控管。威尚集团下设 9 个公司——电子、房产、电工、物流、家用电器、管理咨询、钢铁配送、环境设备、工业设计，主要包括集团中非上市公司资产及一些新的产业。2002 年 7 月，美的将家庭电器事业部按产品分为风扇、饮水设备、微波炉和电饭煲 4 个事业部。

2002 年 10 月，冰箱事业部也从空调事业部分拆出来。冰箱与空调之间有很多共性，因此拆分前的冰箱业务寄身于空调事业部。美的最初的打算是在统一的平台上，使冰箱的运作在采购、生产、营销、品牌建设、促销、物流等各个环节上都与空调有最大限度的资源共享。

例如，在销售业务上，许多区域由原来各个区域的空调销售人员负责销售，冰箱渠道基本与空调渠道重合。然而，尽管冰箱产品投放市场后销售网点迅速扩张到 1000 多个，但业绩并未达到原定目标。冰箱的销售特点，如销售季节、渠道也并未如人们想象的与空调基本一样。此外，销售人员业绩考核中，空调仍然占有大部分比例，冰箱的完成情况对业务员的绩效考核影响并不大。这样，销售人员用于冰箱销售中的精力有限，就不可避免地影响到冰箱销售。同时，在其他方面资源共享的初衷也并未实现。因此，美的最终还是决定将冰箱业务从空调事业部中分拆。

2001 年美的集团的销售收入突破 140 亿元，高达 1997 年的 4 倍多。空调连续 5 年跻身国内市场前 3 名，牢牢占据着第一的位置。

美的按照产品逐步建立了事业部体系，各个事业部在集团统一领导下，拥有自己的产品和独立的市场，且有很大的经营自主权，实行独立经营、独立核算。各事业部既是受公司控制的利润中心，又是产品责任单位或市场责任单位，对销、研、产以及行政、人事等管理负有统一领导的职能。此外，各事业部内部的销售部门基本上设立了市场、计划、服务、财务、经营管理 5 大模块，将以上功能放到销售部门，形成了以市场为导向的组织架构。事业部制的建立使美的集团总部脱身于日常琐事管理，将主要精力集中在总体战略决策、控制规模额度和投资额度、各事业部核心管理层任免的人事权以及市场的统一协调工作上。

【思考】 什么是组织？组织结构有哪些类型？

5.1.1 组织的概念

组织（Organization）是指这样一个社会实体，它具有明确的目标导向、精心设计的结构与有意识协调的活动系统，同时又同外部环境保持密切的联系。

作为名词，组织是指按照一定的宗旨和目标建立起来的集体，如学校、医院、工厂、各级政府部门、各个层次的经济实体和各个党派和政治团体等，这些都称为组织；作为动词，组织是指组织工作，就是有目的地、系统地集合起来，如组织群众，此时组织是管理的职能之一。

名词性质的组织可以按广义和狭义进行划分。从广义上说，组织是指由诸多要素按照一定方式相互联系起来的系统；从狭义上说，组织就是指人们为实现一定的目标，互相协作结合而成的集体或团体，如党团组织、工会组织、企业、军事组织等。狭义的组织专门指人群，运用于社会管理之中。在现代社会生活中，组织是最常见、最普遍的现象，如学校、医院、企业、工厂等都是组织。组织是人们按照一定的目的、任务和形式编制起来的社会集团，组织不仅是社会的细胞、社会的基本单元，而且是社会的基础。

 特别提示

本书研究的组织是指狭义的组织。一般来说，人们在日常生活中至少会在一个组织中工作、生活。通过组织，人们将资源进行整合，从事经济、政治和文化等社会活动。

5.1.2 组织工作

组织工作作为一项管理职能,指在组织目标已经确定的情况下,将实现组织目标必须进行的各项业务活动加以分类组合,并根据管理宽度原则,划分出不同的管理层次、部门等,并将监督各类活动所必需的职权授予各层次、各部门的主管人员,且规定这些层次和部门之间的相互配合关系。它的目的是要通过建立一个适用于组织成员相互合作、发挥各自才能的良好环境,消除由于工作、职责等方面引起的各类冲突,使组织成员都能在各自的岗位上为实现组织目标做出应有的贡献。简言之,组织工作就是为了实现组织的共同目标而确定组织内各要素及其相互关系的活动过程,也即设计一种组织结构,并使之运转的过程。可见,组织工作涉及组织结构的设计和组织结构的运行两个方面。

 特别提示

组织工作作为管理的一个职能,是人类在生产劳动中因需要合作而产生的。正如巴纳德所说,人类由于受到生理的、心理的和社会的种种限制,为了达到某种目的就必须进行合作,在多数情况下就是由于有了组织结构,合作才能有更高的效率,能更有效地实现某种目标。

1. 组织工作是一个过程

组织工作过程由一系列环节组成。
(1)确定组织目标。
(2)对目标进行分解,拟定派生目标。
(3)明确实现组织目标需完成的各项业务工作或活动,并加以分类。
(4)根据可利用的人力、物力以及利用它们的最佳途径来划分各项业务工作或活动。
(5)向执行有关各项业务工作或活动的各类人员授予职权。
(6)通过职权关系和信息系统,把各层次、各部门联结成为一个有机整体。

 特别提示

组织过程中的前两步是组织工作的依据,确定了依据,组织工作才有继续进行的必要性,后几个步骤才是组织工作的主要内容。通常情况下,组织工作实务和组织工作过程是相吻合的。主管人员通过这些环节来消除人们在工作或职责方面的矛盾与冲突,建立适合组织成员默契配合的一种组织结构。

组织工作过程的完成,最终成果是提供组织系统图、部门职能说明书和职务说明书。组织系统图描述的是一个组织内部的各种机构(包括层次部门),以及其中相应的职位和相互关系。部门职能说明书一般包括部门名称、上下级隶属关系、协作部门、部门宗旨、主要职能、责任、部门权力、岗位设置等内容。通过部门职能说明书,可了解到组织中各部门之间的职能分工情况。职务说明书则详细规定了每个职务的职权和职责以及与其相关的上下左右的关系。

2. 组织工作是动态的

组织工作建立起来的组织结构会随着组织内外部要素的变化而变化。由于任何组织都是社会系统中的一个子系统,在不断与外部环境进行能量、信息、材料等的输入/输出过程中必然会影响到组织目标,因此这种变化就要求组织必须根据环境条件的变化,不断地修正目标。目标的变化同时会影响到因目标而产生的组织结构,为使组织结构能切实起到促进组织目标实现的作用,就必须对组织结构同样做出适应性的调整。

特别提示

组织工作具有动态的特点。即使组织的内外要素的变化对组织目标影响不大,但随着社会的进步,科学技术的发展,当原有的组织结构已不能高效地适应实现目标的要求时,也需要进行组织结构的调整和变革。这种情况下,具体进行组织结构的调整时,前述的组织工作过程的逻辑步骤基本上是适应的,但应加上对现有组织结构进行分析这一步骤。

3. 组织工作要重视非正式组织的影响

霍桑试验以及巴纳德等人的研究表明,组织有正式组织和非正式组织之分。在组织工作职能的实施过程中,随着组织结构的建立,一个正式组织就形成了。非正式组织是在组织成员之间感情相投的基础上,由现实观点、爱好、兴趣、习惯、志向等一致而自发形成的结伙关系。任何正式组织中都必然伴随着非正式组织。对主管人员来说,了解一些非正式组织的特点非常重要。

要重视非正式组织的影响,应重视正式组织与非正式组织的区别。正式组织以成本和效率为主要标准,基本特征包括目的性、正规性、稳定性;非正式组织以感情和融洽的关系为标准,基本特征包括自发性、内聚性、不稳定性。

组织工作中,应着重考虑非正式组织的以下两个特点。

(1) 非正式组织在满足人们的心理和感情需要上比正式组织更具备优越性。在进行组织设计时,可以利用非正式组织比正式组织具有更强的凝聚力的作用。

(2) 非正式组织形式灵活,覆盖面广,稳定性弱,几乎所有正式组织的成员都参与了某种类型的非正式组织。

主管人员可以根据上述两个特点在组织工作中有意识、有计划地促进有较多积极意义的非正式组织的形成与发展,如技术钻研、学习互助、业余娱乐等,使这些非正式组织成为正式组织的辅助。条件成熟的情况下,也可将其中一些非正式组织转化为正式组织,使其成为组织工作设计和保持组织结构的有机组成部分。

特别提示

非正式组织一旦形成,也会产生各种行为规范,以制约非正式组织中的成员。这种规范与正式组织的目标可能一致,也可能不一致。由于非正式组织的主要目标在于满足其成员的心理需要,因此这种组织也称为心理-社会系统。例如,集邮组织、绘画组织、技术革新组织、业余文体活动组织等都属于非正式组织范畴。

5.2　组织结构设计

导入案例 5-2

海尔集团的成功

海尔的成功之路堪称中国企业发展史上一个罕见的成功案例。从一个亏损 100 余万元的小厂,成长为一个国际知名的大型企业集团,同时,海尔在美国、欧洲、亚太及中东建立了生产、销售中心。

海尔为什么会如此成功?这都归功于37年来海尔的5次重大战略转变:名牌战略阶段(1984—1991年)、多元化战略阶段(1992—1998年)、国际化战略阶段(1998—2005年)、全球化品牌战略阶段(2005—2012年)。网络化战略发展阶段(2013年至今),每一次成功的战略调整需要的是有效合理的组织结构调整作为支撑。

名牌战略阶段(1984—1991年):海尔的名牌之路始于质量管理,其采取日清管理法,就是对每人、每天做的事进行控制和清理,使整个质量保证是优质。在保证产品质量的同时,时刻关注员工素质及消费者偏好。在此期间,海尔始终只做冰箱一种产品。这一时期的组织结构注重各职能划分,体现集权思想,所以主要还是直线-职能制组织模式。

多元化战略阶段(1992—1998年):1992年,海尔向多样化发展。以"吃休克鱼"、海尔管理模式、低成本扩张方式,迅速构建起国际化大公司的规模。为适合多元化企业战略要求,海尔在各个地区建立工业园,建立以产品为基础的事业部制结构。总部集中筹划集团发展目标,各个分部负责各区域产品的生产与销售,实行独立经营、独立核算。总部与分部之间权责明确,体现权力的下放,组织结构不断趋于扁平化。

国际化战略阶段(1998—2005年):作为中国企业国际化先行者,海尔"国际化即本土化"的做法是当地设计、当地制造、当地销售,以及当地融资。这一阶段的企业组织结构形式是事业分部数量增加,企业组织结构更加趋于扁平化、网络化、多样化。

全球化品牌战略阶段(2005—2012年):2005年,海尔把全球化品牌战略作为自己新的战略方向。品牌不仅是质量保证,同时需满足消费者的差异化需求及个性化服务需求,为此海尔选择以市场链为基础面向顾客需求的生产流程再造,并确立相应报酬激励制度,以提高企业活力。在"零库存"以及"差异化生产服务"思想指导下,企业组织结构趋于柔性化、多样化、网络化。

网络化战略发展阶段(2013年至今):2016年6月8日,第86届耶鲁CEO峰会论坛上,张瑞敏被授予"传奇领袖奖"奖,成为当年唯一一位荣获该奖项的中国企业领袖。互联网时代的到来颠覆了传统经济的发展模式,而新模式的基础和运行则体现在网络化上,市场和企业更多地呈现出网络化特征。在海尔看来,网络化企业发展战略的实施路径主要体现在三个方面:企业无边界、管理无领导、供应链无尺度,即大规模定制,按需设计,按需制造,按需配送。

一个企业集团的成长与发展,主要取决于在适应变化的环境中采用的"战略"和实施战略的"组织"。战略的实施需要一定的组织结构来完成,而组织结构最终还是为战略的实施服务的。海尔的5阶段发展验证了一个企业组织结构在企业战略以及外部环境双重影响下的调整,体现了由简单到复杂,由集权到分权的演变过程,表现出扁平化、网络化、柔性化和多样化特征。海尔集团的成功经验对其他企业实施国际化战略及国际化经营有积极的借鉴作用。

5.2.1 传统组织结构类型

组织结构的概念分为广义的和狭义的。狭义的组织结构是指为了实现组织的目标,在组织理论指导下,经过组织设计形成的组织内部各个部门、各个层次之间固定的排列方式,即组织内部的构成方式;广义的组织结构除了包含狭义的组织结构内容之外,还包括组织之间的相互关系类型,如专业化协作、经济联合体、企业集团等。

 特别提示

组织结构是一个组织实现内部高效运转和取得良好绩效的先决条件。

常见的组织结构类型包括直线型组织结构、职能型组织结构、直线-职能型组织结构、事业部型组织结构、矩阵型组织结构等。

1. 直线型组织结构

直线型组织结构作为最早也是最简单的组织形式,其特点是企业各级行政单位从上到下实行垂直领导,下属部门只接受一个上级的指令,各级主管负责人对所属单位的一切问题负责。厂部不另设职能机构(可设职能人员协助主管负责人工作),一切管理职能基本上由行政主管自己执行。直线型组织结构如图5-1所示,其优缺点及适用情况如表5-1所示。

图 5-1 直线型组织结构

表 5-1 直线型组织结构的优缺点及适用情况

优点	结构比较简单,责任分明,命令统一
缺点	要求行政负责人通晓多种知识和技能,亲自处理各种业务。这在业务比较复杂、企业规模比较大的情况下,把所有管理职能都集中到最高主管一人身上,显然是难以实现的
适用情况	只适用于规模较小、生产技术比较简单的企业,对生产技术和经营管理比较复杂的企业并不适宜

2. 职能型组织结构

职能型组织结构中,除设立各级行政单位主管负责人外,还相应地设立了一些职能机构。例如,在行政主管下设立相应职能机构和人员,协助行政主管从事职能管理工作。职能型组织结构要求行政主管把相应的管理职责及权力分配给相关的职能机构,各职能机构在自己业务范围内向下级行政单位发号施令。因此,下级行政负责人需同时接受上级行政主管和上级各职能机构领导的指挥。职能型组织结构如图5-2所示,其优缺点及适用情况如表5-2所示。

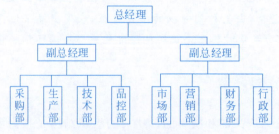

图 5-2 职能型组织结构

表 5-2　职能型组织结构的优缺点及适用情况

优点	具有适应现代化工业企业生产技术比较复杂、管理工作比较精细的特点；能充分发挥职能机构的专业管理作用，减轻直线领导人员的工作负担
缺点	妨碍了必要的集中领导和统一指挥，形成了多头领导；不利于建立和健全各级行政负责人和职能科室的责任制，在中间管理层往往会出现"有功大家抢，有过大家推"的现象；上级行政领导和职能机构的指导和命令发生矛盾时，下级会无所适从，影响工作的正常进行，容易造成纪律松散，生产管理秩序混乱
适用情况	由于这种组织结构形式的明显缺陷，因此现代企业一般不采用

3. 直线-职能型组织结构

直线-职能型组织结构也称生产区域型组织结构，或直线参谋型组织结构，是在直线型组织结构和职能型组织结构的基础上取长补短，吸取这两种形式的优点而建立起来的。目前，我国绝大多数企业采用这种组织结构形式。这种组织结构形式把企业管理机构和人员分为两类，一类是直线领导机构和人员，按命令统一原则对各级组织行使指挥权；另一类是职能机构和人员，按专业化原则从事组织的各项职能管理工作。直线领导机构和人员在自己的职责范围内有一定的决定权和对所属下级的指挥权，并对自己部门的工作负全部责任；职能机构和人员则是直线指挥人员的参谋，不能对直接部门发号施令，只能进行业务指导。直线-职能型组织结构如图 5-3 所示，其优缺点及适用情况如表 5-3 所示。

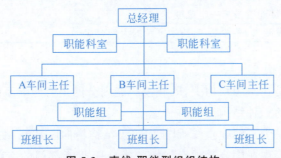

图 5-3　直线-职能型组织结构

表 5-3　直线-职能型组织结构的优缺点及适用情况

优点	指挥权集中，决策迅速，上级决策和意图能够得到有效贯彻，保证统一集中指挥，工作效率较高；将同类专家配置在同一职能部门，且各职能部门仅对本部门应完成的工作职责负责，可以充分发挥各部门的专长；容易维持组织激励政策，确保组织秩序，在外部环境较为稳定的情况下，易于发挥组织的集团效率
缺点	各部门易产生"隧道视野"，缺乏全局观念；分工较细，管理规章制度太多，降低了组织的反应速度，不易迅速适应新情况；不利于从组织内部培养熟悉全面情况的管理人才
适用情况	适用于环境比较稳定的中小规模组织

4. 事业部型组织结构

事业部型组织结构最早由通用汽车公司总裁艾尔弗雷德·斯隆（Alred Sloan）于 1924 年提出，因此又称为斯隆模型、联邦分权制，它是一种高度集权下的分权管理体制。事业部型组织结构是分级管理、分级核算、自负盈亏的一种形式，是将一个公司按地区、产品类别等分成若干个事业部，事业部及所属工厂负责产品的设计、原料采购、成本核算、产品制造、产品销售，实行单独核算，独立经营。公司总部仅保留人事决策、预算控制和监督大权，同时通过利润等指标对事业部进行管理与控制。事业部型组织结构如图 5-4 所示,其优缺点及适用情况如表 5-4 所示。

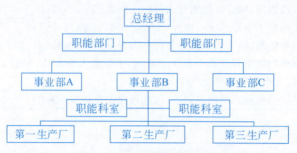

图 5-4　事业部型组织结构

表 5-4　事业部型组织结构的优缺点及适用情况

优点	将专业化的管理和集中领导有机结合,提高了管理的灵活性和适应性,有利于调动各事业部的积极主动性;有利于最高领导层摆脱日常事务,集中精力考虑战略性决策问题;有利于组织专业化生产,提高生产效率,降低生产成本;有利于培养综合型管理人才
缺点	集权与分权关系比较敏感,各事业部只重视本部的利益,影响事业部之间的协作配合,导致总部对各事业部间的协调任务增加,组织整体利益易受损;总公司与各事业都设置配套的职能机构,造成机构设置重叠,管理人员过多,管理成本过高;对事业部经理的素质要求较高,为人员配置带来一定难度
适用情况	适合于规模庞大、品种繁多、技术复杂的大型企业

5. 矩阵型组织结构

矩阵型组织结构是在组织结构上,既有按职能划分的垂直领导系统,又有按产品(项目)划分的横向领导关系的一种结构。

矩阵型组织结构是为了消除直线-职能型组织结构横向联系差、缺乏弹性的缺点而形成的。它最显著的特点表现在围绕某项专门任务成立跨职能部门的专门机构上。例如,企业组成一个专门的项目小组去开发某项新产品,在研究、设计、试验、制造各个不同阶段,由有关部门派人员参加,做到条块结合,以协调有关部门的活动,保证顺利完成任务。这种组织结构形式是不变的,而人员却是变动的。项目小组成员和负责人是临时组织和委任的,任务完成即可解散,相关人员返回原单位工作。因此,这种组织结构非常适用于横向协作和攻关项目。矩阵型组织结构如图 5-5 所示,其优缺点及适用情况如表 5-5 所示。

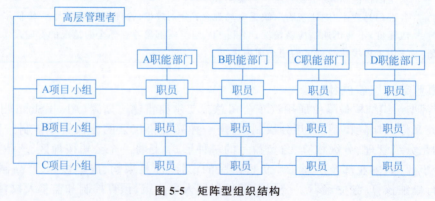

图 5-5　矩阵型组织结构

表 5-5　矩阵型组织结构的优缺点及适用情况

优点	促使一系列复杂而又相互储存的活动得到较好的协调,提高管理效率;机动、灵活,可随项目的开发与结束进行组织或解散;加强了不同部门之间的配合和信息交流,克服了直线职能结构中各部门互相脱节的现象;有利于培养综合型管理人才
缺点	双重领导会带来一定程度的混乱,使组织滋生争夺权力的倾向,员工的考核和升级存在困难;统一指挥性消除后,模糊性就大大增强,容易导致冲突,对渴望安全感的员工会产生很大的压力;在资源管理方面存在复杂性
适用情况	适合于涉及面广的、临时性的、复杂的重大工程项目或管理改革任务

特别提示

矩阵型组织结构适合于协作性和复杂性较强,工作具有项目性特征的大型组织,IBM、福特(Ford)汽车等公司都曾成功地运用过这种组织结构形式。

5.2.2　新型组织结构类型

从组织发展的历史来看,组织结构的演变过程本身就是一个不断创新且不断发展的过程,先后出现了直线型、职能型、矩阵型、事业部型等组织结构形式。当前社会,金字塔式的层级结构已不能适应现代社会的要求,企业发展已经呈现出竞争全球化、顾客主导化和员工知识化等特点。因此,企业组织形式必须是弹性的和分权化的。同时,现代企业为了更好地适应顾客、竞争、变化等因素,实现企业经营成本、质量、服务和效率的巨大改善,就需要对企业现有的业务流程进行根本性的再思考和彻底重建,利用先进的制造技术、信息技术以及现代化的管理手段,最大限度地实现技术上的功能集成和管理上的职能集成,以打破传统的职能型组织结构,建立全新的过程型组织结构。

特别提示

企业组织结构发展呈现出新的趋势,有以下特点:①重心两极化;②外形扁平化;③运作柔性化;④结构动态化。团队组织、动态联盟、虚拟企业等新型的组织结构形式相继涌现,具体来说,具有这些特点的新型组织结构形态有横向型组织、无边界组织、网络型组织、虚拟型组织等。

1. 立体多维型组织结构

立体多维型组织结构是综合矩阵型组织结构、职能型组织结构和事业部型组织结构的一种新兴组织结构形式。立体多维型组织结构指的是一个企业的组织结构包括3类及3类以上的管理机构,包括:①产品利润中心,指按产品或服务项目划分的部门;②职能利润中心,指按职能划分的专业参谋机构,如市场研究、生产、技术、质量管理等划分方式;③地区利润中心,指按地区划分的管理机构。企业内部的员工在这种组织结构形式下可能同时受到 3 个不同方面部门或者组织的领导,且组织的每一个管理机构都不能单独做出决定,而需要 3 个不同方面部门或者组织共同协商。

立体多维型组织结构主要应用于跨地区的规模庞大的企业集团或体制健全的跨国公司。从图 5-6 中可以看出,立体多维型组织结构划分出很多事业部,对于跨地区的规模庞大的企业集团或体制健全的跨国公司来说,这种组织结构形式不仅可以有效处理公司内部发生的各种突发情况,也能够及时做出决策和应对困难。

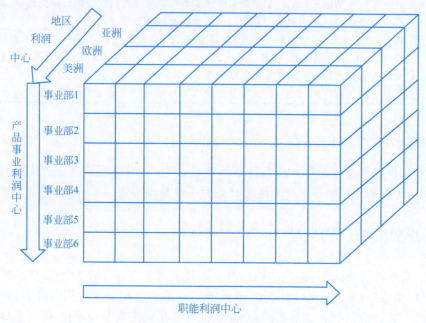

图 5-6 立体多维型组织结构

导入案例 5-3

立体多维型组织结构典型案例

根据矩阵型组织结构的特点,有些公司开发出了更复杂的多维组织结构形式。1967 年,美国道康宁化学工业公司(DOW Corning)建立了由三重指挥系统构成的三维立体组织结构形式,具体如下。

(1) 产品利润中心——按照项目(产品或服务)划分的部门。

(2) 职能利润中心——按照职能如产品研发、市场营销等划分的专业参谋机构。

(3) 地区利润中心——按照地区划分的管理机构。

在这种组织结构形式下,围绕某种产品的研发、生产和销售等重大问题,每系列都不能单独行动,必须由三方代表通过共同协调才能采取行动,进而突出了整体利益,加强了相互之间的信息沟通和联系,减少了产品事业部之间、地区部门之间的矛盾。这种三维立体结构又被学者称为全球性矩阵式组织结构,适用于跨地区从事大规模生产经营但又需要保持较强灵活反应能力的大型企业,目前 ABB、雀巢、杜邦、菲利普、莫里斯等组织均采用这种组织结构。

2. 网络型组织结构

网络型组织结构是利用现代信息技术手段适应与发展起来的一种新型的组织机构,它使管理当局对于新技术、时尚,或者来自海外的低成本竞争具有更大的适应性和应变能力,如图 5-7 所示。网络型组织结构是一种很小的中心组织,依靠其他组织以合同为基础进行制造、分销、营销或其他关键业务的经营活动。在网络型组织结构中,组织的大部分职能从组织外"购买",这给管理当局提供了高度的灵活性,并使组织集中精力做他们最擅长的事。网络型组织结构是一种很精干的中心机构,其以契约关系的建立和维持为基础,是依靠外部机构进行制造、销售或其他重要业务经营活动的组织结构形式。被联结在这一结构中的各经营单位之间并没有正式的资本所有关系和行政隶属关系,只是通过相对松散的契约(正式的协议契约书)纽带,透过一种互惠互利、相互协作、相互信任和支持的机制来进行密切的合作。

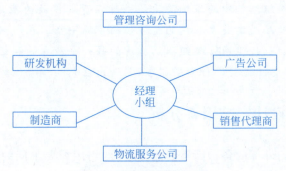

图 5-7 网络型组织结构

采用网络型结构的组织,所做的就是通过公司内联网和公司外互联网,创设一个物理和契约"关系"网络,与独立的制造商、销售代理商及其他机构达成长期协作协议,使它们按照契约要求执行相应的生产经营功能。由于网络型企业组织的大部分活动是外包、外协的,因此公司的管理机构就只是一个精干的经理班子,负责监管公司内部开展的活动,同时协调和控制与外部协作机构之间的关系。

网络型组织结构极大地促进了企业经济效益实现质的飞跃:一是降低管理成本,提高管理效益;二是实现了企业全世界范围内供应链与销售环节的整合;三是简化了机构和管理层次,实现了企业充分授权式的管理。组织结构具有更大的灵活性和柔性,以项目为中心的合作可以更好地结合市场需求来整合各项资源,而且容易操作,网络中的各个价值链部分也随时可以根据市场需求的变动情况增加、调整或撤并;另外,这种组织结构简单、精练,由于组织中的大多数活动实现了外包,而这些活动更多地靠电子商务来协调处理,组织结构可以进一步扁平化,效率也会更高。但它也有缺点,即网络型组织结构需要科技与外部环境的支持。

 特别提示

网络型组织结构并不是对所有的企业都适用,它比较适合于玩具和服装制造企业,它们需要相当大的灵活性以对时尚的变化做出迅速反应。网络型组织结构也适合那些制造活动需要低廉劳动力的公司。

 导入案例 5-4

网络型组织结构典型案例——雀巢集团结构

很长一段时间内,企业都是按照职能设置部门,按照管理幅度划分管理层,形成了金字塔形的管理组织结构。然而，这种组织结构已越来越不适应当今社会的要求。模块组合把企业的营销部门和经营业务部门划分为多个规模较小的经营业务部门，并受总部统一管理，其结果是管理组织结构正在变"扁"变"细"，综合性管理部门的地位和作用更加突出，网络型的组织结构形成。与传统的层级制组织形式不一样，网络制组织形式的基本单元是独立的经营单位。

雀巢公司的模块组合营销，一方面造就了网络型组织结构；另一方面使雀巢公司具有了网络化的特点：用特殊的市场手段代替行政手段来联络各个单位之间以及其与公司总部之间的关系。网络型组织结构中的市场关系是一种以资本投放为基础的包含产权转移、人员流动和较为稳定的商品买卖关系在内的全方位的市场关系。在组织结构网络的基础上还形成了强大的虚拟功能。处于网络型组织结构中的每一个独立的经营实体都能以各种方式借用外部资源，对外部资源优势进行重新组合，创造出巨大的竞争优势。

5.2.3　组织结构设计影响因素分析

组织活动受组织内外部的各种因素影响，不同的组织需要不同的组织结构形式。换言之，组织结构设计的确定和变更受到不同因素的影响，而组织结构也随着这些因素的变化而变化。企业在确定组织结构形式时，要分析组织结构的影响因素，选择最佳的组织结构模式。

企业在设计组织结构类型时需考虑的一系列因素有如下几类。

1. 企业的经营战略

钱德勒（Chandler）对战略与结构的关系进行了深入的研究，通过对美国一些大公司长达50多年发展史的研究，他得出的结论是组织结构的变化由公司战略的变化导致。企业战略目标与组织结构之间是作用与反作用的关系，有什么样的企业战略目标就有什么样的组织结构，同时企业的组织结构又在很大程度上对企业的战略目标和政策产生很大的影响。企业在进行组织结构设计和调整时，只有对本企业的战略目标及其特点进行深入的了解和分析，才能正确选择企业组织结构的类型和特征。而组织结构也必须服从组织的经营战略要求。

2. 外部环境

环境的不确定性是组织结构受到环境影响的原因。如果组织面临相对稳定和简单的环境，对生产经营的影响不太显著，则可以把管理权较多地集中在企业领导手里，设计比较稳定的组织结构，实行程序化、规模化管理；相反，有的组织则面临动态和复杂的环境，有较大的不确定性，这就要求在划分权力时给中下层管理人员较多的经营决策权和随机处理权，以增强企业对环境变动的适应能力。由于这些不确定性会给组织带来威胁，因此企业必须减少这些不确定性，而组织结构的调整就是减少这种不确定性的有效措施。

3. 企业规模

企业生产可分为单件小批量生产、大批量生产和流程化生产。一般而言，企业规模小，管理工作量小，为管理服务的组织结构也相应简单；企业规模大，管理工作量大，需要设置的管理机构多，各机构间的关系也相对复杂。组织的规模不同，与其相适应的组织结构形式也会有很大的差别。

4. 技术因素

英国学者琼·伍德沃德最早对技术与结构的关系做出了研究,他的研究表明组织应当依据它们的技术调整组织结构。组织利用某种技术将投入转换成产出,技术以及技术设备的水平影响着组织活动的效果及效率,同时也对组织活动的内容、职务设置及企业人员的素质要求产生影响。

特别提示

一般来说,技术越是常规化,越是要采用机械式的结构;组织越是采用非常规化的技术,越是要采用有机式的结构。

组织结构设计需要认真研究上述几个影响因素,企业根据具体情况决定主要考虑哪个因素。但无论考虑哪个因素,都应使这些因素保持相互衔接和相互协调。同样,也不应该把不同的结构模式截然对立起来。一个较大的企业,其整体性的结构模式和局部性的结构模式可以是不同的。例如,在整体上是事业部制的结构,在某个事业部内则可以采用职能制的结构。

5.2.4 部门划分

伴随着组织规模的扩大化和复杂化,组织工作中不同性质的工作种类越来越多,涉及的领域越来越广。为了提高组织的工作效率,就需要对组织中的全部工作进行进一步的分析和分类,将性质相同或相近的工作汇总到一起,而处理这些工作的单位就是一个专业化的部门。简言之,部门指的就是组织者的管理人员为完成规定的任务有权管辖的一个特定领域。而部门化指的是组合职位的依据和方式,它的作用主要是使组织中各项任务分工合理、职责明确,以求达到组织目标。

5 种常见的部门化的形式有职能部门化、产品部门化、地区部门化、过程部门化和顾客部门化。

1. 职能部门化

职能部门化是一种最普遍采用的部门划分方法,这种方法根据业务活动的相似性设立专门的管理部门。

图 5-8 是一个典型的按职能划分的部门化组织。

1) 职能部门化的优势

(1) 通过职能划分活动类型并设立部门,是最自然、最方便且最符合逻辑的标准,可以带来专业化分工的好处。

(2) 有利于维护最高行政指挥的权威和组织的统一性。

(3) 有利于工作人员的培训、交流,从而提高技术水平。

2) 职能部门化的局限性

(1) 通过职能划分的部门,由于各种产品的原材料采购、生产、产品销售都集中在相同部门,难以区分各种产品给企业带来的贡献大小,因此不利于指导企业产品结构的调整。

(2) 各个部门负责人只从事本部门的专业任务管理,没有总体眼光,不利于高级管理人才的培养。

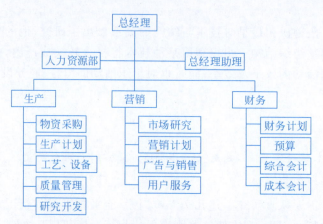

图 5-8　按职能划分的部门化组织

(3) 各职能部门由于业务的性质不同,可能造成只依据自己部门的准则行动的情况,因此可能会影响部门之间活动的协调性,影响组织整体目标的实现。

2. 产品部门化

产品部门化是根据企业生产经营不同产品来设立管理部门、划分管理单位,集同一产品的生产或销售工作于同一部门组织进行。伴随企业的发展,企业产品线的增加和产品规模的扩大,企业面临更大的经营压力,管理组织的工作同时也变得日益复杂。这种划分方法适合于实行多元化战略的大型企业。

图 5-9 是一个典型的按产品划分的部门化组织。

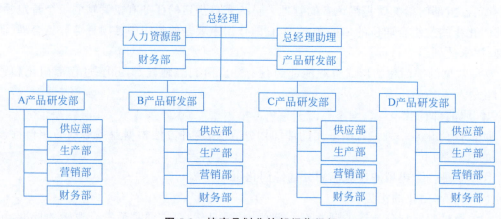

图 5-9　按产品划分的部门化组织

1) 产品部门化的优势

(1) 使企业经营多元化和专业化结合起来,既可以满足企业因多元化经营而降低市场风险,维持经营的稳定性,又可以满足企业各部门因专业化经营而提高生产力,降低劳动成本的目的。

(2) 有利于企业及时调整生产方向。和职能部门化不同,产品部门化按产品设立管理部门,可以方便考察和比较不同产品对企业的贡献,有利于指导企业产品结构的调整。

(3) 有利于促进企业的内部竞争。由于产品部门化按产品设立管理部门,因此对企业的贡献容易辨别,管理部门之间存在竞争关系,这就有利于不同部门重视本部门的工作效率,有利于部门成长,从而带动企业成长。

(4) 有利于高层管理人才的培养。

2) 产品部门化的局限性

(1) 每个管理部门对管理者能力要求都较高,人才需求大。

(2) 过分强调本单位利益,影响企业的统一指挥。

(3) 某些产品部门的管理机构和企业会产生重叠,导致管理费用增加,待摊成本提高,影响企业竞争力。

3. 地区部门化

地区部门化是按照地理因素来设立管理部门,将不同地区的业务和职责划分给不同的部门经理负责。例如,政府部门就是按地区划分行政部门的。对于地区分布较广或者业务区域设计较广的组织来说,这种按地区划分部门是必要和有效的。按地区划分部门的优势和局限性类似于产品部门化。

图 5-10 是一个典型的按地区划分的部门化组织。

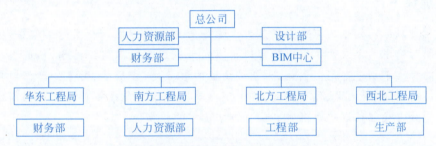

图 5-10　按地区划分的部门化组织

4. 过程部门化

过程部门化是按照工作或者业务流程来进行部门划分,设立管理部门,这种部门化的实现需要组织中的人员、材料以及设备比较集中或者业务流程连续。例如,有些产品的制造生产需要经过切割、压边、装配、漆涂、打磨和抛光等流程,燃煤发电厂发电要经过燃煤运输、锅炉燃烧、汽轮机冲动、电力传输、电力配送等几个主要流程等。

图 5-11 是一个典型的按工作或者业务流程划分的部门化组织。

图 5-11　按流程划分的部门化组织

5. 顾客部门化

顾客部门化是按照顾客或服务对象,根据不同顾客群体来进行部门划分,设立管理部门。这种部门划分方法的出现是由于市场竞争越来越激烈,以企业为中心的生产观念正在向以顾客需求为中心的市场观念转变,创造和满足顾客需求成为企业竞争的焦点。当某个组织的客服群体需求差异较大时,组织部门划分通常会考虑采用顾客部门化方法,如大学中的各专业院系、研究生院、成人教育学院等。

图 5-12 是一个典型的按照顾客或服务对象划分的部门化组织。

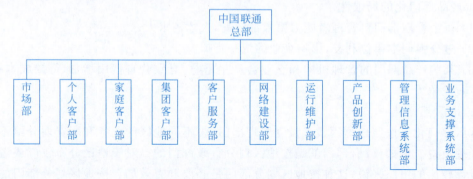

图 5-12　按顾客划分的部门化组织

 特别提示

上述几种对部门划分的方式仅仅是为了理论研究上的方便。在实际工作中,组织部门划分经常同时采用两个或两个以上的部门化方式形成综合式的组织结构,任何组织都很少根据唯一的标准来划分部门。例如,大学里设置的教务处、科研处、财务处等部门是按照职能划分部门的,而本科生部、硕士生部、博士生部等的设置又是按照产品划分部门的。组织选取部门划分方式往往取决于各种部门化方式优劣的权衡。

5.2.5　组织层级化

组织设计的层级化指的是组织的纵向设计,科学合理地设置管理幅度与管理层次是纵向设计的关键问题。

1. 管理幅度

管理幅度是指组织的管理者能有效领导和指挥的直接下属人员的数量,又称为管理宽度、管理跨度。确定管理幅度非常重要,很大程度上可以说,组织的管理幅度决定了组织中管理人员的数量以及管理层次的数目。要设置合理的组织机构,就必须确定合理的管理幅度。影响管理幅度设置的因素有以下几个方面。

1) 管理者与其下属的工作能力

在相同的客观条件下,能力越强的管理者,比相同管理层次上的其他管理者能有效直接管辖的下属人员越多;而下属的工作能力越强,工作态度越积极,需要受到上级管理者的监督管理越少,管理者能有效领导指挥的下属人数越多,管理者的管理幅度也就越宽。

2) 管理工作的内容和性质

不同的组织或者不同的管理者,面对的管理工作的内容和性质都是不同的。管理者的工作主要是决策和用人,管理者处在管理系统中的不同层次,决策和用人的范围也就有所不同。若管理工作的内容和性质相近,或都是一些重复的简单工作,管理者的管理幅度就较宽;相反,若管理工作内容多是非重复的专业性问题,管理者需要花费的时间和精力较多,管理幅度自然较窄。

3) 工作条件

首先,下属的工作岗位在地理位置上越分散,就越会增加下属与直接管理者之间的沟通难度,从而影响管理者可以有效管理的下属数量。伴随着现代通信技术的快速发展和不断提升的现代交通的快速便捷性,这一因素对管理幅度的影响正在变小。

其次,信息手段的配备情况也影响着管理幅度的大小。组织采用的信息手段、沟通技术以及联络手段越先进,组织信息传递的效率越高,管理者的管理幅度就越宽;相反,如果组织信息传递渠道不通畅,沟通技术和联络手段十分落后,导致组织信息沟通越发困难,管理者的管理幅度就越窄。

4) 工作环境

组织环境是否稳定也会影响组织活动内容及政策的调整幅度和频率。当组织的外部环境复杂且多变,新情况和新问题较多时,管理者就需要付出更多的时间和精力去关注工作环境的变化,并调整组织的战略和计划,管理者在这种情况下能够给予下属的监督和指导就越少,管理幅度会变窄;相反,当组织的外部环境简单稳定时,组织工作会变得简单有序,管理者在这种情况下能抽出更多的时间关注下属的工作情况,管理幅度就会变宽。

2. 管理层次

管理层次指的是组织从最高层管理人员到最低层工作人员之间所有的级数,是纵向的组织环节。管理层次太少或太多都是不合理的,管理层次太少,上级的过多精力都放在了对下级的协调过程中,使上级的战略和决策难以得到准确的实施,也难以集中精力处理重要的决策问题;管理层次太多,组织中从高层到低层的信息传递速度慢、效率低,还需要配备更多的管理人员,也就增加了管理费用和管理人员之间的协调难度,人力资源使用效率下降。

从根本上说,组织任务量的大小和规模决定这个组织的管理层次的多少。规模较小、任务量较少的组织,其管理层次应当减少;规模较大、任务量较多的组织,其管理层次应适当增加。

3. 管理层次和管理幅度的关系

管理层次受到组织规模和管理幅度的影响,它与组织规模成正比,即组织规模越大,所包括的成员越多,则层次就越多;在组织规模一定的情况下,管理层次和管理幅度成反比关系,即较窄的管理幅度一般意味着较多的管理层次,较宽的管理幅度一般意味着较多的管理层次。一般来说,管理人员有效地监督、指挥的直接下属人数是有限的。

按照管理幅度与管理层次的反比关系,组织形成了两种典型的层次结构:锥形式组织结构和扁平式组织结构。

1) 锥形式组织结构

锥形式组织结构指的是管理幅度较小,而管理层次较多的高、尖、细的金字塔组织结构形态,如图 5-13 所示,古典或传统的组织结构大多是锥形式组织结构。

锥形式组织结构的优缺点如表 5-6 所示。

表 5-6 锥形式组织结构的优缺点

优点	较小的管理幅度可以使每个管理者对下属进行具体的指导,对其传递的信息可以仔细地进行研究,组织成员职责分明,组织稳定性高
缺点	较多的管理层次影响信息传递的速度,信息容易失真;较多的管理层对领导和下属而言都会使参与程度降低,不利于培养人才;工作协调难度加大,计划和控制工作更加复杂

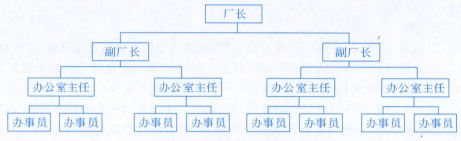

图 5-13　锥形式组织结构

2）扁平式组织结构

与锥形式组织结构相反，扁平式组织结构指的是管理者在组织中每个层次的管理幅度较宽，而管理层次较少的组织结构形态，如图 5-14 所示。

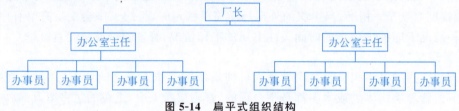

图 5-14　扁平式组织结构

扁平式组织结构的优缺点如表 5-7 所示。

表 5-7　扁平式组织结构的优缺点

优点	层次少，信息传递速度快，便于高层管理者及时发现问题并采取相应的措施；信息的沟通和传递速度比较快，信息失真度比较低；较大的管理幅度有利于下属主动性和创造精神的发挥
缺点	管理幅度大，管理者不能对所有下属进行有效的指导和监督；各级主管人员的负担较重，精力容易分散，所以对下属人员的工作能力要求较高，否则容易出现管理失控

 导入案例 5-5

管理层次

通用电气公司 CEO 韦尔奇在 1981 年就任后，对通用电气的管理结构进行了大刀阔斧的改革。10 年之间，通用电气公司撤销了 350 余个部门，管理层级由 12 层减至 5 层，副总裁由 130 名缩减至 13 名。这一番改革大为改善了通用电气的官僚主义，灵活性明显提高。自韦尔奇成功再造通用电气之后，扁平化组织结构逐渐成为一种管理时尚，并被我国很多企业所接受和践行。可以说，组织扁平化是未来组织结构变革发展的趋势，但是管理幅度的扩大与管理层次的减少并不一定适应于所有的组织。扁平式组织结构的成功，需要考虑到组织授权的程度、工作的性质、人员的工作能力和组织的沟通效率等因素。除此之外，一种与扁平式组织结构相适应的健康而强大的组织文化也是不可或缺的。

5.3 组织结构的运行

组织结构设计完成后还仅仅是一个静态的"框架",只有组织结构的运行才可以使结构动态化。要使组织结构进行运转,需要建立组织制度,为组织配备人员、进行权力的分配等。在组织结构运行的过程中,要正确处理好以下关系:授权、集权与分权和人员配备等。

5.3.1 授权

权力是组织成员为了达到组织目标而拥有的开展活动或指挥他人行动的权力。组织中,所有成员都拥有开展组织活动的权力,但管理者还拥有指挥他人行动的特殊权力。

1. 授权的概念

授权是指上级给下属一定的权力,使下属在一定的监督之下有相当的自主权和行动权。在组织中,管理者能有效监督的下属人数是有限的,较高层级的管理者会将一部分权力授予下一级管理者。组织中的高层管理者通过授权,可以充分利用人才的知识和技能,了解下属处理问题的能力,也可以在出现新的业务情况下,将处理业务的部分权力暂时授予其下属。

特别提示

通过授权,上下级之间建立起某种形式的职权关系,较高层管理者可以把职权授给下属,也可以把职责分派给下属,但不能把完成组织目标的责任转移给下属。

2. 授权应遵循的原则

有效授权应遵循以下原则。

1) 重要性原则

授权者要做到用人不疑,如果把权力授予下级,就应该充分相信下属。建立在相互信任基础上的授权,所授权限不仅包括一些不重要的权力,更要适当给下属授予一些重要的权力,使下属认识到管理工作的重要性,同时也感受到上级的信任。

2) 职、权、责、利相当原则

上级在授予下级权力的同时,需要向被授权人明确所授任务的权力、责任、目标和利益等范围,做到职、权、责、利相当。否则,被授权人可能会对任务无所适从,从而滥用职权并导致形式主义,最终导致工作失误。

3) 适度原则

组织授权过少,会造成上级工作量过大;授权过多,又会造成组织工作杂乱无序,难以管理。因此,组织授权必须建立在提高效率的基础上,授权适度。

4) 级差授权原则

既不越级授权,也不交叉授权,组织职能在工作关系紧密的层级上进行级差授权。越级授权会造成直接下级工作上的混乱和被动,导致管理机构的失衡,破坏管理的秩序。

3. 授权的过程

授权的过程可以分为以下几个阶段。

1）授权诊断阶段

授权者应该全面诊断组织内部的权力分布状况，仔细分析导致权力不平衡和分配不合理的因素，从而识别在授权阶段必须变革的基本要素。

2）授权实施阶段

授权者要对诊断阶段出现的不合理要素进行变革，并努力创造和提供有效授权所必须具备的一些要素条件，如知识与技能、共享信息、权力以及奖励制度等。组织高层管理者需要进一步清晰组织的目标和愿景，使组织中的成员充分理解授权的基本要求。

3）授权反馈阶段

授权者应将重点放在对授权实践之后员工绩效的考核上，使贡献较大的员工能够得到及时的奖励反馈，这样就可以巩固授权的效果，并及时反馈和调整偏差。

导入案例 5-6

华为的集权与分权

华为在成立初期高度中央集权并因此得到发展，随着业务增长以及组织扩大，在分权改革的同时，依靠战略导向主动权和监控权保障总部一线权力不被滥用或无效益使用，实现分权与集权的合理组合。在组合过程中，既受组织原有集权历史、领导者个性以及政策的统一与行政效率的影响保留一定集权，又受组织规模扩大、培训管理人员以及活动分散性的影响适当分权。

5.3.2 集权与分权

集权与分权是组织设计中两种完全相反的权力分配方式。集权是决策权在较高管理层次的一定程度的集中，它将职权和职责集中在组织层级的高层。分权是决策权在较低管理层次中分散，它将职权和职责沿着组织层级向下分散。在组织管理中，不可能存在绝对的集权或者绝对的分权，我们研究的不是组织应该选择集权或分权，而是如何确定集权和分权的合理分配程度。

确定集权与分权的合理程度，需要考虑以下几个方面的影响因素。

1）组织的规模

组织规模越小，管理层次和部门越少，分散程度越低，集权效果越好，这种情况下大多采取和维持高度集中的管理方式；组织规模越大，管理层次和部门越多，分散程度越高，权力往往随着组织规模的扩大和管理层次的增加而和职权一起逐层分解。

2）领导决策

高层管理者由于某些事务决策责任重大，他们本身的经验丰富，犯错误的机会少，这种情况下就需要亲自负责重要的决策，而不会轻易授权给下属。

3）下属的数量和素质

如果下属的数量和素质能够完成组织的任务，组织就可以更多地进行分权；相反，如果下属的数量和素质不符合分权式管理的基本要求，就会让分权受到限制。

4）政策的统一性

集权可以保证组织总体政策的统一性，并保证决策执行的效率。

5) 组织的历史和文化

通常,组织在最初形成时规模较小,并且在发展过程中没有加入其他组织,集权倾向就会更为明显;如果是通过收购或兼并而形成的组织,通常会表现出分权的趋势。

6) 培训管理人员的需要

低层次管理人员如果很少有实践权力的机会或只有实践很少权力的机会,则难以被培养成能够统御全局的人才,从而不利于组织在内部储备高层管理的后备力量。

5.3.3 人员配备

人员配备是对组织中全体人员的配备,是组织设计的延续,其中包括管理人员的配备,也包括非管理人员的配备。两者遵循的基本原则和基本方法是相似的。

1. 人员配备的含义与原则

人员配备指的是组织通过对工作要求和人员素质的分析,在相应岗位配备合适的人员,以完成实现组织目标所需开展的各项工作的过程。人员配备的目的是谋求人与事的最佳组合。因此,人员配备既要考虑到组织成员的需要,也需要满足组织的需要。

从组织成员的需要出发,人员配备一方面要使每个人的知识和能力得到公正的评价、承认和运用,使之自觉自愿地履行其职责,为实现组织目标而努力工作;另一方面,组织要使每个员工的知识和能力不断得到提升,素质不断得到提高。知识与技能的提高不仅可以满足人们较高层次的心理需求,而且是组织成员得以不断晋升发展、通向职业生涯巅峰的阶梯。因此,要通过人员配备,使每个组织成员都能看到这种机会和希望。

从组织的需要出发,第一,要通过人员配备使组织系统开动运转。要有合格的人员去完成为实现组织目标所必须进行的各项工作,组织中的每一个岗位也必须配备符合相应岗位素质的人。第二,要通过人员配备为组织发展准备干部力量。要通过人员配备挖掘人才的潜力,满足组织人员较高层次的心理需要,也为组织保持人员稳定、留下优秀人才创造良好的条件。第三,要通过人员配备维持成员对组织的忠诚。对组织而言,人员的不稳定,尤其是优秀人才的外流,往往会影响组织的正常运转和持续发展。因此,要通过人员配备维持员工对组织的忠诚,稳住人心,留住人才。

在人员配备中需要坚持以下 3 个原则。

1) 因事择人的原则

作为人员配备的首要原则,因事择人要求根据工作需要来配备具有相应知识与能力的人员。同时,在人员配备过程中,要做好人力资源储备,配备一定的培养型人员(能留出一定学习与培训时间的人),以适应组织未来发展的需要。

2) 因材器使的原则

在条件允许的情况下,要尽可能地把一个人所从事的工作与其兴趣爱好和能力特长结合起来,并根据人的兴趣和才能结构安排其合适的工作,以最大限度地发挥其才能和调动其积极性。

3) 人事动态平衡的原则

人的能力和知识的适应性以及组织对其成员素质的认识随着组织的不断发展变化而不断地发展变化,这就要求人与事的配合也需要不断地调整。动态平衡原则要求组织根据组织和员工的变化,将能力平平、不符合岗位要求的人通过轮岗或培训有机会从事力所能及的工作,将能力提高并得到充分证实的人员提拔到更高层次的岗位上去工作,实现人与工作的动态平衡。

2. 人员配备的工作内容

人员配备包括 3 个方面的内容。

1) 人力资源规划

通过人力资源规划来确定人员需要的种类和数量。科学的人力资源规划决定人力资源的有效利用。组织是不断发展的,组织所需岗位和岗位的人员数量也会随着组织发展而发生变化。人力资源规划就是组织对现有人力资源配备情况的评价,根据组织发展战略预测组织所需人力资源,制定满足未来人力资源需要的行动方案。人力资源规划的工作内容一般包括人力资源补充计划、人力资源调配计划、人力资源开发计划、员工职业发展规划。

特别提示

人力资源规划的工作内容之间是相互关联的,在人力资源规划过程中,各个子计划之间应相互协调,以形成一个相互支持和补充的有机整体。通过人力资源规划,管理者可以明确为了实现组织发展目标,在何时需要哪些人员、各需要多少,从而为人员选聘与培养奠定基础。

2) 人员选聘

为了找到符合组织岗位要求的人员,就必须对组织内外的候选人进行筛选,做出合适的选择。人员选聘包括招聘与甄选。

招聘指的是组织按照一定的程序和方法招募具有岗位素质要求的人,担任相应岗位工作的一系列活动。招聘对象可以是来自组织内部的人,也可以是来自组织外部的人。组织需要依据相应的岗位需求对招聘对象进行评价和选择,以求招聘到合适的人员。

甄选指的是依据既定的用人标准和岗位要求,对应聘者进行评价与选择,从中选出能够胜任该岗位的人员的活动。

人员招聘的途径分为内部招聘和外部招聘。

导入案例 5-7

索尼的"内部跳槽"

有一天晚上,索尼董事长盛田昭夫按照惯例走进职工餐厅与职工一起就餐、聊天。他多年来一直保持着这个习惯,以培养员工的合作意识和与他们的良好关系。

这天,盛田昭夫忽然发现一位年轻职工郁郁寡欢,满腹心事,闷头吃饭,谁也不理。于是,盛田昭夫就主动坐在这名员工对面,与他攀谈。几杯酒下肚之后,这个员工终于开口了:"我毕业于东京大学,有一份待遇十分优厚的工作。进入索尼之前,对索尼公司崇拜得发狂。当时,我认为我进入索尼是我一生的最佳选择。但是,现在才发现,我不是在为索尼工作,而是为课长干活。坦率地说,我这位课长是个无能之辈,更可悲的是,我所有的行动与建议都需要课长批准。我自己的一些小发明与改进,课长不仅不支持,还挖苦我癞蛤蟆想吃天鹅肉,有野心。对我来说,这名课长就是索尼。我十分泄气,心灰意冷。这就是索尼?这就是我的索尼？我居然放弃了那份优厚的工作来到这种地方！"

这番话令盛田昭夫十分震惊，他想，类似的问题在公司内部员工中恐怕不少，管理者应该关心他们的苦恼，了解他们的处境，不能堵塞他们的上进之路，于是产生了改革人事管理制度的想法。之后，索尼公司开始每周出版一次内部小报，刊登公司各部门的"求人广告"，员工可以自由而秘密地前去应聘，他们的上司无权阻止。另外，索尼原则上每隔两年就让员工调换一次工作，特别是对于那些精力旺盛、干劲十足的人才，不是让他们被动地等待工作，而是主动地给他们施展才能的机会。在索尼公司实行内部招聘制度以后，有能力的人才大多能找到自己较中意的岗位，而且人力资源部门可以发现那些"流出"人才的上司存在的问题。

这种"内部跳槽"式的人才流动是要给人才创造一种可持续发展的机遇。在一个单位或部门内部，如果一个普通职员对自己正在从事的工作并不满意，认为本单位或本部门的另一项工作更加适合自己，想要谋求改变却并不容易。许多人只有在非常出色，得到上司的赏识，认为有必要给他换个岗位时才能如愿，而这样的事普通人一辈子也难碰上几次。当职员对自己的愿望常常感到失望时，他们的工作积极性便会受到明显的抑制，这对用人单位和职员本身都是一大损失。

一个单位，如果真的要用人所长，就不要担心职员们对岗位挑三挑四。只要他们能干好，尽管让他们去争。争的人越多，相信也干得越好。对那些没有本事抢到自认为合适的岗位，又干不好的剩余员工，不妨让他待岗或下岗，或者干脆考虑外聘。索尼公司的内部跳槽制度就是这样，有能力的职员大都能找到自己比较满意的岗位，那些没有能力参与各种招聘的员工才会成为人事部门关注的对象，而且人事部门可以从中发现一些部下频频"外流"的上司们存在的问题，以便及时采取对策进行补救。这样，公司内部各层次人员的积极性都被调动起来。当每个干部职工都朝着"把自己最想干的工作干好，把本部门最想用的人才用好"的目标努力时，企业人事管理的效益也就发挥到了极致。内部候选人已经认同了本组织的一切，包括组织的目标、文化、缺陷，比外部候选人更不易辞职。

（1）内部招聘。内部招聘有内部换岗和内部提升两种。内部换岗是当组织中存在较多的冗员，需要招聘少量空缺管理人员，或者当组织成员希望获得换岗机会时采用。当组织内部招聘时一般采用布告招聘，在组织内部的布告栏内张贴招聘启事，动员符合条件的本组织成员应聘。进行内部招聘要重视招聘的公平公正性，可采取事先公开申请资格、事中公开公平竞争、事后公示征求意见的方式进行。

内部提升是组织中成员的能力和素质得到组织认可后，被委以更大责任的更高职务。内部提升制度有利于鼓舞士气，提高员工的工作热情，并能更好地维持组织人员对组织的忠诚，使有发展潜力的员工更加积极地对待工作，以促进组织的发展，并为员工个人创造更多的提升机会。

 特别提示

内部提升存在一些弊端，如"近亲繁殖"现象。因此，组织要加强对管理人员的教育和培训，使内部提升的新一辈管理人员不仅继承老一辈管理人员的优秀经验，还为组织带来新的创造力和活力。

(2)外部招聘。外部招聘是指根据一定的标准和程序,从组织外部的众多候选人中甄选出符合空缺岗位工作要求的管理人员。外部招聘可以通过学校招聘、广告招聘、劳动市场招聘、直接申请、职业猎头等方式。对于组织来说,外部招聘的甄选是一种预测行为,它要求管理者通过各种甄选手段来提高决策的准确性。甄选手段包括应聘者简历分析、资格审查、笔试、面试、体检等。

外部招聘能够为组织带来新鲜血液,带来新的管理方法和经验。对于外部招聘人员来说,进入一个新的组织,他们不会被太多的固有程序束缚,工作可以放开手脚,从而给组织带来创新机会。对于外聘者而言,如果确有工作能力,他们可以利用"外来优势",即他们没有历史包袱,可以通过自己的工作能力和实绩迅速打开工作局面。外部招聘也可以缓和内部竞争者的紧张关系,缓解内部员工之间因竞争产生的不满情绪。

 特别提示

许多成功的企业不主张通过外部招聘管理人员,而主张采用内部提升的方法。这是由于外部招聘存在一些局限性,如对内部员工的打击、外聘管理人员不熟悉组织的情况、组织对外聘者的情况难以深入了解等。

3)人员培训

培训是组织开发现有人力资源和提高员工素质以适应组织发展要求的基本途径。除了以招聘方式补充组织的人力资源需求外,更多是通过开发组织现有人力资源来加以满足。同时,培训还是实现组织员工个人发展、适应组织发展需要的重要方式。通过人员培训,员工随着组织的不断发展而成长,实现员工成长和组织发展的"双赢"。

人员培训可分为在职培训和离职培训两种,培训方式主要有岗前培训、在岗培训、转岗培训、升职培训等。

4)人员考核

人员考核又称绩效评估或考评,考核的目的是保证组织目标的实现,促进员工的成长,并为人员晋升和公平奖惩提供客观的依据。组织中考核是指相关部门或者人员通过一定的程序和方式,对各部门各岗位在一定时期内表现出的工作能力或绩效做出的评价。人员考核评价方法有很多,如关键事件法、排列法、评级量表法、多人比较法、360°绩效考评法、书面描述法等。

(1)关键事件法是通过对工作中最具代表性的事件进行分析,对造成这一事件的工作行为进行认定从而做出绩效评价的一种方法。

(2)排列法是将参加评估的人选全部列出来,就某一个评估因素展开评估,分别找出评估最好的员工和最差的员工,分别排在第一和最后的位置,然后找出次最好、次最差,依此类推。

(3)评级量表法是使用得最多,也是最古老的一种考核方法。根据员工的绩效分成若干项目,设置成一个量表,由考核者做出考核。

(4)多人比较法是将某一个员工的工作绩效与一个或多个其他员工进行比较。

(5)360°绩效考评法是一种从不同角度,如从上级、下级、员工本人及其同事处获得反馈意见,从而进行绩效评估的一种方法。

(6)书面描述法是由评价者以书面形式描述一个员工的长处、短处、过去的绩效与潜能,并提出改进建议的一种评价方法。

上述方法可供管理者选用,其各自的优缺点如表 5-8 所示。

表 5-8 人员考核评价方法对比

方　　法	优　　点	缺　　点
关键事件法	重点突出,可操作性强	关键事件难以量化
排列法	简单易行,花费时间少	评价因素单一
评级量表法	提供定量的数据,耗费时间较少	不能提供工作行为评价方面的详细信息
多人比较法	将员工与其他人做比较	员工数量大时,操作不便
360°绩效考评法	全面	耗时
书面描述法	简单易行	更像是衡量考核者的写作能力

5.4　组　织　变　革

5.4.1　组织变革的概念

组织变革是指根据内外环境的变化,组织中的任何有关人员、结构和技术都会进行结构性变革,以适应组织发展的要求。

组织变革的目的是提高组织的效能。任何一个组织无论过去如何成功,都需要随着环境的变化而不断进行调整并与之相适应。可以说,组织变革是组织发展中的一种经常性活动,是任何组织都不可避免的问题,组织变革是否顺利进行也是评价管理工作有效性的重要标志。

5.4.2　组织变革的动力

1. 外部环境因素

1) 整个宏观社会经济环境的变化

例如,政治、经济政策的调整、经济体制的改变以及市场需求的变化等都会引起组织内部深层次的调整和变革。

2) 科技进步的影响

科技的发展日新月异,新产品、新工艺、新技术、新方法层出不穷,对组织的固有运行机制构成了强有力的挑战。

3) 资源变化的影响

组织发展依赖的环境资源对组织具有重要的支持作用,如原材料、资金、能源、专利使用权、人力资源等。组织必须克服对环境资源的过度依赖,同时要及时根据资源的变化顺势变革组织。

4) 竞争观念的改变

基于全球化市场竞争越来越激烈,竞争方式也将会多种多样,组织若想适应未来竞争的要求,就必须在竞争观念上顺势调整,赢得主动。

2. 内部环境因素

1)组织机构适时调整的要求

组织机构的设置必须与组织的阶段性战略目标相一致。

2)保障信息畅通的要求

组织长期运行极可能会出现低效率现象,其原因既可能是机构重叠、权责不明,也有可能是人浮于事、目标分歧。

3)快速决策的要求

决策的形成如果过于缓慢,组织常常会因决策的滞后或执行中的偏差而坐失良机。为了提高决策效率,组织必须通过变革对决策过程中的各个环节进行梳理,以保证决策信息的真实、完整和迅速。

4)提高组织整体管理水平的要求

组织在成长的每一个阶段都会出现新的发展矛盾,为达到战略目标,组织必须在人员素质、技术水平、价值观念、人际关系等方面做出进一步的改善和提高。

5.4.3 组织变革的阻力

任何组织变革都会遇到来自各种变革对象的阻力和反馈,这有可能是由于传统的价值观念或组织惯性,也有可能来自对变革后的不确定后果有所担忧。组织变革的阻力主要表现为来自个人的阻力和来自团体的阻力。

1. 个人的阻力

1)利益上的影响

变革从结果上看可能会威胁到某些人的利益,如机构的撤并、管理层级的扁平等都会给组织成员造成压力和紧张感。过去熟悉的职业环境已经形成,而变革要求人们调整不合理或落后的知识结构,更新过去的管理观念、工作方式等,这些新要求都可能会使员工面临失去权力的威胁。

2)心理上的影响

变革意味着原有的平衡系统被打破,要求成员调整已经习惯了的工作方式,而且变革意味着要承担一定的风险。对未来不确定性的担忧、对失败风险的惧怕、对绩效差距拉大的恐慌以及对公平竞争环境的担忧,都可能造成人们心理上的倾斜,进而产生心理上的变革阻力。另外,平均主义思想、厌恶风险的保守心理、因循守旧的习惯心理等也会阻碍或抵制变革。

2. 团体的阻力

1)组织结构变革的影响

组织结构变革可能打破过去固有的管理层级和职能机构,并采取新的措施对责、权、利重新做出调整和安排,这就必然要触及某些团体的利益和权力。如果变革与这些团体的目标不一致,团体就会采取抵制和不合作的态度,以维持原状。

2）人际关系调整的影响

组织变革意味着组织固有的关系结构的改变,组织成员之间的关系也随之需要调整。非正式团体的存在使得这种新旧关系的调整需要一个较长过程。在这种新的关系结构未被确立之前,组织成员之间很难磨合一致,一旦发生利益冲突,就会对变革的目标和结果产生怀疑和动摇,特别是一部分能力有限的员工将在变革中处于相对不利的地位。随着利益差距的拉大,这些人必然会对组织的变革产生抵触情绪。

5.4.4 组织变革的内容

美国管理学家哈罗德·利维特认为,组织变革的内容可以分为对人员的变革、技术的变革、结构的变革和文化的变革。

1. 人员的变革

人员的变革是以人力资源为中心的变革,它涉及员工在态度、技能、期望、认知和行为上的改变。人员变革的主要任务是组织成员在权力和利益等资源方面的重新分配。要想顺利实现这种分配,组织必须注重员工的参与,注重改善人际关系并提高实际沟通的质量。

2. 技术的变革

技术的变革包括对组织使用的设备、工具、技术、工艺和方法等方面进行的全面或部分的变革。组织变革中的技术变革一般特指管理技术的变革。

 特别提示

由于产业竞争的加剧和科技的不断创新,管理者应与当今的信息革命相联系,注重在流程再造中利用最先进的计算机技术进行一系列的技术改造。企业必须转换经营思维,在很多方面改变组织的运作方式,关注国家政策带来的管理技术变革和结构变革的热点问题。以我国对"互联网＋"代表的新经济形态为例,组织应该遵循经济新形态要求,改革传统的生产和营销理念,充分发挥互联网在生产要素配置中的优化和集成作用,提升企业的创新力和生产力。

3. 结构的变革

结构的变革是指组织总体设计或组织结构的基本组成部分的改变,包括权力关系、协调机制、集权程度、职务与工作再设计等其他结构参数的变化,或从职能型组织结构变革为事业部型组织结构等。

4. 文化的变革

文化的变革是组织变革中难度最大、耗时最长的变革,这是因为组织文化是组织在管理实践中逐步形成的为全体员工所认同并共同遵守的准则。组织文化一旦形成,就成为组织成员自觉遵守的思想和行为模式,不容易改变。

5.4.5 组织变革的程序

为了达成组织变革的目标,组织变革应按以下几个步骤进行。

1. 组织诊断

组织变革的第一步就是对组织进行全面的诊断。这种诊断必须有针对性,通过收集资料的方式,对组织的职能系统、工作流程系统、决策系统以及内在关系等进行全面诊断。从内在诊断中找出导致绩效差的具体原因,从外部诊断中发现对组织有利或者不利的因素,从而确定需要进行整改的人员或部门。

2. 分析变革因素,制定变革方案

组织诊断任务完成之后,就要对组织变革的具体因素进行分析,如职能设置是否合理、分权程度如何、各层级或各职能机构间的关系是否易于协调、员工参与变革的积极性如何,等等。在分析组织变革因素的基础上制定可行的改革方案,以供选择。

3. 选择正确方案,实施变革计划

完成制定组织变革方案的任务之后,组织需要选择正确的实施方案,然后制订具体的改革计划并贯彻实施。当变革出现偏差时,要有备用的纠偏措施予以及时纠正。

4. 评价变革效果,及时进行反馈

组织变革结束之后,管理者必须对改革的结果进行总结和评价,及时反馈新的信息。对于没有取得理想效果的改革措施,应当给予必要的分析和评价,然后进行取舍。

5.5 组织文化

导入案例 5-8

华纳公司的组织文化碰撞

公司兼并的成功与失败和公司文化的相容性密切相关。也许收购对象在财务状况和产品方面很有吸引力,但购并结果如何往往取决于这两个公司的文化是否相容,时代·华纳公司的例子正说明了这一点。

1989 年,时代公司收购了华纳通讯公司,作为世界上知名的大众传播媒介公司之一,时代·华纳公司每年总收入高达 145 亿美元。收购之前,华纳公司当时主要经营电影、有线电视、音乐唱片等项目;时代公司拥有多家知名的宣传出版物,如《人物》《时代》《运动天地》《财富》等,这是他们兼并的资本。时代与华纳两大巨人联手的目的,就是创造一个综合性的传播媒介企业集团。

然而,管理人员和股民所期望的大好局面在收购后的头 5 年中并没有出现。1990 年,公司亏损 2.27 亿美元,1993 年仍亏损 1.64 亿美元。导致这种状况的原因很多,尤其是在收购产权时,公司付出了很大代价,支付债务利息成了一项沉重的负担。但其主要问题在于两种差异很大的组织文化难以很快融合。

从亨利·路斯创建时代公司之日起,时代公司就把商业实务同编辑出版事务相分离,并得到了长足的发展。时代公司的文化保守、家长制作风浓重,与其新闻价值观相一致,公司培养了一种强烈的整体观念;公司实行终身雇佣制,给员工提供稳定的工作环境,提供一种家庭感,这在美国公司中是比较难得的。但华纳公司恰恰相反,作为一个商业经营气味很浓

的公司,它的产品包括唱片、电视系列剧等且在不断变化,这就要求公司不断地参与市场交易。好莱坞及其他一些娱乐行业的价值观影响了华纳公司的文化,华纳公司的环境中充满着"高风险-高报酬"的气氛,员工流动率很高。时代公司的老员工谈到华纳公司在好莱坞的交易商时,常不屑一顾地使用"品质低劣"这个词来描绘他们。时代公司的员工在一个鼓励人们谨慎从事的环境中成长,而华纳公司的员工则生活在快节奏与冒险之中,以后这两种文化能够和谐共处吗?

5.5.1 组织文化的概念和特征

1. 组织文化的概念

组织文化是组织在长期的实践活动中形成的并且为组织成员普遍认可和遵循的具有本组织特色的价值观念、团队意识、工作作风、行为规范和思维方式的总和。

由于每个组织都有自己特殊的环境条件和历史传统,形成了自己独特的哲学信仰、意识形态、价值取向和行为方式,因此每个组织在社会文化的影响下,也都形成了自己特定的组织文化。

2. 组织文化的特征

1) 超个体的独特性

每个组织都有独特的组织文化,这是由于不同的国家和民族、不同的地域、不同的时代背景以及不同的行业特点决定的。

2) 相对稳定性

组织文化是在长期的发展中逐渐积累形成的,具有较强的稳定性,不会因组织结构的改变、战略的转移或产品与服务的调整而随时变化。

 特别提示

组织文化中的精神文化比物质文化具有更强的稳定性。

3) 融合继承性

组织是在特定的文化背景下形成的,必然会接受和继承这个国家和民族的文化传统和价值体系,但并不意味着组织的发展过程不需要吸收其他组织的优秀文化;相反,组织应该注重融合世界上最新的文明成果,以此不断充实和发展自我,使组织文化能够更加适应时代的要求,形成历史性和时代性相统一的组织文化。

4) 发展性

组织文化随着历史的积累、社会的进步、环境的变迁以及组织变革逐步演进和发展。改革现有的组织文化,塑造强势、健康的组织文化过程就是组织适应外部环境变化、改变员工价值观念的过程。

5.5.2 组织文化的结构与内容

1. 组织文化的结构

根据组织文化的可见程度和组织成员对变革的抵制程度,可以将组织文化分成潜层次的精神层、表层的制度层和显现层的物质层,如图 5-15 所示。

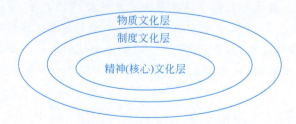

图 5-15　组织文化的结构

1) 潜层次的精神文化

精神文化是组织文化的核心和主体,它是组织在生产经营过程中,受到社会文化背景、意识形态影响而长期形成的一种精神成果和文化观念,是广大员工规章制度、道德规范和员工行为准则的总和,包括企业精神、企业经营哲学、企业道德、企业价值观念、企业风貌等。精神文化一旦形成,就很难改变。

2) 表层的制度文化

制度文化是介于潜层和显现层之间的那部分文化,表现在某个具体组织文化制度、道德规范和员工行为准则等。制度文化是由虚拟的精神文化转化为实体的物质文化的中介,包括组织与领导制度、工艺与工作管理制度、职工管理制度、分配管理制度等。

3) 显现层的物质文化

物质文化即凝聚着组织文化抽象内容的物质体的外在显现。物质文化的首要内容指的是企业生产经营的成果,如企业生产的产品和提供的服务。企业的生产环境、企业广告、企业建筑、产品包装等也是企业物质文化的重要内容。

2. 组织文化的内容

通过组织层次的分析可知组织文化的内容涵盖了很多方面。

1) 组织价值观

组织价值观是组织文化的核心,它是组织在追求经营成果的过程中,组织内部管理层和全体员工对该组织的生产、经营、服务等活动以及指导这些活动的一般看法或者基本观点,是组织全体或多数员工一致赞成的关于组织意义的判断。

价值观是管理工作的指南。正确的价值观可以保证组织中底层人员做正确的事,也能保证高层管理人员正确地指挥和控制。

价值观也是员工精神的指南,是感情和行为的纽带,支配着人们的行为。

2) 组织精神

组织精神是组织通过共同努力奋斗和长期培养逐步形成的,认识和看待事物的共同心理趋势、价值取向和主导意识,它是与物质相对而言的概念。如果说组织价值观是组织文化的基石,那么组织精神就是组织文化的灵魂,两者从不同的侧面反映了同一事物的两个方面。组织精神信念化的结果可以提高组织员工主动承担责任和修正个人行为的自觉性,从而关心组织的命运,维护组织的声誉,为组织贡献自己的力量。

特别提示

组织精神通常通过厂歌、厂训、厂规、厂徽等进行表现,如长虹精神是"创新、求实、拼搏、奉献"。

3)伦理规范

伦理规范同样是组织价值观的一种反映,是从道德意义上考虑的、由社会向人们提出并应当遵守的行为准则。伦理规范是社会道德规范的一部分,受社会道德规范的制约,同时又对社会道德产生反作用。

4)经营理念

经营理念是组织在管理过程中提升的价值观和方法论,它是组织在处理人与人、人与物关系上形成的价值判断、行为标准和方法。经营理念根据具体的管理环节分类,可以分为管理理念、战略管理、组织理念、质量理念、营销理念、人力资源理念等。

 特别提示

以海尔集团为例,海尔的用人理念是"人人是人才,赛马不相马";海尔的市场理念是"市场永远不变的法则就是永远在变""卖信誉,不是卖产品";海尔的用工理念是"三工并存,动态转换"。

5.5.3 组织文化的功能和塑造

1. 组织文化的功能

组织文化作为一种自组织系统,具有很多特定的功能,主要包括以下几点。

1)整合

组织文化通过培育组织成员之间的认同感和归属感,建立成员与组织的相互信任和依存关系,形成相对稳固的文化氛围,凝聚成一种无形的力量,以此激发组织成员的主观能动性,并为组织的共同目标而努力。

2)适应

组织文化能从根本上改变员工的旧有价值观念,建立新的价值观念,使之适应组织外部环境的变化要求。组织文化有一定程度的强制性和改造性,能帮助组织指导员工的日常活动,使员工很快地适应外部环境带来的变化。

3)导向

组织文化作为团队共同价值观,通过向个人价值观渗透和内化,使组织生成一套自我调控机制,以一种适应性文化引导组织行为和活动。

4)发展

组织在发展过程中形成的文化沉淀通过辐射、反馈和强化,会随着组织实践的发展而不断更新和优化,推动组织文化的向前发展。

5)持续

组织文化的形成是一个复杂的过程,受到政治、社会、人文、自然环境等诸多因素的影响,因此需要长期的倡导和培育。组织文化一旦在组织中形成,就会具有持续性,不会因为组织领导层的人事变动或组织战略的变化而立即消失。

2. 组织文化的塑造

组织文化的塑造是一个长期过程,同时也是组织发展过程中的一项艰巨、细致的系统工程,其具体步骤如下。

1) 选择合适的组织价值观标准

价值观是组织文化的核心。选择组织价值观要立足于本组织的具体特点,根据本企业的目的、环境要求和组成方式等特点选择适合自身发展的组织文化模式。另外,要把握组织价值观与组织文化各要素之间的相互协调,只有各要素经过科学组合与匹配,才能实现系统整体优化。在此基础上,选择正确的组织价值标准要注意以下 4 点。

(1) 组织价值标准要真实、明晰、科学,具有鲜明特点。

(2) 组织价值观和组织文化要体现组织的宗旨、管理战略和发展方向。

(3) 要切实调查本组织员工的认可程度和接纳程度,使之与本组织员工的基本素质相和谐。

(4) 组织价值观和组织文化模式要反映本组织的特点和员工心态。

2) 强化员工的认同感

确定组织文化标准体系之后,就要把基本认可的方案通过一定的强化灌输方法使其深入人心。其具体做法如下。

(1) 利用一切媒体宣传组织文化的内容和精要,以创造浓厚的企业文化氛围。

(2) 培养和树立典型。榜样和英雄人物是组织精神和组织文化的人格化身与形象缩影,能够以其特有的感召力和影响力为组织成员提供可以效仿的具体榜样。

(3) 加强培训教育。有目的地培训与教育能够使组织成员明确地了解和接受组织的价值观并强化员工的认同感。

3) 建立符合组织文化要求的奖励系统

建立合理的员工奖励体系,可以使组织文化更好地被员工贯彻。对于符合组织文化要求的行为给予合适的奖励,以此引导员工行为朝着组织期望的方向发展。

4) 巩固落实

(1) 建立必要的制度保障。在组织文化演变为全体员工的习惯行为之前,要使每一位成员都能自觉主动地按照组织文化和组织精神的标准去行事,几乎是不可能的。因此,建立某种奖优罚劣的规章制度十分必要。

(2) 领导率先垂范。组织领导者在塑造组织文化的过程中起着决定性的作用,他本人的模范行为就是一种无声的号召和导向,会对广大员工产生强大的示范效应。领导者必须更新观念并能带领组织成员为建设优秀组织文化而共同努力。

5) 在发展中不断丰富和完善

组织文化是特定历史的产物,组织价值观会随着组织的内外部条件发生变化,组织必须不失时机地丰富、完善和发展组织文化。这是一个不断淘汰旧文化和不断生成新文化的过程,更是一个认识与实践不断深化的过程。组织文化由此经过不断的循环往复,以达到更高的层次。

【本章小结】

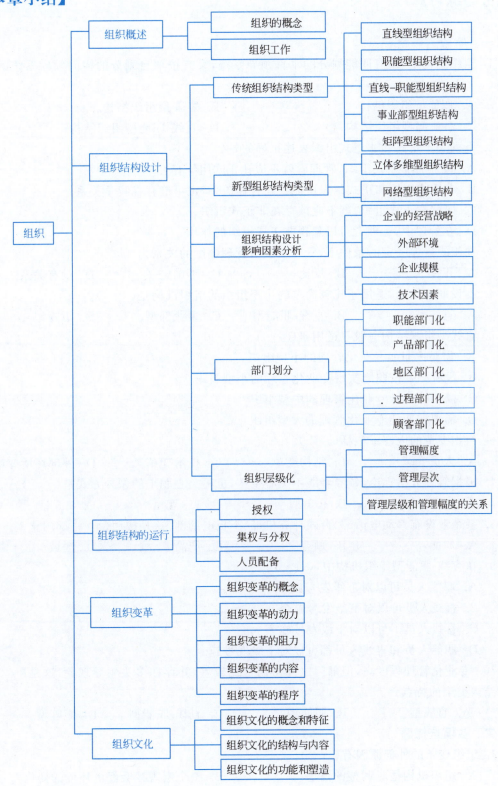

【思考与练习】

一、单项选择题

1. 组织结构中,既有职能划分的垂直领导系统,又有按项目划分的横向领导系统的结构是( )。
   A. 职能型组织结构　　　　　　　　B. 矩阵型组织结构
   C. 事业部型组织结构　　　　　　　D. 直线-职能型组织结构

2. 下列关于正式和非正式组织表述正确的是( )。
   A. 既然有非正式组织,管理者就不应让正式组织存在
   B. 非正式组织和正式组织可能存在合作关系,也可能存在竞争关系
   C. 既然有正式组织,就不应该存在非正式组织
   D. 在管理中,管理者可以忽视非正式组织的作用

3. 在组织规模一定的条件下,管理层次与管理幅度的关系为( )。
   A. 正比　　　B. 反比　　　C. 不确定　　　D. 没有关系

4. 不设职能机构,适用于比较简单的小型组织的组织机构是( )。
   A. 直线型　　　B. 直线-职能型　　　C. 事业部型　　　D. 矩阵型

5. 直线型组织结构一般只适用于( )。
   A. 需要按职能专业化管理的小型组织
   B. 没有必要按职能实现专业化管理的小型组织
   C. 需要按职能专业化管理的中型组织
   D. 需要按职能专业化管理的大型组织

6. 组织变革的内容不包括( )。
   A. 人员变革　　　B. 结构变革　　　C. 技术变革　　　D. 外部环境变革

7. 根据管理方格理论,领导者既不关心生产,也不关心职工的领导方式是( )。
   A. 1.1型　　　B. 9.1型　　　C. 1.9型　　　D. 5.5型

8. 某企业设有移动电话部、台式计算机部、平板电脑部,这是按照( )部门化。
   A. 职能　　　B. 顾客　　　C. 产品　　　D. 区域

9. 在直线-职能型组织机构中,( )。
   A. 职能人员可以对下级发号施令
   B. 直线人员可以对下级发号施令
   C. 直线人员不可以对下级发号施令
   D. 职能人员和直线人员都可以对下级发号施令

10. 专业化管理程度高,但部门之间协调性比较差,并存在多头领导现象,这是( )组织结构类型的特点。
    A. 直线型　　　B. 职能型　　　C. 直线-职能型　　　D. 矩阵型

二、多项选择题

1. 组织变革的外部原因有( )。
   A. 组织机构适时调整的要求　　　　B. 整个宏观社会经济环境的变化

C. 科技的发展　　　　　　　　　　D. 快速决策的要求
2. 扁平式组织结构的优点主要有（　　）。
   A. 较多的管理层次影响信息传递的速度，信息容易失真
   B. 信息的沟通和传递速度比较快，信息失真度比较低
   C. 较大的管理幅度有利于下属主动性和创造精神的发挥
   D. 较小的管理幅度可以使每个管理者对下属进行具体的指导
   E. 层次少，便于高层管理者及时发现问题
3. 组织文化的主要功能有（　　）。
   A. 整合功能　　　　B. 导向功能　　　　C. 辐射功能
   D. 发展功能　　　　E. 持续功能
4. 下列关于授权的说法中正确的是（　　）。
   A. 授权表明上下级之间存在长期的权责授予关系
   B. 较高层管理者可以把职权授给下属，也可以把职责分派给下属
   C. 授权能把完成组织目标的责任转移给下属
   D. 授权要做到既不越权授权，也不交叉授权
   E. 授权要遵循适度原则

三、简答题
1. 何谓矩阵型组织？有何特点？又如何运用之？请举例说明。
2. 比较锥形式组织结构和扁平式组织结构各自的优势和劣势。
3. 简述什么是职能部门化及其优缺点。
4. 简述组织变革的内容。

四、案例分析
某公司是一家成立于1990年的生产经营日用清洁用品的公司，由于其新颖的产品、别具一格的销售方式和优质的服务，其产品备受消费者的青睐，公司在总裁董刚的带领下发展迅速。然而，随着公司的发展，公司总裁逐步发现，一向运行良好的组织结构现在已经不能适应该公司内外环境变化的需要。公司原先是根据职能来设计组织结构的，财务、营销、生产、人事、采购、研究与开发等构成了公司的各个职能部门。随着公司的壮大发展，产品已从洗发水扩展到护发素、沐浴露、乳液、防晒霜、护手霜、洗手液等诸多日化用品上。产品的多样性对公司的组织结构提出了新的要求。旧的组织结构严重阻碍了公司的发展，职能部门之间矛盾重重，在这种情况下，董刚总是亲自做出主要决策。

因此，董刚在2020年做出决定，即根据产品种类将公司分成8个独立经营的分公司，每一个分公司对各自经营的产品负有全部责任，在盈利的前提下，分公司的具体运作自行决定，总公司不再干涉。但是没过多久，重组后的公司内又涌现出许多新的问题。各分公司经理常常不顾总公司的方针、政策，各自为政，而且分公司在采购、人事等职能方面也出现了大量重复，公司正在瓦解成一些独立部门。在此情况下，总裁意识到自己在分权的道路上走得太远了。于是，董刚又下令收回分公司经理的一些职权，强调以后总裁拥有下列决策权：超过10万元的资本支出、新产品的研发、发展战略的制定、关键人员的任命等。然而，职权被收回后，分公司经理纷纷抱怨公司的方针摇摆不定，甚至有人提出辞职。总裁意识到了这一举措大大地挫伤了分公司经理的积极性和工作热情，但他感到十分无奈，因为他实在想不出

更好的办法。

【案例讨论】

1. 该公司组织结构调整前以及由于产品多样性需求重组后的组织结构分别是哪种类型？各有何特点？

2. 如果你是总裁助理，请就如何处理好集权与分权的关系向总裁提出建议。

【实践训练】

学生以小组为单位，联系某企业进行调查走访。通过与企业工作人员的沟通，了解本企业的组织结构和组织文化，分析是否满足组织发展的需要。若不满足，或组织结构存在较严重问题，请分析企业该如何进行组织变革，从而促进企业的发展。

第6章 领　导

【教学目标】
1. 理解和掌握领导的概念、作用、权力以及与管理的关系；
2. 理解和掌握领导相关的理论；
3. 了解领导艺术的内容。

【能力目标】
1. 具备运用领导相关的理论解决实际问题的能力；
2. 能够从时间的角度构建企业高效领导班子的结构。

6.1　领导概述

导入案例 6-1

ABC 公司的 3 种领导方式

ABC 公司是一家中等规模的汽车配件生产集团。最近，公司对 3 个重要部门的经理进行了一次有关领导类型的调查。

1. 杰西斯

杰西斯对他本部门的产出感到自豪。他总是强调对生产过程、出产量控制的必要性，坚持下属人员必须很好地理解生产指令，以得到迅速、完整、准确的反馈。杰西斯遇到小问题时，会放手交给下级去处理；当问题很严重时，他则委派几个有能力的下属人员去解决问题。通常情况下，他只是大致规定下属人员的工作方针、完成怎样的报告及完成期限。杰西斯认为只有这样才能促成更好的合作，避免重复工作。杰西斯认为对下属人员采取敬而远之的态度对一个经理来说是最好的行为方式，所谓的"亲密无间"会松懈纪律。所以杰西斯说，在管理中的最大问题是下级不愿意接受责任。他讲道，他的下属人员可以有机会做许多事情，但他们并不是很努力地去做。他表示不能理解以前他的下属人员如何能与一个毫无能力的前任经理相处。他说，他的上司对他们现在的工作运转情况非常满意。

2. 希瑞

希瑞认为每个员工都有人权，他偏重于管理者有义务和责任去满足员工需要的学说。他说，他常为员工做一些小事，如给员工两张下月举行的艺术展览的入场券。他认为，每张门票才 15 美元，但对员工来说却远远超过 15 美元。通过这种方式，也是对员工过去几个月工作的肯定。希瑞说，他每天都要到工厂去一趟，与至少 25% 的员工交谈。希瑞不愿意为难别人，他已经意识到在管理中有不利因素，但大都是由于生产压力造成的。他的想法是以一个友好、粗线条的管理方式对待员工。他承认尽管在生产率上不如其他单位，但他相信他的雇员有高度的忠诚与士气,并坚持他们会因他的开明领导而努力工作。

3. 查里

查里说他面临的基本问题是与其他部门的职责分工不清。他认为不论是否属于他们的任务都安排在他的部门,似乎上级并不清楚这些工作应该由谁做。查里承认他没有提出异议,他说这样做会使其他部门的经理产生反感。他们把查里看成朋友,而查里却不这样认为。查里说过去在不平等的分工会议上,他感到很窘迫,但现在适应了,其他部门的领导也不以为然了。查里认为纪律就是使每个员工不停地工作,预测各种问题的发生。他认为作为一个好的管理者,没有时间像希瑞那样握紧每一个员工的手,告诉他们正在从事一项伟大的工作。他相信如果一个经理声称为了决定将来的提薪与晋职而对员工的工作进行考核,那么员工则会更多地考虑他们自己,由此而产生很多问题。他主张,一旦给一个员工分配了工作,就让他以自己的方式去做,取消工作检查。他相信大多数员工知道自己把工作做得怎么样。如果说存在问题,那就是他的工作范围和职责在生产过程中发生的混淆。查里的确想过,希望公司领导叫他到办公室听听他对某些工作的意见,然而他并不能保证这样做不会引起风波而使情况有所改变。他说他正在考虑这些问题。

【思考】 领导方式有哪些类型?这 3 个部门经理各采取什么领导方式?

6.1.1 领导的概念

领导是指挥、带领、引导和鼓励部下为实现目标而努力的过程。作为领导者必须有部下或追随者,没有部下的领导者谈不上领导。同时,领导者还拥有影响追随者的能力或力量,这些能力或力量包括由组织赋予领导者的职位和权力,也包括领导者个人具有的影响力。而领导的目的是通过影响部下来达到企业的目标。

6.1.2 领导的作用

领导在指挥、带领、引导和鼓励部下为实现组织目标而努力的过程中,主要发挥指挥、协调和激励 3 个方面的作用。

1. 指挥作用

指挥作用是指领导引导不同的职工朝向同一个目标而努力。在人们的集体活动中,需要有头脑清晰、胸怀全局、能高瞻远瞩、运筹帷幄的领导帮助人们认清所处的环境和形势,指明活动的目标和达到目标的途径。领导只有站在群众的前面,用自己的行动带领人们为实现企业目标而努力,才能真正起到指挥作用。

2. 协调作用

协调作用是指领导协调不同的职工在各个方面所做的贡献。集体活动中,大家协同工作,即使目标明确,也会因大家的才能、理解能力、工作态度、进取精神、性格、作风、地位等不同而在工作上产生分歧。加上外部各种因素的干扰,人们之间在思想上发生各种分歧,行动上出现偏离目标的情况是难以避免的。此时就需要领导者来协调人们之间的关系和活动,协调不同职工在各个方面所做的贡献,把大家团结起来,朝着共同的目标而努力。

3. 激励作用

激励作用是指在工作中，领导激发职工的工作热情，使他们在企业经营活动中始终保持高昂的积极性。人们在工作中的积极性是很难长久保持的，这是因为大多数人将劳动当作谋生的手段，要满足人们的需求还是存在种种限制。当人们物质上或者精神上的某些需求得不到满足时，就一定会影响到工作的热情。如何使有着不同经历的员工都对工作保持旺盛的精力，最大限度地调动他们的工作积极性，这就是领导者在组织和率领职工为实现企业目标而努力工作的过程中必须发挥的激励作用。

6.1.3 领导者的权力

权力是组织中人与人之间的一种关系，领导者的权力是在组织中对他人的行为产生影响的能力，通过这种能力排除各种障碍完成任务，达到组织的目标。权力是领导的基础，同样也是领导者发挥其作用的基本条件。法兰西和雷温等人认为，在组织内部，权力可以按其来源不同而分为5种。

1. 法定性权力

法定性权力是根据个人在组织中的职位确定的，个人因其在组织中的职位获得了相应的法定权力和地位。这种法定权力是在组织设计时就根据岗位设定确定的岗位权力，而不随任职人员的变动而变化。凡是处于相应职位上的领导者都拥有该职位相应的法定权力，可以在职权范围内行使有关法定权力。

2. 奖赏性权力

奖赏性权力是指通过控制对方重视的资源，如提供奖金、加薪、晋升、表扬、安排理想工作等，对其施加影响的能力。领导者通过这些奖赏性的资源，让下属得到真实需要的满足，从而愿意追随和服从领导者。

3. 惩罚性权力

惩罚性权力是指通过强制性地处罚或者剥夺而对他人施加影响的能力，这是一种使被领导者恐惧的权力。这种权力利用被领导者因惩罚失去既得利益的恐慌心理而改变他们的态度和行为。

4. 专长性权力

专长性权力指个人由于具有某些专业知识而获得的权力，通过这种权力影响他人。这种权力源于被领导者对领导者的敬佩和理性崇拜。专长性权力与职位并没有直接关系，这种权力的大小取决于领导者掌握的知识、技能和经验的多少。

5. 感召性权力

感召性权力是由个人的个性、品德、魅力、经历、背景引起人们对其产生的认同、尊重、信赖而自愿追随和服从的一种权力，是一种无形的、难以用语言描述或表达的权力。这种权力的大小与职位的高低无关，仅取决于个人的行为。

从上述几种权力分析可以看出，法定性权力、奖赏性权力和惩罚性权力与领导者的职位息息相关，可以将之统称为职位权力；而专长性权力和感召性权力与职位没有必然联系，可以将之统称为个人权力。

特别提示

领导者使用权力时应注意慎重用权、公正用权和例外处理。慎重用权指的是领导者不滥用权力;公正用权指的是领导者在使用权力时要保持威信;例外处理指的是领导者在必要时有权进行例外处理,在例外处理时要有正当理由,公平公正。

6.1.4 领导与管理的关系

领导不等同于管理。领导是指挥、带领、引导和鼓励部下为实现目标而努力的过程。管理是在特定的环境下,对组织拥有的资源进行有效的计划、组织、领导和控制,从而达成既定的组织目标的过程。

从本质上说,领导是建立在专长性权力和感召性权力等个人权力上的,而管理是建立在法定性权力、奖赏性权力和惩罚性权力等职位权力基础上的。

一个人可能是领导者,但并不一定是管理者。在非正式组织中最具有领导力的人就是典型的例子,他们虽然没有组织赋予的职位和权力,但是他们却能引导、激励自己的成员。

同样,一个人可能是管理者,但并不是领导者。如果握有权力的人只利用职位权力去影响下属,下属的服从只是因为他所处的职位而不是对他本人心悦诚服,那么这个人就只是管理者而不是领导者。

只有那些既拥有职位权力又拥有个人权力的人,他们能够利用职位权力指挥和命令下属,又能够利用个人权力赢得下属的追随和服从,这样的人才既是领导者又是管理者。在理想的条件下,组织的管理者都应该是领导者,那些不具备领导才能的人应该从管理人员队伍中剔除。

6.2 领导理论

领导是管理的重要职能之一,优秀的领导者将成为组织事业成败的关键。20世纪40年代开始,心理学家们就对如何有效实施管理的领导职能有了大量的论述和研究。按照时间的先后来看,关于领导的研究分成了几种不同的学派。20世纪40年代以前,主要盛行的是领导特质理论;20世纪40年代末至60年代末,领导行为理论逐渐成为主流观点;20世纪60年代末到80年代末,出现了领导权变理论;20世纪80年代末至今,领导理论进入了新的发展阶段,出现了一些领导理论新观点。3种领导理论的对比如表6-1所示,本节将具体进行介绍。

表6-1 3种领导理论的对比

领导理论	基本观点	研究目的	研究结果
特质理论	领导的有效性取决于领导者的个人特征	好的领导者应当具备怎样的素质	各种优秀领导者的描述

续表

领导理论	基本观点	研究目的	研究结果
行为理论	领导的有效性取决于领导者的行为和风格	怎样的领导行为和风格是最好的	各种最佳的领导行为和风格描述
权变理论	领导的有效性取决于领导者、被领导者和环境的影响	在不同的情况下,哪一种领导方式是最好的	各种领导行为权变模型描述

6.2.1 领导特质理论

特质理论着重于研究领导者本身的素质、品质或个性特征对领导工作效率的影响。研究的基本方法是通过分析实际生活中不同的领导者领导效果的好坏,从中归纳出成功的领导者和失败的领导者在素质、品质或个性特征上有哪些差别,进而总结出成功领导者的个人品质,并把归纳的结果总结成一套理论标准,用以考察组织中的领导者是否具备这些品质,作为选拔领导者的依据。

1. 吉赛利的早期领导特质理论

早期的领导特质理论认为领导者和非领导者存在明显差异,领导者是天生而非后天造就的,天生的领导者具有智慧、果断、自信、勇敢等使他们必然成为伟人的特质。而这种理论研究的前提是认为决定领导才能的关键因素是领导者的个人特质。

20世纪60年代,著名的美国学者吉赛利通过调查美国90个企业的300名经理,发现了有效领导者的特质。他研究了领导者的领导效率和个性因素之间的关系,指出自信心强且魄力大的领导者具有较大的成功概率。直到20世纪70年代,吉赛利进一步在《管理才能探索》一书中提出了影响领导效率的8种个性特征和5种激励特征。

8种个性特征如下。

(1) 创造与开拓。

(2) 指挥能力的大小。

(3) 自信心强弱。

(4) 是否受下级爱戴和亲近。

(5) 判断能力强弱。

(6) 成熟程度高低。

(7) 才能大小。

(8) 男性或女性。

5种激励特征如下。

(1) 对工作稳定性的需要。

(2) 对金钱奖励的需要。

(3) 对指挥权力的需要。

(4) 对自我实现的需要。

(5) 对职业成就的需要。

吉赛利认为,这些特性对领导者是否成功的影响可分为3种重要程度,其中最重要的是指挥能力、职业成就与对自我实现的需求、才能、自信心、判断能力等；次要的是对工作稳定性和金钱奖励的需要、同下级亲近、创造与开拓、成熟程度等；最后才是性别的区别。

 特别提示

  由于早期的领导特质理论大多采用归纳研究法，归纳出的领导者特质在实际中存在一定的差异，有些甚至存在相互矛盾的情况，很多被传统的领导特质理论判断成为具有天才领导者特质的人并没有成为实际的领导者，因此这种领导特质理论受到了许多人的质疑和批评。

  伴随着传统领导特质理论受到的种种质疑，一些研究者提出了一些新的特质理论，如皮奥特·维斯基和罗克的领导特质理论、威廉·杰克·鲍默尔的研究结论、德鲁克的研究结果等，这些研究理论可以称为现代领导特质理论。现代领导特质理论认为领导者的特性和品质并非全是天生就存在的，很多成功的领导者并不具有与生俱来的个性特质，而很多具有天才领导者特质的人也并没有成为真正的领导者。也就是说，领导者特质既可以在领导实践中形成，也可以通过培养或训练等方式予以造就。

  2. 鲍莫尔的研究理论

  美国普林斯顿大学教授鲍莫尔针对美国企业界的实况，提出了企业领导者应具备的10项条件：①合作精神；②决策能力；③组织能力；④精于授权；⑤善于应变；⑥勇于负责；⑦勇于求新；⑧敢担风险；⑨尊重他人；⑩品德超人。

  3. 德鲁克的研究理论

  美国管理学家德鲁克在《有效的管理》一书中提出了5种有效领导者的特性，并指出这些特性是可以通过学习掌握的。

  (1) 知道时间该花在什么地方。领导者支配时间常处于被动地位，所以有效的领导者都善于系统地安排与利用时间。

  (2) 致力于最终的贡献。他们不是为工作而工作，而是为成果而工作。

  (3) 重视发挥自己的、同事的、上级的和下级的长处。

  (4) 集中精力于关键领域，确立优先次序，做好最重要的和最基本的工作。

  (5) 能做出切实有效的决定。

  4. 皮奥特维斯基和罗克的领导特质理论

  皮奥特维斯基和罗克在其1963年出版的著作中总结了成功经理人的个人特征，具体如下。

  (1) 能与各种人士就广泛的题目进行交谈。

  (2) 在工作中既能"动若脱兔"地行动，又能"静若处子"地思考问题。

  (3) 关心局势，对周围生活中发生的事情感兴趣。

  (4) 在处于孤立环境和局势时充满自信。

  (5) 待人处事灵巧机敏，在必要时也能强迫人们拼命工作。

  (6) 根据不同的需要，有时幽默灵活，有时庄重威严。

  (7) 既能处理具体问题，也能处理抽象问题。

  (8) 既有创造力，又愿意遵循管理惯例。

  (9) 能顺应形势，知道什么时候该冒险，什么时候该谋求安全。

（10）做决策时有信心，征求意见时谦虚等。

6.2.2 领导行为理论

从 20 世纪 40 年代开始，对于领导理论的研究从领导的特质研究逐步转向了领导的行为研究。特质理论注重的是领导者的个性特点对领导有效性的影响，领导行为理论则把重点放在研究领导者的行为风格对领导有效性的影响上。典型的领导行为理论有 3 种领导方式理论、4 种领导方式理论、四分图理论、管理方格图理论。

1. 3 种领导方式理论

在管理实践中，同一领导者或者不同的领导者在不同的工作情况下都倾向于采用某种特定的领导风格，这往往是因为他们对权力的运用方式不同。在引导和影响组织成员的过程中，领导者对所拥有权力的使用方式就反映了领导方式或领导风格的差异。勒温等研究学者力图科学地识别出最有效的领导行为，在实验研究基础上，他们将领导者的行为方式划分为专制式、民主式和放任式 3 种。

1）专制式

专制式团队的权力在领导者个人手中，领导者个人独自做出决策，然后命令下属执行，并要求下属不容置疑地遵从其命令。领导者只关心工作任务的完成和工作效率的高低，对团队成员不太关心。

专制式领导行为的主要特征是：领导倾向于集权管理，采用命令方式告知下属使用什么样的工作方法，做出单边决策，限制员工参与；除了工作命令外，从不把更多的消息告诉下属，下属没有任何参与决策的机会，只能奉命行事；领导者预先安排一切工作内容、程序和方法，下属只能服从；主要靠行政命令、纪律约束、训斥惩罚来维护领导者的权威，很少或偶尔有奖励；领导者与下属保持相当的心理距离。

若组织处于一个稳定的内外部环境中，对于重复性和程序性工作的员工，只要他们遵守工作纪律，按照工作要求就可以有效地完成工作。在这种情境下，不需要下属参与决策，专制式的领导是一个有效的领导方式。在组织受到外部环境的强大威胁、内部组织结构发生重大变革等情境下适用于专制式的领导方式。

2）民主式

民主式领导风格的领导者在采取行动方案或做出决策之前会主动听取下级的意见，或者吸收下属参与决策制定。例如，民主式的销售经理往往允许并要求销售员参与制定销售目标，而专制式的销售经理则仅仅向各销售员分配指标。

民主式领导行为的主要特征是：民主型的领导倾向于在决策时考虑员工的利益，实施授权管理，鼓励员工参与有关工作方法与工作目标的决策，把反馈当作指导员工工作的机会；主要运用个人的权力和威信，而不是靠职位权力和命令使人服从；领导者积极参加团体活动，与下属无任何心理上的距离。

研究结果表明，这种领导风格更有利于良好的工作质量和工作数量，在需要提高员工的忠诚度和士气方面，可以拉近和员工之间的距离，增强员工的归属感。

3）放任式

放任式的领导总体来说会给员工充分的自由。

放任式领导行为的主要特点是：让他们自己做出决策，并按照他们认为合适的做法完成工作。当下属完全有能力做好所分配的工作时，领导完全可以放手让他们去做。

雷温根据试验还得出，以上3种领导方式中，放任式的领导方式工作效率最低，只能达到组织成员的社交目标，但完不成工作目标；专制式的领导方式虽然通过严格管理能够达到既定的任务目标，但组织成员没有责任感，情绪消极，士气低落；民主式的领导方式工作效率最高，不但能完成工作目标，而且组织成员之间关系融洽，工作积极主动，富有创造性。

 特别提示

领导方式的这3种基本类型各具特色，也各适用于不同的环境。领导者要根据所处的管理层次、所担负的工作性质以及下属的特点，在不同时空处理不同问题时，针对不同下属选择合适的领导方式。也就是说，领导的领导方式并不是一成不变的，要根据情境的变化而变化。

2. 4种领导方式理论

伦西斯·利克特及其密歇根大学社会研究所的同事对领导人员和经理人员的领导作风和类型做了长达30年的研究，他们提出有效的管理是注重于面向下属的，他们依靠信息沟通使所有部门像一个整体那样行事，从而使组织中的全体成员建立一种团结一致、互相支持的关系。利克特于1967年提出领导的4种管理风格：专制-命令式领导方式、温和-命令式领导方式、协商-参与式领导方式、群体-参与式领导方式，并指出只有协商-参与式领导方式才能实施有效的领导。利克特假设的4种领导方式，如表6-2所示。

表6-2　4种领导方式

领导方式	下级对领导人的信心和信任	下级感到与领导人在一起的自由度	在解决工作问题方面领导人征求和采纳建议的程度	奖惩措施
专制-命令式	毫无信心和信任	根本没自由	很少采纳	恐吓、威胁和偶然报酬
温和-命令式	有点信心和信任	非常少的自由	有时采纳	报酬和有形无形的惩罚
协商-参与式	有较大信心和信任	有较大自由	一般能听取并积极采纳	报酬和偶然惩罚
群体-参与式	有充分信心和信任	有充分自由	经常听取并总是积极采纳	优厚报酬、启发自觉

1) 专制-命令式领导方式

采用这种方式的主管人员非常专制，决策权只限于最高层，下属执行且不参与决策；领导者很少用奖励的方法激励下属，而较多地采用处罚的方式；领导者习惯于自上而下地发布指示和命令，而不注意自下而上的信息反馈。

2) 温和-命令式领导方式

采用这种方式的主管人员对下属怀有充分的信任和信心；领导者兼用奖励和处罚的方法管理下属；自上而下和自下而上地双向沟通信息，向下属征求想法和意见；授予下级一定的决策权，但牢牢掌握政策性控制。

3) 协商-参与式领导方式

采取这种方式的主管人员对下属抱有相当大的但又不是充分的信任和信心，常设法采纳下属的想法和意见；兼用奖励和处罚的方法管理下属；上下双向沟通信息；在最高层制定主要政策和总体决策的同时，允许低层部门做出具体问题决策，并在某些情况下进行协商。

4）群体-参与式领导方式

采取这种方式的主管人员对下属在一切事务上都抱有充分的信心和信任，总是从下属那里获取设想和意见，并且积极地加以采纳；对于确定目标和评价实现目标所取得的进展方面，组织群体参与其事，在此基础上给予物质奖赏；保持上下级之间、同级之间信息渠道的畅通，使整个组织形成一种良好的气氛。

研究表明，采用这种方式进行管理的部门和公司在设置目标和实现目标方面是最有效率的，通常也是更富有成果的。其原因主要归于群体参与程度和对支持下属参与的实际做法坚持贯彻的程度。

3. 四分图理论

四分图理论是由美国俄亥俄州立大学的领导行为研究者们于1945年提出来的，这种理论把领导行为归纳为着手组织和体贴精神两个维度。着手组织是指领导者规定他与工作群体的关系，建立明确的组织模式、意见交流渠道和工作程序的行为；体贴精神是建立领导者与被领导者之间的友谊、尊重、信任关系方面的行为。这两个维度的具体组合形成了4种领导行为，如图 6-1 所示。

图 6-1 中有 4 种领导行为，即高组织与高体贴、低组织与低体贴、高组织与低体贴、低组织与高体贴。通过领导行为四分图可以确定不同的领导类型。

采用低组织与高体贴的领导者是一类较仁慈的领导者，他们注意关心爱护下属，经常与下属交换思想，交换信息，与下属感情融洽；但是组织内规章制度不严，工作秩序不佳。

采用高组织与低体贴的领导者是一类较为严厉的领导者，他们注意严格执行规章制度，建立良好的工作秩序和责任制；但是不注意关心爱护下属，不与下属交流信息，与下属关系不融洽。

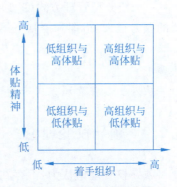

图 6-1 领导行为四分图

采用高组织与高体贴的领导者是一类高效成功的领导者，他们注意严格执行规章制度，建立良好的工作秩序和责任制；同时关心爱护下属，交流信息，沟通思想，想方设法调动组织成员的积极性，在下属心目中可敬又可亲。

采用低组织与低体贴的领导者是一类不合格的领导者，他们不注意关心爱护下属，不与下属交换思想、交流信息，与下属关系不太融洽，也不注意执行规章制度，工作无序，效率低下。

 特别提示

以上 4 种方式的区别在于是以人为中心还是以工作为中心。

4. 管理方格图理论

管理方格图理论是由美国得克萨斯大学学者罗伯特·布莱克和简·穆登首先提出来

的。他们设计了一个纵轴和横轴各 9 等分的管理方格图,横坐标表示领导者对生产、组织效益、组织规章制度执行状况的关心程度等;纵坐标表示领导者对员工、工作环境状况、人际关系理解、信息沟通状况等的关心程度。纵横交叉形成一个有 81 格的管理图,分别表示"对生产的关心"和"对人的关心"这两个基本因素以不同比例结合的领导方式,如图 6-2 所示。

从图 6-2 中可以找出 5 种典型的领导方式。

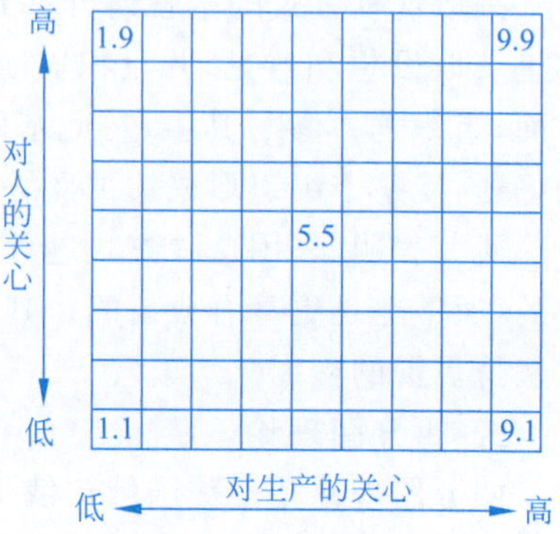

(1) 贫乏型管理方式(1.1):领导者既不关心人,也不关心生产,对组织运行放任自流。这种领导方式必然失败。

(2) 团队型管理方式(9.9):领导者不仅十分关心人,也十分关心生产,能使员工和生产两个方面最理想、最有效地结合起来。这是最有效的一种领导方式。

(3) 中庸之道型管理方式(5.5):既不过于偏重对人的关心,也不过于偏重生产任务。领导者只求维持一般的工作效率和士气,不积极促使下属发扬创新精神。

(4) 俱乐部型管理方式(1.9):领导者不关心生产和工作,主要关心人,组织内员工们都轻松地工作、友好地相处;但是不积极促使下属发扬创新精神,组织目标实现十分困难。

图 6-2 管理方格图

(5) 任务型管理方式(9.1):领导者十分关心生产和工作,而对员工的关心不够;领导者的权力很大,指挥和控制下属活动,下属只能奉命行事。

 特别提示

从以上 5 种管理方式来看,采用团队型管理方式(9.9)的领导者最为成功。

6.2.3 领导权变理论

领导权变理论认为,不存在一种"普适"的领导方式,领导工作强烈地受到领导者所处的客观环境的影响。可以说,领导和领导者是某种既定环境的产物。

领导方式是领导者特征、追随者特征和环境的函数,即 $S=f(L,F,E)$。式中,S 代表领导方式,L 代表领导者特征,F 代表追随者特征,E 代表环境。

1. 领导方式连续流理论

坦南鲍姆和沃伦·施密特认为,领导使用的行为方式存在着连续流。该理论主要提出:没有哪一种领导方式总是最好或最差的,而必须考虑所处的具体环境来选择某一种领导方式。从这个意义上说,领导连续流理论也是一种情景理论。他们为该理论提出了以下连续体模型,如图 6-3 所示。

图 6-3 中,从左到右分别如下。

(1) 领导做出决策并宣布实施。在这种模式中,领导者确定一个问题,并考虑各种可供选择的方案,从中选择一种,然后向下属宣布执行,不给下属直接参与决策的机会。

(2) 领导者"推销"决策。这种模式和前一种模式一样,领导者承担确认问题和做出决策的责任。但领导者不是简单地宣布实施这个决策,而是认识到下属中可能会存在反对意

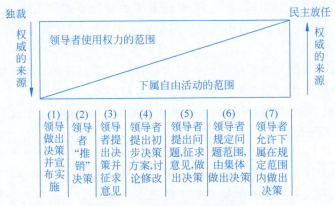

图 6-3 领导方式连续体模型

见,于是试图通过阐明这个决策可能给下属带来的利益来说服下属接受,争取下属的支持。

(3) 领导者提出决策并征求意见。在这种模式中,领导者提出一个决策,并希望下属接受这个决策。他向下属提出一个有关自己的计划的详细说明,并允许下属提出问题。这样,下属就能更好地理解领导者的计划和意图,领导者和下属能够共同讨论决策的意义和作用。

(4) 领导者提出初步决策方案,讨论修改。在这种模式中,下属可以对决策发挥某些影响作用,但确认和分析问题的主动权仍在领导者手中。领导者先对问题进行思考,提出一个暂时的可修改的计划,并把这个暂定的计划交给有关人员征求意见。

(5) 领导者提出问题,征求意见,做出决策。在以上几种模式中,领导者在征求下属意见之前就提出了自己的解决方案。而在该模式中,下属有机会在做出决策之前就提出自己的建议。领导者的主动作用体现在确定问题,下属的作用在于提出各种解决方案。最后,领导者从自己和下属提出的解决方案中选择一种他认为最好的解决方案。

(6) 领导者规定问题范围,由集体做出决策。在这种模式中,领导者已经将决策权交给了下属的群体。领导者的工作是弄清所要解决的问题,并为下属提出做决策的条件和要求,下属按照领导者界定的问题范围进行决策。

(7) 领导者允许下属在规定范围内做出决策。这种模式表示了极度的团体自由。如果领导者参加了决策过程,他应力图使自己与团队中的其他成员处于平等地位,并事先声明遵守团体做出的任何决策。

2. 菲德勒权变模型

菲德勒认为环境好坏对领导的目标有重大影响,他以"最不喜欢同事评价问卷"(以下简称"LPC")来测定领导者的领导风格,该问卷的主要内容是询问领导者对最难合作的同事的评价。如果领导者对这种同事的评价大多使用善意的词汇,则该种领导趋向于人际关系型的领导方式(高 LPC 型)。对高 LPC 型领导来说,他比较重视人际关系。如果环境较差,他将把人际关系放在首位;如果环境较好,人际关系也比较融洽。如果评价大多使用恶意的词汇,则该种领导趋向于工作任务型的领导方式(低 LPC 型)。对低 LPC 型领导来说,他比较重视工作任务的完成。如果环境较差,他将首先保证完成任务;当环境较好时,能够确保完成任务。

菲德勒还认为,任何形态的领导方式都可能有效,其有效性完全取决于领导方式与环境是否适应。他把领导方式分为两大类：工作任务型的领导方式和人际关系型的领导方式。同时，他把决定领导方式有效性的环境因素归结为3个。

1）职位权力

职位权力指领导者所处的职位提供的权力和权威在多大程度上能够使组织成员遵从他的指挥。这一职位权力由领导者对下属拥有的实有权力决定，包括领导者的地位、权威与责罚、任免、加薪、升贬等能力。领导者拥有这种明确的职位权力时，组织成员将会更顺从他的领导，有利于提高工作效率。

2）任务结构

任务结构是指对工作任务明确规定的程度，包括目标对成员来说是否清晰、解决问题的方法是否具有正确性及完成任务的途径和手段的多少等。当工作任务本身十分明确，组织成员对工作任务的职责明确时，领导者对工作过程易于控制，整个组织完成工作任务的方向就更加明确。

3）上下级关系

上下级关系指领导者受到下级爱戴、尊敬和信任以及下级情愿追随领导者的程度，这是对履行领导职能很重要的一点。因为职位权力和任务结构可以由组织控制，而上下级关系是组织无法控制的。领导者与下属之间相互信任的程度越高，领导者的权力和影响力就越大；反之，其影响力就越小。

菲德勒根据上述3个方面情境因素的不同组合，归纳出8种不同类型的环境条件，对1200个团体进行了观察，收集了将领导风格与工作环境关联起来的数据，得出了在各种不同情况下的有效领导方式，如图6-4所示。

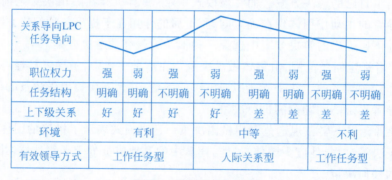

图6-4 菲德勒权变模型

3. 领导生命周期理论

该理论由保罗·赫塞和肯·布兰查德提出，他们认为领导者的行为要与被领导者对策成熟度相适应才能取得有效的领导效果。因此，对不同成熟度的员工采取的领导方式应有所不同。成熟度指的是人们对自己的行为承担责任的能力和愿望的大小，它取决于心理成熟度和工作成熟度两个要素。心理成熟度指一个人做某事的意愿和动机，心理成熟度高的个体不需要太多的外部激励，他们靠内部动机激励。工作成熟度指一个人的知识和技能，工作成熟度高的人拥有足够的知识、能力和经验完成他们的工作任务而不需要他人的指导。

领导生命周期理论模型在管理方格图的基础上，根据员工的成熟度不同，将领导方式分为4种：命令式、说服式、参与式和授权式，如图6-5所示。

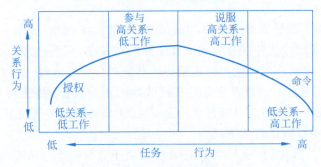

图 6-5 领导生命周期理论

（1）命令式：表现为低关系-高工作型领导方式，这时领导者要提供清晰和具体的指令，明确告诉下属该干什么、怎么干以及何时何地去干，不重视人际关系和激励。在这一阶段，下属缺乏接受和承担任务的能力和愿望，既不能胜任又缺乏自觉性。

（2）说服式：表现为高关系-高工作型领导方式，领导者既给下属以一定的指导，又注意保护和鼓励下属的积极性。在这一阶段，下属愿意承担任务，但缺乏足够的能力，有积极性但没有完成任务所需的技能。

（3）参与式：表现为高关系-低工作型领导方式，这时领导者的主要角色是提高便利条件和沟通渠道，与下属共同决策，同时采用激励手段，鼓舞群体积极性。

（4）授权式：表现为低关系-低工作型领导方式，领导者几乎不加指点，由下属独立地开展工作，完成任务。在这一阶段，下属的成熟度处于成熟阶段，下属能够而且愿意去做领导者要他们做的事。

 特别提示

根据下属成熟度和组织面临的环境，领导生命周期理论认为随着下属从不成熟走向成熟，领导者不仅要减少对活动的控制，而且要减少对下属的帮助。当下属成熟度不高时，领导者要给予明确的指导和严格的控制；当下属成熟度较高时，领导者只要给出明确的目标和工作要求，由下属自我控制和完成即可，同时要不断减少关系行为。

4. 路径-目标理论

路径-目标理论以期望概率模式和对工作、对人的关心程度模式为依据，认为领导者的工作效率是以能激励下属达到组织目标并且在工作中得到满足的程度来衡量的。该理论认为有效的领导者可以通过以下几种方式激励下属实现目标：明确下属试图从工作中得到的结果；为下属指明完成工作目标的途径，清除取得高绩效的障碍；对取得高绩效和完成工作目标的下属以他们期望的结果进行奖励。

路径-目标理论模型将领导方式分为以下 4 种。

（1）指示型领导：领导者对下属明确任务目标，提出要求，指明方向，给下属提供他们应该得到的指导和帮助,使下属能够按照工作程序去完成自己的任务。这种领导方式适合当工作任务模糊不清、变化大或下属对工作不熟悉、下属对工作没有把握时采用。

(2) 支持型领导:领导者对下属态度友好、平易近人,他们平等对待下属,与下属关系融洽,关心下属的生活福利。这种领导方式适合工作高度程序化,且让人感到枯燥乏味的情境。

(3) 参与型领导:领导者能与下属沟通信息,商量工作,虚心征求下属的想法和意见,让下属参与决策和管理。这种领导方式适合任务相对复杂,需要组织成员间高度的相互协作时,或当下属拥有完成任务的能力并希望得到尊重和自我控制时。

(4) 成就导向型领导:领导者树立具有挑战性的组织目标,并激励下属想方设法去实现组织目标,迎接挑战。它强调目标设置的重要性,领导通过给下属设置具有挑战性的目标并鼓励下属完成这些目标来管理下属。

路径-目标理论告诉我们,领导者的有效性取决于领导行为、下属、任务之间的协调配合。当领导者面临新的工作环境时,他可以采用指示型领导方式,指导下属建立明确的任务结构以及明确每个下属的工作任务;然后可以采用支持型领导方式,有利于与下属形成一种和谐的工作气氛;当领导者对组织的情况进一步熟悉后,就可以采用参与型领导方式,积极主动地与下属沟通信息,商量工作,让下属参与决策和管理;在此基础上,就可以采用成就导向型领导方式,领导者与下属一起制定具有挑战性的组织目标,然后为实现组织目标而努力工作,运用各种有效的方法激励下属实现目标。

6.3 领 导 艺 术

领导艺术指的是领导者在一定的知识、才能、经验和气质等因素的基础上形成的,创造性地运用各种领导策略、资源、方法和原则有效实现组织目标的技能技巧。领导艺术实务包括授权的艺术、说话的艺术、倾听的艺术、合理利用时间等方面。

6.3.1 授权的艺术

凡是下属可以完成的工作,领导者都应授权让他们去做,领导者只需要处理那些没有对下属授权的例外的事情。一个会当领导的人,应该做自己该做的事,不应该成为做事最多的人,而应该成为做事最聪明的人。

领导者面对的事情可以分为3类:一是领导者想干、必须干,但不擅长干的事;二是领导者不想干、不擅长干,也不一定要干的事;三是领导者想干、擅长干、必须要干的事。领导者对自己应该管的事一定要管好,对不该自己管的事一定不要管。特别是那些已经明确了由下属分管的工作,或者只要按有关制度就可处理的事,一定不要乱插手、乱干预,而应多做着眼于明天的事。作为领导者,更应经常反思过去,干好当前,谋划未来,多做一些有利于组织可持续发展、实现组织目标的事。

21世纪的管理需要给员工更多的空间,只有这样才能更加充分地调动员工本人的积极性,最大限度地释放他们的潜力。人人都拥有足够的信息,人人都拥有决策和选择的权利。

将选择权、行动权、决策权等部分,甚至全部下放给员工,这样的管理方式将逐渐成为21世纪企业管理的主流。

6.3.2 说话的艺术

"会说话"是领导者必须熟练掌握的一项技能,它是反映领导者综合素质的一面镜子,也是下属评价领导者水平的一把尺子。领导者要提高说话艺术,将说话提升成为一种技能,除了要提高语言表达基本功外,关键是要提高语言表达艺术,还要做到言之有信、言之有理、言之有味。

1. 言之有信

领导者在下属面前讲话,不能套话成堆,空话连篇,要做到实话实说,说到做到,让下属能从领导者的讲话中获取一些组织中的有效信息,并能通过领导者的语言得到一些感受和启发。

2. 言之有理

领导者与下属讲话时要注意不要讲空道理,所说内容一定要与下属的工作、思想、生活等实际情况紧密结合起来,力求以理服人;讲话要条理清晰,层次分明,不能信口开河,语无伦次;更不能拿大话压人,要多讲些下属眼前最关心的问题或心里最想了解的问题。

3. 言之有味

有个人魅力的领导者在下属面前讲话时都有点幽默感,这样更能展现领导者的语言艺术。邓小平说过一句话大家耳熟能详,"不管白猫黑猫,抓住老鼠就是好猫"。这句话说得形象生动,意味十足。

导入案例 6-2

不善于聆听的领导无法获得员工的支持和信任

某公司面临经营上的困难,需要调整方向。当时,公司董事会新聘请了一位以有战略眼光著称的 CEO。这位 CEO 刚来公司时就向员工表示:"不必担心,这家公司的境况比我以前从鬼门关里救回的那些公司好多了。给我一个月,我会告诉你们公司的出路在哪里。"接下来的一个月里,他只和自己带来的核心团队一起设计公司的"战略计划",从不倾听广大员工的心声。一个月后,他果然推出了新的战略计划,但是公司员工对该计划既不理解也不支持,员工觉得他虽然能干,却自以为是且并不在乎员工的想法,所以员工并不真正信服他,也没有动力去执行他提出的战略计划。

3个月后,公司业绩继续下滑,这位 CEO 召开了一次全体员工大会。他不但不从自身找原因,反而在台上指着所有员工说:"你们让我很失望,大家没有努力执行我的计划,今后,我绝不允许你们再犯类似的错误。"结果,这次大会后,他失去了绝大多数员工的支持,不久就被董事会解雇了。后来,有人这样评价他:"他以为他可以用智慧和经验改变公司的一切,他做了战略决定后就直接开始执行,却没有花时间寻求所有员工的支持。其实,他的战略方案不无道理,但他不是一位懂得倾听、懂得沟通的好领导。"

6.3.3 倾听的艺术

领导者除了要掌握说话的艺术外,更重要的是培养倾听的艺术。对方说话时,领导者必须悉心倾听,善于分析;不随意插话或打断对方的思路,岔开对方的话题,也不要迫不及待地解释、质问和申辩;在和下属对话时,仔细观察对方说话时的神态,琢磨对方没有说出的意思;当希望对谈话内容中某一点更了解时,可以鼓励对方做进一步的解释;回答对方的问题时,必须抓住要点,态度诚恳,简明扼要,切勿打官腔;交谈时也必须控制自己的情绪,不能感情用事。

6.3.4 合理利用时间

1. 记录自己的时间消耗

一个人一生中有效工作时间大约为1万天,一个领导者的有效领导时间就是10~15年。领导者要学会记录自己完成工作的时间消耗,利用宝贵的时间多做一些有意义的事。一旦错过这个有效时间,领导者即使有再强的能力也会对管理工作心有余而力不足。

2. 学会合理地使用时间

例如,当领导者面对一件事情时,应先问问自己这件事情值不值得做,然后问问自己这件事情是不是现在必须做,最后还应该问问自己是不是必须自己做。思考清楚后,领导者才能主动地驾驭好自己的时间。

3. 不浪费别人的时间

领导者合理利用时间,不仅针对自己的时间,还应该做到不随便浪费别人的时间。领导者的权力决定了他对时间的控制会直接影响到其下属的时间,如开会时间、工作前准备时间等。

导入案例 6-3

开会分析成本制度

日本太阳公司在提高开会效率上实行开会分析成本制度。每次会议,公司总会把一个醒目的会议成本分配表贴在黑板上:

会议成本=每小时平均工资的3倍×2×开会人数×会议时间(小时)

上式中平均工资之所以乘3,是因为劳动产值高于平均工资;乘以2是因为参加会议要中断经常性工作,损失要以2倍来计算。因此,参加会议的人越多,成本越高。这种成本分析能让大家重视时间的重要性,大家开会态度就会慎重,会议效果也十分明显。

领导技术是一门综合的艺术。它不仅包含各种具体的管理技能和管理方法,也囊括了前瞻与规划、沟通与协调、真诚与均衡等诸多要素。要想成为一名符合21世纪产业发展要求的管理者,要想具备一名卓越管理者应有的基本素质,企业领导者就必须在宏观决策、管理行为、个人品质等不同层面认真学习、体会并实践21世纪的领导艺术。

特别提示

领导艺术是把握领导规律、履行领导职能的最高境界,它是一种非程序化、非规范化、非模式化的领导行为。

【本章小结】

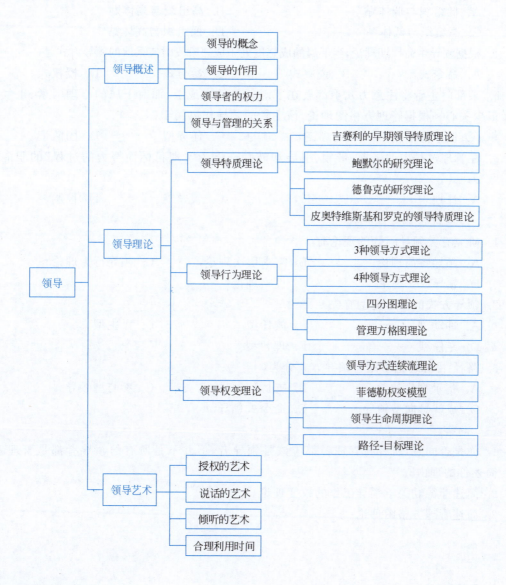

【思考与练习】

一、单项选择题

1. 根据菲德勒的权变理论,对一个管理者的工作最有影响的因素不包括(　　)。

A. 职位权力　　　　　　　　　　B. 任务结构
C. 领导者与下级关系　　　　　　D. 个人的特点

2. 按照管理方格图理论的观点，对工作和人都高度关心的领导行为类型是（　　）。
A. 俱乐部型　　B. 贫乏型　　C. 中庸之道型　　D. 团队型

3. 美国俄亥俄州立大学对领导方式的研究发现，更能使下属达到高绩效和高满意度的领导方式是（　　）。
A. 低组织与低体贴　　　　　　　B. 高组织与高体贴
C. 高组织与低体贴　　　　　　　D. 低组织与高体贴

4. 根据领导生命周期理论，当下属的成熟度处于成熟阶段时应采取的领导方式是（　　）。
A. 命令式　　　B. 说服式　　　C. 参与式　　　D. 授权式

5. 某部门主管将注意力几乎都放在了对任务的完成上，而对下属的心理因素、士气和发展很少关心。根据管理方格图理论，该主管的领导作风属于（　　）。
A. 俱乐部型　　B. 贫乏型　　C. 任务型　　D. 团队型

6. 在管理过程中，"指挥、带领、引导和鼓励部下为实现目标而努力的过程"的职能属于（　　）。
A. 计划　　　　B. 组织　　　　C. 领导　　　　D. 控制

二、多项选择题

1. 研究有关领导问题的理论有（　　）。
A. 领导特质理论　　　B. 需求层次理论　　　C. 领导行为理论
D. 领导权变理论　　　E. 性格理论

2. 领导方式的基本类型有（　　）。
A. 冲动型　　　　　　B. 放任型　　　　　　C. 民主型
D. 专任型　　　　　　E. 理智型

3. 路径-目标理论模型将领导方式分为（　　）。
A. 指示型领导　　　　B. 支持型领导　　　　C. 参与型领导
D. 成就导向型领导　　E. 命令式领导

三、简答题

1. 你是否同意"所有的管理者都应该是领导者，但并不是所有的领导者都是管理者"呢？简述你的理由。
2. 简述菲德勒关于领导工作的权变理论。
3. 简述管理方格图理论。

第7章 激 励

【教学目标】
1. 掌握激励的概念和过程；
2. 了解主要的激励理论；
3. 掌握激励的原则；
4. 了解主要的激励方法。

【能力目标】
能结合激励理论进行实际应用。

7.1 激励概述

导入案例7-1

两熊赛蜜

黑熊和棕熊喜食蜂蜜，都以养蜂为生。它们各有一个蜂箱，养着同样多的蜜蜂。有一天，它们决定比赛看谁的蜜蜂产的蜜多。

黑熊想，蜜的产量取决于蜜蜂每天对花的"访问量"，于是它买来了一套昂贵的测量蜜蜂访问量的绩效管理系统。在它看来，蜜蜂接触的花的数量就是其工作量。每过完一个季度，黑熊就公布每只蜜蜂的工作量；同时，黑熊还设立了奖项，奖励访问量最高的蜜蜂。但它从不告诉蜜蜂们它是在与棕熊比赛，它只是让它的蜜蜂比赛访问量。

棕熊与黑熊想得不一样。它认为蜜蜂能产多少蜜，关键在于它们每天采回多少花蜜——花蜜越多，酿的蜂蜜也越多。于是它直截了当地告诉众蜜蜂：它在和黑熊比赛看谁产的蜜多。它花了不多的钱买了一套绩效管理系统，测量每只蜜蜂每天采回花蜜的数量和整个蜂箱每天酿出蜂蜜的数量，并把测量结果张榜公布。它也设立了一套奖励制度，重奖当月采花蜜最多的蜜蜂。如果一个月的蜜蜂总产量高于上个月，那么所有蜜蜂都会受到不同程度的奖励。

一年过去了，两只熊查看比赛结果，黑熊的蜂蜜不及棕熊的一半。

黑熊的评估体系很精确，但它评估的绩效与最终的绩效并不直接相关。黑熊的蜜蜂为尽可能提高访问量，都不采太多的花蜜，因为采的花蜜越多，飞起来就越慢，每天的访问量就越少。另外，黑熊本来是为了让蜜蜂搜集更多的信息才让它们竞争，由于奖励范围太小，为收集更多信息的竞争变成了相互封锁信息。蜜蜂之间的竞争压力太大，一只蜜蜂即使获得了很有价值的信息，如某个地方有一片巨大的槐树林，它也不愿将此信息与其他蜜蜂分享。而棕熊的蜜蜂则不一样，因为它不限于奖励一只蜜蜂，为了采集到更多的花蜜，蜜蜂相互合作，嗅觉灵敏、飞得快的蜜蜂负责打探哪儿的花最多最好，然后回来告诉力气大的蜜蜂一齐到那里去采集花蜜,剩下的蜜蜂负责储存采集回的花蜜,将其酿成蜂蜜。虽然采集花蜜多的蜜蜂能得到最多的奖励,但其他蜜蜂也能获得部分好处,因此蜜蜂之间远没有到人人自危相互拆台的地步。

激励是手段,激励员工之间的竞争固然必要,但相比之下,激发起所有员工的团队精神尤显突出。

绩效评估是专注于活动还是专注于最终成果,管理者须细细思量。由于乐队指挥者的指挥才能不同,乐队也会做出不同的反响:或者演奏得杂乱无章,或者表现出激情与才华。

7.1.1 激励的概念

激励是指组织和领导者通过影响员工需要的实现来提高员工的工作积极性,引导其在组织活动的行为。激励过程本身是一个内部的心理过程,虽然它直接引起行为,但并不能够被直接观察到。

激励的目的是从组织目标出发,着眼于组织成员个人和群体,通过运用某种手段,寻求组织和个人在目标、行动上的内在一致性,从而达到这两者之间在行动和效果上的良性循环。

7.1.2 激励的过程

激励的目标是使组织中的成员充分发挥其潜在的能力。激励是"需要→行为→满意"的一个连锁过程。

人的有目的的行为都是对某种需要的追求,个体未满足的需要将引起心理紧张,这种心理紧张的压力会诱发动机,从而导致某种行为。即使在缺乏需要的情况下,外因也可能会诱发动机,继而导致某种行为。行为的结果可能使需要得到满足,达到预期目的;行为的结果也可能遭受挫折,追求的需求未得到满足,由此又产生积极或消极的行为。这种激励过程如图7-1所示。

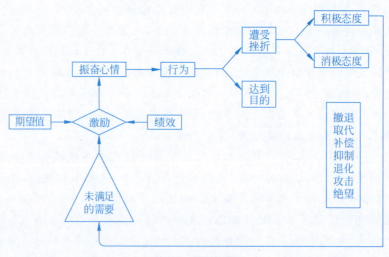

图7-1 激励过程

需要和动机是人类行为的直接驱动力。一个人从有需要直到产生动机是一个心理过程（图 7-1 中以线框表示）。例如，当一个下属做了一件自认为十分漂亮的事情后，他渴望得到上司或同事的赞赏、认可和肯定，这就是他渴望被上司激励的心理"动机"；这时，如果上司及时而得体地用表扬"激励"了他，他今后工作会更卖力，甚至做得更好，这就使他产生了努力工作的"行为"；而这种"行为"肯定会导致好的"结果"，最后达到下属和上司都"满意"的成效。

7.2 激 励 理 论

自 20 世纪 30 年代以来，国外许多管理学家、心理学家和社会学家从不同角度对怎样激励人的问题进行了大量的研究，提出了许多激励理论。这些理论从不同的视角研究了人的行为动因，可以从不同的角度对这些理论进行归纳和分类。通常将各种激励理论归纳和划分为内容型激励理论、过程型激励理论和行为改造型激励理论三大类，如图 7-2 所示。

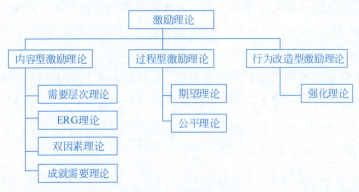

图 7-2　激励理论

7.2.1 内容型激励理论

内容型激励理论又称需要型激励理论，是指针对激励的原因与起激励作用的因素的具体内容进行研究的理论。这种理论着眼于满足人们的需要，即人们需要什么就满足什么，从而激发人们的动机。这种理论从激励过程的起点（人的需要）出发，从静态分析的角度来探讨激励的问题。内容型激励理论很多，包括需要层次理论、ERG 理论、双因素理论、成就需要理论等。

1. 需要层次理论

需要层次理论是马斯洛于 1943 年在《人类动机理论》一书中第一次提出的，并在《激励与个性》和《调动人的积极性的理论》中做了详尽的阐述。马斯洛的需要层次理论简单明了，易于理解，具有内在的逻辑性，因而得到了管理实践者的普遍认可。自此，该理论在世界各地广泛应用，成为非常普遍且主要的激励理论之一。需要层次理论有两个基本论点：人是有需要的动物，只有尚未满足的需要能够影响行为；人的需要都有轻重层次，某一层次需要得到满足后,另一层需要才会出现。马斯洛的需要层次模型如图 7-3 所示,下面介绍主要内容。

1) 生理需要

生理需要是人类为了维持生命最基本的需要,即生存需要,也是需要层次的基础。若衣、食、住、行、空气和水等这些人类最原始、最基本的需要得不到满足,人类的生存就成了问题。从这个意义上来说,这些基本的物质条件是人们行为最强大的动力。马斯洛认为,当生理需要得不到满足时,其他需要将不能激励他们,所以在经济不发达的社会,一般必须首先研究并满足这方面的需要。

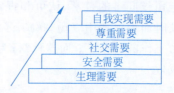

图 7-3 马斯洛的需要层次模型

 特别提示

例如,当一个人很饥饿时,那么他极需要食物。假设人需要工作的薪酬来维持生存,以生理需求来激励下属。

组织可以采用的激励措施有增加工资、改善劳动条件、给予更多的业余时间和工间休息、提高福利待遇等。

2) 安全需要

安全需要是有关人类免除生理和心理危险、威胁的需要。当人们的生理需要得到满足时,就会考虑安全需要,不仅要考虑到眼前,而且要考虑到今后。例如,人们购买保险就是源于安全需要。

 特别提示

例如,一个工作者居无定所,四处漂泊。

组织可以采用的激励措施有强调规章制度、职业保障、福利待遇,并保护员工不致失业,提供医疗保险、失业保险和退休福利,避免员工受到双重指令而混乱。

3) 社交需要

社交需要也称感情和归属方面的需要。当生理及安全需要得到相当的满足之后,社交需要便占据主导地位。因为人类是社会性的动物,拥有感情,希望与别人进行交往,避免孤独,希望建立持久的稳定的联系,渴望爱与被爱。这种需要比前两种需要更细致,需要的程度随每个人的性格、经历、受教育程度不同而存在差别。

 特别提示

例如,人们积极社交,结交朋友,追求爱情。

组织可以采用的激励措施有提供同事间社交往来机会,支持与赞许员工寻找及建立和谐温馨的人际关系,开展有组织的体育比赛和集体聚会。

4) 尊重需要

尊重需要即希望别人对自己的工作、人品、能力等给予承认并给予公平的评价,希望自己在群体中有一定的威望和声誉,从而得到别人的尊重并发挥一定的影响力。尊重需要还包括自尊,自尊心是驱使人们奋发向上的强大推动力。

特别提示

例如,努力读书让自己成为医生、律师来证明自己在社会中的存在和价值。

组织可以采用的激励措施有公开奖励和表扬、强调工作任务的艰巨性以及成功需要的高超技巧、颁发荣誉奖章、在公司刊物发表文章表扬、优秀员工光荣榜等。

5)自我实现需要

马斯洛认为自我实现需要是人类最高层次的需要,自我实现需要就是要实现个人理想和抱负,最大限度地发挥个人潜力并获得成就,实现自我价值。这种需要往往是通过胜任感和成就感来获得满足的。有胜任感的人力图控制事物或环境,不是等事情被动地发生和发展,而是希望事情在自己的控制下进行;有成就感的人往往特别关注自己工作的结果,成功后的喜悦远比其他任何报酬都重要。

特别提示

例如,运动员把自己的体能练到极致,让自己成为世界一流或是单纯为了超越自己;一位企业家真心认为自己经营的事业能为社会带来价值,或为了比昨天更好而努力工作。

组织可以采用的激励措施有设计工作时运用复杂情况的适应策略,给有特长的人委派特别任务,在设计工作和执行计划时为下级留有余地。

2. ERG 理论

耶鲁大学行为学家、心理学家奥德弗的 ERG 理论是在马斯洛需要层次理论基础上发展出来的。他将马斯洛的需要层次浓缩成 3 种需要,即生存需要(existence)、相互联系(relatedness)及成长需要(growth),ERG 理论即是生存、相互联系、成长三核心需要理论的简称。ERG 理论与需要层次理论如图 7-4 所示。

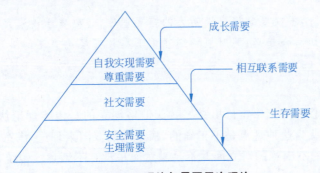

图 7-4 ERG 理论与需要层次理论

1)生存需要

生存需要指的是全部的生理需要和物质需要,如吃、住、睡等。这一层次的需要基本上与马斯洛的需要层次理论中的生理需要和部分安全需要相对应。组织中的报酬、对工作环境和条件的基本要求等也可以包括在生存需要中。

2)相互联系需要

相互联系需要指人与人之间的相互联系的需要,包括在相互交流思想和感情中获得满足。这一类需要类似马斯洛需要层次理论中的部分安全需要、全部社交需要,以及部分尊重需要。

3) 成长需要

成长需要指一种要求得到提高和发展的内在欲望,它指人不仅要求充分发挥个人潜能、有所作为和成就,而且有开发新能力的需要。这一类需要类似于马斯洛需要层次理论中的部分尊重需要及全部自我实现需要。

除了用 3 种需要代替了 5 种需要以外,与马斯洛的需要层次理论不同的是,ERG 理论还表明了人在同一时间可能有不止一种需要起作用;如果较高层次需要的满足受到抑制,那么人们对较低层次需要的渴望会变得更加强烈。

马斯洛的需要层次是一种刚性的阶梯式上升结构,即认为较低层次的需要必须在较高层次的需要满足之前得到充分的满足,二者具有不可逆性;与此相反的是,ERG 理论并不认为各类需要层次是刚性结构,如即使一个人的生存和相互联系需要尚未得到完全满足,他仍然可以为成长需要工作,而且这 3 种需要可以同时起作用。

此外,ERG 理论还提出了一种称为"受挫-回归"的思想。马斯洛认为当一个人的某一层次需要尚未得到满足时,他可能会停留在这一需要层次上,直到获得满足为止;相反,ERG 理论则认为,当一个人在某一更高等级的需要层次受挫时,那么作为替代,他的某一较低层次的需要可能会有所增加。例如,如果一个人的社交需要得不到满足,可能会增强他对得到更多金钱或更好的工作条件的愿望。与马斯洛需要层次理论相类似的是,ERG 理论认为较低层次的需要满足之后,会引发出对更高层次需要的愿望。不同于需要层次理论的是,ERG 理论认为多种需要可以同时作为激励因素而起作用,并且当满足较高层次需要的企图受挫时,会导致人们向较低层次需要的回归。因此,管理措施应该随着人的需要结构的变化而做出相应的改变,并根据每个人不同的需要制定出相应的管理策略。

 特别提示

作为一名领导者,不仅要掌握充满活力的需要理论,还要善于将满足员工需要设置的目标与企业的目标密切结合起来,同时应特别注重下属较高层次需要的满足,以防止"受挫-回归"现象的发生。

3. 双因素理论

该理论是美国心理学家弗雷德里克·赫茨伯格创立的。传统理论认为,满意的反面是不满意。赫茨伯格认为这种观点是不正确的,根据他的双因素理论,满意的对立面并不是不满意而是没有满意;不满意的对立面并不是满意而是没有不满意。传统理论与双因素理论的对比如图 7-5 所示。

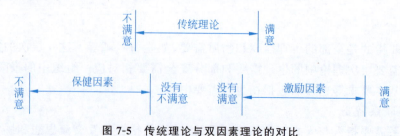

图 7-5 传统理论与双因素理论的对比

在马斯洛需要层次理论的基础上,赫茨伯格把人的需要归纳为保健因素和激励因素两大类。保健因素是指与工作环境或条件相关的因素,这是保持达到合理满意水平所必需的因素,不具备这些因素则不满意;激励因素是指和工作内容紧紧联系在一起的因素,激励因素的改善往往能带来很大程度的激励,有助于充分、有效、持久地调动积极性。

赫茨伯格认为真正能激励员工的因素有下列几项。

(1) 工作职务上的成就感。

(2) 工作中得到认可和赞赏。

(3) 工作本身的挑战意识和兴趣。

(4) 工作职务上的责任感。

(5) 工作的发展前途。

(6) 工作成长、晋升的机会。

这些因素是积极的,是影响人的工作动机并长期起主要作用的因素,是职工工作动机的源泉。

根据双因素理论,管理人员应注意工作内容方面因素的重要性,特别是它们同工作丰富化和工作满足的关系。如果组织中的领导者只注意提供某些条件来满足职工保健因素的需要,那么该组织只是平淡地处于一种稳定环境中,上不努力,下不落后,维持正常的作业;如果组织能在具备了保健因素的基础上更注意工作的安排,量才录用,各得其所,注意对人进行精神鼓励,给予表扬和认可,注意给人以成长、发展、晋升的机会,这样的组织才有士气和活力,才能真正在市场经济的环境中发展壮大。现代社会随着温饱问题的解决,这种内在激励的重要性将越来越明显。

保健因素与激励因素的实质区别就在于平等因素与公平因素的区别,凡是共同享有的、共同承受的、共同面对的就是平等因素;而与其工作职责目标紧密统一的,必须按工作成就分层次、分等级享有、承受与面对的则是公平因素。凡是平等的必然是保健的,因而是必须给予其基本满足,却是永远难以完全满足的因素;相反,凡是公正的必然是激励的,因而虽然是员工不会主动要求的,却是能最大限度地激励员工,从而也是应该给予提倡与实施的因素。

 特别提示

根据双因素理论,学生之所以不努力学习,不是因为基本衣食住行这些保健因素,而是由于一些方面不能调动其积极性,如学习带来的愉快和成就感、由于良好的成绩而得到的奖励、对未来发展的期望等,即双因素理论中的激励因素。因此,为了很好地对学生产生激励作用,可以让学生参与学习计划的制订,提出自己的学习方法与改进建议,从而使学习成为兴趣;还可以不定时地提供一些奖励,以满足学习上的成就感。加强引导和规划职业生涯,让学生对未来的发展有很好的期望。

4. 成就需要理论

成就需要理论又称三种需要理论,是由美国哈佛大学教授戴维·麦克利兰通过对人的需求和动机进行研究,于20世纪50年代在一系列文章中提出的。成就需要理论认为在生存需要基本得到满足的前提下,人最主要的要有成就需要、权力需要、归属需要3种平行的需要,这3种需要在人们需要结构中有主次之分,作为人们的主要需求在满足了以后往往会要求更多、更大的满足,即拥有权力者更追求权力,拥有归属者更追求归属,而拥有成就者更追求成就。同时,成就需要的高低对人的成长和发展起到特别重要的作用,所以很多人就称该理论为成就需要理论。

对于如何测验人的这3类需要的方法,学者至今已做了大量的研究,而麦克利兰和他的同事们则专门在成就需要的动力方面进行了不少相当有分量的研究。他们在这方面的研究很值得注意,而且常被心理学家们用来作为行为科学应如何进行研究和探索的典型。

1) 成就需要

成就需要是指争取成功、追求优越感,希望做得最好的需要。

具有成就需要的人有以下特点:自己设定挑战性的目标;在可以自主确定工作目标时,总会挑选难度适中的任务,偏于自己的能力所能达到的上限,而不会避难就易,但也不会不自量力;喜欢通过自己的努力解决问题,不依赖偶然的机遇坐享成功;注重自己努力的结果,而不喜欢靠碰运气或者指望天上掉馅饼;要求立即得到反馈信息,弄清工作结果;不喜欢那种需要长时间才能看出效果的工作,他们需要努力和效果的直接衔接,缺乏"积跬步以至千里"的耐心;如果让他们自己选择工作,他们宁愿当推销员也不会当教师,因为前者的工作结果立刻就能显现,而后者的效果要相当长的一段时间才能显现。

2) 权力需要

权力需要是指影响或控制他人且不受他人控制的需要。

具有权力需要的人有以下特点:追求个人权力的人表现出来的特征是围绕个人需求行使权力,在工作中需要及时地反馈和倾向于自己亲自操作。麦克利兰提出,一个管理者,若把他的权力形式建立在个人需要的基础上,则不利于他人来继位。职位性权力要求管理者与组织共同发展,自觉地接受约束,从体验行使权力的过程中得到一种满足。社会化权力的主要特征是帮助群体确定共同目标,并提供相关支持以达到目标,使全体成员认识到自己的重要性。权力需要是管理成功的基本要素之一。

3) 归属需要

归属需要是指建立友好亲密的人际关系,寻求被他人喜爱和接纳的需要。

具有归属需要的人有以下特点:高归属需要的人更倾向于与他人进行交往,至少是为他人着想,这种交往会给他带来愉快。他们渴望社交,喜欢合作而不是竞争的工作环境,希望彼此之间的沟通与理解,他们对环境中的人际关系更为敏感。有时,归属需要也表现为对失去某些亲密关系的恐惧和对人际冲突的回避。归属需要是保持社会交往和人际关系和谐的重要条件。

成就需要理论指出了人们的需要是有主次之分的,作为人们的主要需要在得到满足后往往会要求更多、更大的满足,且是难以满足的。照此推理下去,次等的需要与不重要的需要应该是易于满足甚至不需要满足的。若此推理正确,成就需要理论结合双因素理论就能在实际中加以运用。

内容型激励理论中的4种理论对比如图7-6所示。

图 7-6 内容型激励理论中的四种理论对比

7.2.2 过程型激励理论

过程型激励理论是在成就期望理论的基础上发展起来的。该理论研究从人的动机的产生到行为反应这一过程中,有哪些重要因素对人的动机与行为发生作用,即有哪些因素激励职工的积极性。该理论是从动态分析的角度来研究激励问题的,从对行为起决定作用的某些关键问题出发,掌握这些因素之间的相互关系,以达到预测或控制人的行为的目的。过程型激励理论主要包括期望理论和公平理论等。

1. 期望理论

期望理论又称效价-手段-期望理论,是管理心理学与行为科学的一种理论,是由北美著名心理学家和行为科学家维克托·弗鲁姆于1964年在《工作与激励》一书中提出来的。该理论可用公式表示为

$$激发力量(M) = 效价(V) \times 期望值(E)$$

式中,激发力量(M)反映一个人的工作积极性高低和持久程度;效价(V)是指达到的目标对满足个人需要的价值;期望值(E)是根据个人的经验判断达到目标的把握程度。

同一目标,由于每个人所处的环境、需求不同,因此其需要的目标价值也就不同。同一个目标对每一个人可能有正、零、负3种效价。如果个人喜欢其可得的结果,则为正效价;如果个人无视其结果,则为零值;如果不喜欢其可得的结果,则为负效价。效价越高,激励力量就越大。

期望理论指出,效价受个人价值取向、主观态度、优势需要及个性特征的影响。其可以根据行为的选择方向进行推测,假如个人可以自由地选择A结果和B结果的任意一个,在相等的条件下,如果选择A,即表示A比B具有正效价;如果选择B,则表示B比A具有正效价。也可以根据观察到的需求完成行为来推测,如有人认为有价值的事物,其他人可能认为毫无价值。

期望值则是人们判断自己达到某种目标或满足需要的可能性的主观概率。目标价值大小直接反映人的需要动机强弱,期望概率反映人实现需要和动机的信心强弱。弗鲁姆认为,人总是渴求满足一定的需要并设法达到一定的目标。这个目标在尚未实现时表现为一种期望,期望的概念就是指一个人根据以往的能力和经验,在一定的时间里希望达到目标或满足需要的一种心理活动。

弗鲁姆认为,期望的东西不等于现实,期望与现实之间一般有期望大于现实、期望小于

现实、期望等于现实3种可能性,这3种情况对人的积极性的影响是不同的。

(1) 期望大于现实,即实际结果小于期望值。一般来说,在正强化的情况下,便会产生挫折感,对激发力量产生削弱作用;在负强化的情况下,期望值大于现实,则会有利于调动人们的积极性,因为这时人们做了最坏的打算和准备,而结果却比预想的好得多,这自然对人的积极性是一个很大的激发。

(2) 期望小于现实,即实际结果大于期望值。一般来说,在正强化的情况下,如奖励、提职、提薪、分房子等,当现实大于期望值时,有助于提高人们的积极性,在这种情况下能够增强信心,激发力量;而在负强化的情况下,如惩罚、灾害、祸患等,期望值大于现实,就会使人感到失望,因而产生消极情绪。

(3) 期望等于现实,即人们的期望变为现实,期望的结果是人们预料之中的事。在这种情况下,一般来说,也有助于提高人的积极性。如果从此以后没有继续给以激励,积极性则只能维持在期望值的水平上。

期望理论告诉我们,在进行激励时要处理好努力与绩效、绩效与奖励、奖励与满足个人需要3方面的关系,这也是调动人们工作积极性的3个条件。

(1) 努力与绩效的关系。人们总是希望通过一定的努力能够达到预期的目标,如果个人主观认为再怎么努力都不可能达到目标,就会失去内在的动力,导致工作消极;但如果认为通过自己的努力达到预期目标的概率较高,就会有信心,就可能激发出很强的工作热情。但能否达到预期目标,不仅取决于个人的努力,同时还受到员工的能力和上司提供支持的影响。这种关系可在公式中的期望值这个变量中反映出来。

(2) 绩效与奖励的关系。人们总是期望在达到预期成绩后能够得到适当的合理奖励,如奖金、晋升、提级、表扬、自我成就感、同事的信赖、提高个人威望等。如果个人认为取得绩效后能够得到合理的奖励,就可能产生工作热情,否则就可能没有积极性。

(3) 奖励与满足个人需要的关系。奖励什么要适合各种人的不同需要,要考虑效价。人们总是希望获得的奖励能够满足自己某方面的需要。然而,由于人们各方面的差异,他们需要的内容和程度都可能不同,因而对于不同的人,采用同一种奖励能满足需要的程度不同,能激发出来的工作动力也就不同。

 导入案例 7-2

公平与效率

在经济学上,公平与效率被认为是不可兼得的。或者牺牲效率,获得相对的更加公平;或者牺牲公平,去追求更大的效率。事实也的确如此,最公平的方案不一定就是最有效的。

两个孩子得到一个苹果,但在分配的问题上两人达不到统一。两个人争来争去,最终达成了一致意见:一个孩子负责切苹果,而另一个孩子选苹果。最后,这两个孩子按照商定的办法各自取得了一半苹果,高高兴兴地拿回家去了。其中一个孩子把半个苹果拿到家,把苹果皮剥掉扔进了垃圾桶,把果肉放到果汁机里榨果汁喝;另一个孩子回到家把果肉扔进了垃圾桶,把苹果皮留下来切碎混在面粉里烤蛋糕吃。两个"聪明"的孩子想到了一个公平的方法来分苹果。如果切苹果的孩子不能将苹果尽量分成均等两半,那么另一个孩子肯定会先选择较大的那一块,所以这就迫使他要做出均匀的分配,否则吃亏的就是自己。

这似乎是一个"完美"的公平方案,结果双方也都很满意。然而,这个公平的方案并没有让双方的资源利用效率达到最优,他们各自得到的东西未能物尽其用。如果将苹果果肉掏出,全部给需要榨果汁的孩子,把苹果皮全部留给需要烤蛋糕的孩子,这样就避免了果肉和果皮的浪费,达到资源利用的最大化。但对两个孩子来说,这样的方案他们会觉得不公平而拒绝接受。

许多公司为了避免员工的不公平心理对工作效率造成影响,都对员工工资采取保密措施,使员工相互不了解彼此的收支比例,从而无法进行比较。这种做法类似于"纸里包火"。其实,若想要规避不公平心理的负面效应,不但要使大家的付出与所得透明化,还需要建立合理的工作激励机制,以及公正的奖罚制度,并铁面无私地严格执行下去。然而事实上,要提高效率,难免就会存在不平等;要实现平等,则往往要以牺牲效率为代价。世上没有绝对的公平,公平永远是相对的。所以,对于个人来说,不要刻意去为点滴的不公而大动干戈,也不要为过于追求效率而无视施加于大家头上的不平等。一个优秀的团体总能做到效率与公平的兼顾,并知道何时更注重公平,何时更注重效率。同样,一个聪明的人在处理事务中,也总会在公平与效率之间找到完美的平衡点。

2. 公平理论

公平理论又称为社会比较理论,主要讨论报酬的公平性对人们工作积极性的影响。该理论认为人的工作积极性不仅与个人收入绝对值有关,而且与人们对报酬的分配是否感到公平密切相关。人们总会自觉或不自觉地将自己所得到的报酬与他人做横向比较,或与自己的过去进行纵向比较,并对公平与否做出判断。公平感直接影响职工的工作动机和行为。公平理论主要包括两种比较。

1) 横向比较

横向比较是将自己获得的报酬与自己投入的比值和组织内其他人进行比较。

如果

$$\frac{自己工作成果的报酬}{自己工作的投入} = \frac{他人工作成果的报酬}{他人工作的投入}$$

此时员工就会觉得报酬是公平的,他可能会为此而保持工作的积极性和努力程度。

如果

$$\frac{自己工作成果的报酬}{自己工作的投入} < \frac{他人工作成果的报酬}{他人工作的投入}$$

此时员工对组织的激励措施就会感到不公平,他可能会要求增加报酬,或者自动减少投入以达到心理上的平衡,甚至辞职。

如果

$$\frac{自己工作成果的报酬}{自己工作的投入} > \frac{他人工作成功的报酬}{他人工作的投入}$$

此时员工得到了过高的报酬或者付出的努力较少,这种情况下,他一般不会要求减少报酬,而会适当增加产量,但过了一段时间其产出又会回到原先的水平。

2) 纵向比较

纵向比较是将自己的目前报酬与过去进行比较。

如果

$$\frac{对自己报酬的感觉}{对自己投入的感觉} = \frac{对自己过去报酬的感觉}{对自己过去投入的感觉}$$

此时员工认为激励措施基本公平,积极性和努力程度可能会保持不变。

如果

$$\frac{\text{对自己报酬的感觉}}{\text{对自己投入的感觉}} < \frac{\text{对自己过去报酬的感觉}}{\text{对自己过去投入的感觉}}$$

此时员工会觉得很不公平,工作积极性会下降。

如果

$$\frac{\text{对自己报酬的感觉}}{\text{对自己投入的感觉}} > \frac{\text{对自己过去报酬的感觉}}{\text{对自己过去投入的感觉}}$$

此时员工不会觉得所获报酬过高,因为他可能会认为自己的能力和经验有了进一步的提高,其工作积极性不会因此而提高多少。

尽管公平理论提出的基本观点是客观存在的,但在实际应用中很难把握。人们总是倾向于过低估计自己得到的报酬而过高估计自己的投入量,对别人所得报酬和投入量的估计则相反。因此,管理者在运用该理论时应更多地注意实际工作绩效与报酬之间的合理性。

  特别提示

有时即使给予了高报酬,如果员工感觉到不公平,依然不会有好的激励效果。这是因为激励效果不仅受报酬的绝对值影响,也会受报酬的相对值影响。

7.2.3 行为改造型激励理论——强化理论

美国著名心理学家斯金纳经过对人和动物的学习进行长期试验研究,提出了强化理论,又称操作条件反射理论。该理论认为人的行为是对其所获刺激的函数。如果这种刺激对其有利,则这种行为就会重复出现,如果对其不利,则这种行为就会减弱直至消失。能增强这种行为发生频率的刺激物称为强化物。

因此,管理者要采取各种强化方式,以使人们的行为符合组织的目标。根据强化的性质和目的,强化可分为正强化和负强化两种类型。

 导入案例 7-3

正强化事例

幼儿园有个小女孩几乎不和其他小朋友玩耍,大多数时间都和教师待在一起。教师们非常担心这个小女孩,他们决定通过正强化鼓励她与小朋友玩耍。他们知道小女孩喜欢得到来自教师的表扬,所以决定只有当她和另一个小朋友一起玩耍时才表扬她。他们在第一阶段统计了在未对小女孩采取措施之前她同其他孩子及教师交往的频率。第二阶段,教师在小女孩和其他孩子玩耍时给予强化(表扬),但几乎不对她给予关注。这样,她仅在和其他孩子玩耍时才能得到来自老师的表扬。当老师对其进行强化时,她与伙伴玩耍的频率显著增加了。为了确定是正强化而不是其他因素导致了这种改变,教师在第三阶段(撤销阶段)停止了对小女孩进行强化,在第四阶段重新对其进行强化。当正强化停止后,小女孩与同伴玩耍的频率降低;而在第四阶段,随着正强化重新开始,她与玩伴玩耍的频率又增加了。这样,教师们通过使用正强化手段,能够有意地教给这个小女孩一种更具适应性的玩耍模式。

1. 正强化

正强化就是奖励那些符合组织目标的行为,以使这些行为得到进一步加强,从而有利于组织目标的实现。正强化的刺激物不仅包含奖金等物质奖励,还包含表扬、提升、改善工作关系等精神奖励。为了使正强化达到预期的效果,还必须注意实施不同的正强化方式。

正强化的方式有两种,具体如下。

(1) 连续的、固定的正强化。例如,对每一次符合组织目标的行为都给予强化,或每隔固定的时间给予一定的强化。这种方式的正强化有及时刺激、立竿见影的效果,但人们会对这种正强化有越来越高的期望,甚至认为这种正强化是理所应当的。因此,管理者需要不断加强这种正强化,否则其作用就会减弱甚至不再起到刺激行为的作用。

(2) 间断的、时间和数量都不固定的正强化。例如,管理者根据组织的需要和个人行为在工作中的反映,不定期、不定量地实施强化,使每次强化都能起到较明显的效果。实践证明,这种方式的正强化更有利于组织目标的实现。

2. 负强化

负强化是通过厌恶刺激的排除来增加某行为在将来发生的概率,即减少或取消厌恶刺激来增加某行为在以后发生的概率。实际上,不进行正强化也是一种负强化。有些企业在绩效反馈过程中让那些绩效差的人在员工大会上检查自己的不足——这实际是一种惩罚,那些没有上台的人得到了负强化;有些企业让绩效好的人在员工大会上谈成功的体会,给予表彰——正强化,而那些没有上台的人就受到了负惩罚。这里的负惩罚给员工提供了努力的方向,因而与正惩罚相比,人们更乐于接受负惩罚。在运用正惩罚时必须指明正确的行为,这时才能有效发挥它的作用。

7.2.4 综合型激励理论

波特和劳勒的综合激励模式是佛隆的期望理论、劳勒的期望模式、亚当斯的公平理论及赫茨伯格的双因素理论等理论的综合。该理论认为,要使激励能产生预期的效果,就必须考虑到奖励内容、奖励制度、组织分工、目标设置、公平考核等一系列综合性因素,并注意个人满意程度在努力中的反馈。综合型激励理论主要有以下几个观点。

(1) 个人是否努力以及努力的程度不仅取决于奖励的价值,而且受到个人觉察出来的努力和受到奖励的概率的影响,但所需做出的努力和实际取得奖励的概率又受到实际工作业绩的影响。显然,如果人们知道他们能做或者曾经做过这样的工作,则他们便可更好地判断所需的努力及获得奖励的概率。

(2) 个人实际能达到的绩效不仅取决于其努力的程度,还受到个人能力的大小以及对完成特定任务的能力的了解和理解程度深浅的影响。特别是对于比较复杂的任务,这一点显得更为重要。

(3) 个人所应得到的奖励应当以实际达到的绩效为前提。要使个人看到,只有完成了组织的任务或达到目标时才会受到奖励,而不应先有奖励,后有努力成果。这样,奖励才能激励个人去努力达到组织目标。这些奖励可以是外在的,如奖金、工作条件和地位;也可以是内在的,如成就感或自我实现感。

(4) 个人对于所受的奖励是否满意以及满意程度如何取决于受激励者对所获报酬的公

平感。如果受激励者感到公平，就会满意；否则即使得到奖励也会产生不满情绪。

（5）个人是否满意以及满意的程度将会回馈到其完成下一个任务的努力过程中。满意会导致进一步的努力，而不满意则会导致努力程度的下降甚至离开工作岗位。

 特别提示

综合激励模式使我们认识到，对员工的激励是一个十分复杂的问题。在企业的实际管理工作中，针对员工的积极性方面出现的问题，管理者要善于从不同的角度来考虑激励的方式，查出造成问题的原因。这些问题可能主要是由某个方面的因素造成的，也可能是由几个不同方面的因素同时作用造成的。管理者要学会利用不同的理论，从不同的角度来解决问题。

任何一种综合激励模式都很难包容一切。综合激励模式尽管包含几种不同的理论，但实际上主要反映的还是期望理论，而对其他理论反映得不够。另外，一种模式包含的理论越多，那么它对每种理论反映得就越粗略。

现实问题往往是复杂的。作为管理人员，一方面要善于应用目前的4种激励理论分析现实问题；另一方面还要善于在解决现实复杂管理问题的过程中不断创新，发展新的激励理论。

7.3 激励的原则与方法

 导入案例7-4

一日厂长

某精密机械株式会社实行了"一日厂长"这一独特的管理制度，即让职工轮流当厂长管理厂务。一日厂长和真正的厂长一样，拥有处理公务的权力。当一日厂长对工人有批评意见时，要将意见详细记录在工作日记上，并让各部门的员工收阅。各部门、各车间的主管必须依据批评意见随时校正自己的工作。这个工厂实行"一日厂长"制后，大部分职工都当过"厂长"，工厂的向心力增强，工厂管理成效显著，开展的第一年就节约生产成本300多万美元。

让企业的每一个成员都更深刻地体会到自己也是企业这个大家庭中的一员，并身体力行地做一回管理者，不仅可以充分调动他们的积极性，也对从多方面看到管理上的不足有积极作用。

现代企业管理的重大责任就在于谋求企业目标与个人目标两者的一致，两者越一致，则管理效果就越好。

7.3.1 激励的原则

1. 目标结合的原则

在激励中，设置目标是一个关键环节。目标设置必须同时体现组织目标和员工需要的要求。目标设置要体现组织目标，以免激励偏离组织目标的实现方向。目标也必须满足员工个人的需要，否则无法提高员工的目标效价，达不到满意的激励强度。

特别提示

要贯彻组织目标与个人目标相结合的原则,必须真正建立组织目标和个人目标的正相关关系。

2. 物质激励与精神激励相结合的原则

员工需要分为物质需要和精神需要,因此相应的激励方式也应该是物质激励与精神激励相结合。随着现代社会生产力水平以及员工素质的提高,应该把激励重心转移到满足较高层次需要,即社交、尊重、自我实现需要的精神激励上。物质激励是基础,精神激励是根本,在两者结合的基础上,逐步过渡到以精神激励为主。

3. 内在激励与外在激励相结合的原则

内在激励是指满足员工自尊、成就、晋升等方面的激励,外在激励是指满足员工对工资、福利、安全、人际关系等方面的激励。外在激励措施只有转化为被激励者的自觉意愿,才能取得激励效果。因此,内在激励与外在激励相结合的原则是激励过程的内在要求。

 导入案例 7-5

内在激励的重要性

日本著名企业家道山嘉宽在回答"工作的报酬是什么"时指出:"工作的报酬就是工作本身!"这句话深刻地指出了内在激励的重要性。尤其在今天,当企业解决了员工基本的温饱问题之后,员工就更加关注工作是否具有挑战性和创新性;工作本身是否具有乐趣和吸引力,在工作中是否会感受到生活的意义;在工作中能否取得成就,获得自尊,实现价值;工作内容是否丰富多彩,引人入胜等。要满足员工的这些深层次需要,就必须通过分配恰当的工作来激发员工内在的工作热情,加强内在激励。

4. 正激励与负激励相结合的原则

正激励就是对员工的符合组织目标的期望行为进行奖励,如认可、赞赏、增加工资或创造一种令人满意的环境,以表示对员工的奖励和肯定;负激励就是对员工违背组织目的的非期望行为进行惩罚,如批评、扣发或少发工资、降级、处分等,以表示对员工的惩罚或批评。

 特别提示

正负激励都是必要且有效的,所谓"奖惩结合""奖罚分明""批评与教育结合"。

5. 明确性原则

激励的明确性原则包括 3 层含义:其一,明确,激励的目的是需要做什么和必须怎么做。其二,公开,特别在解决分配奖金等大量员工关注的问题时更为重要。其三,直观,实施物质奖励和精神奖励时都需要直观地表达它们的指标,总结和授予奖励与惩罚的方式。直观性与激励影响的心理效应成正比。

6. 及时性原则

要把握激励的时机,"雪中送炭"和"雨后送伞"的效果是不一样的。激励越及时,越有利于将人们的激情推向高潮,使其创造力连续有效地发挥出来。

7. 公平合理性原则

激励的公平合理性原则包括两层含义：其一，奖惩要公平；其二，激励的措施要适度。要根据所实现目标本身的价值大小确定适当的激励量。

8. 按需激励原则

激励的起点是满足员工的需要，而组织员工的需要因人而异，因时而异，并且只有满足最迫切需要（主导需要）的措施，其效价才高，其激励强度才大。因此，领导者必须深入地进行调查研究，不断了解员工需要层次和需要结构的变化趋势，有针对性地采取激励措施，才能收到实效。

导入案例 7-6

按需激励——自助餐式的福利制度

伴随着经济的发展与职业所得的提升，员工唯一追求的目标不再是薪资，他们开始越来越注重福利的改善，也希望员工福利的内涵日益个别化与多元化。在此种转变下，企业应以按需激励原则，对其福利、薪资制度做出相应的调整，因此自助餐式的福利制度的概念应运而生。

自助餐式的福利制度的基本内容与方法如下。

（1）了解员工的需求。采用调查问卷方式对员工进行调查，从而掌握员工的具体需要。需要调查对于把握员工的需要，设计有针对性的福利计划很有帮助。调查出来的员工需求可能会千奇百怪，此时企业就需要选择切实可行的措施作为员工的可选福利，如员工进修补助、交通补助、购车利息补助、团体保险、健康检查、教育训练、子女教育补助、住宿津贴、结婚礼金、生育补助、生日礼金、节日贺礼、带薪假期等。

（2）对所有的福利项目进行明码标价。不同的福利项目或者福利项目的不同级别其价格是不同的，应明确以货币的形式标记出来，以便于计算和选择。

（3）除了政府规定的必须设立的福利项目（如养老保险、医疗保险等）是人人都有的之外，其他福利项目并非无限度供给，而应依员工的职级规定每人福利费用的预算，职等越高福利越高。员工根据自己的额度，在可选福利项目中自由组合，选择自己需要的福利项目。

企业通过弹性的自助餐式的福利制度，可使高昂的福利投入获得应有的回报，按需激励获得很好的效果。

7.3.2　激励的方法

领导者应根据激励原则和激励理论，针对不同类型的员工采取不同的激励方法。有效的激励必须从激励的起点——需要出发，综合运用各种激励方式。常用的激励方法有如下几种。

1. 工作激励

工作激励是一种内在激励，可激发工作人员的责任感、主动性和工作热情。其指导思想是使工作人员有获得成就的机会、晋升的机会和组织认同感，同时使其更富有责任感。当一个人对某项工作十分感兴趣，并爱上该工作时，他会认真地钻研，并努力克服各种困难，将工作完成好。与之相关的激励方式是依员工的特长与爱好，合理设计、分配有一定挑战性的工作。

工作激励可以分为横向激励与纵向激励。横向激励如可以使工作扩大化,在横向水平上增加工作内容,使其执行同一水平的多样职能,但工作难度和复杂程度并不增加,以减少工作的枯燥单调感并开阔眼界;纵向激励如使工作丰富化,在纵向层次上赋予员工更复杂、更系列化的工作,让员工参与工作规则的制定、执行和评估,使员工获得更大的自由度和自主权,满足其成就需要。

导入案例 7-7

摩托罗拉公司的工作轮换制度

摩托罗拉公司普遍实行工作轮换制度,公司给员工提供各种机会,尽可能做到能上能下和民主决策。这样做不仅使更多的人得到了锻炼,也便于每个人发现自己最适合的工作岗位,更加热情高涨地投入工作。管理人员之间采用轮换方式进行培养,人力资源、行政、培训、采购等非生产部门的领导多数具备生产管理经验,这不但有利于各部门更好地为生产服务,也有利于管理人员全面掌握公司的情况。生产工人的前道工序和后道工序、装配工人和测试检验工人也经常进行岗位轮换,这样可以使员工成为多面手。

2. 成果激励

成果激励是一种重要的激励手段,即利用人们对于成就感的追求来激发人们的工作积极性。心理学家、哲学家威廉·詹姆斯曾说过:"在人类所有的情绪中,最强烈的莫过于渴望被人重视。"要正确评价工作成果,首先必须设定正确的评价指标体系。评价体系必须符合公平公正的原则,根据对工作成果的评价给予报酬,报酬可以分物质奖励和精神奖励两种。

对于职工来说,无论是物质奖励还是精神奖励,其作用都是两方面的:一是通过奖励可以看出领导对自己这段时间工作所做的评价,在某种意义上反映了自己在领导心目中的地位;另一方面,奖励的获得可以满足职工的各种需要,如物质奖励可以使职工的生存需要得到更好的满足,精神奖励可以满足职工的尊重需要和自我实现需要。同时,职工还会自觉或不自觉地总结这项工作与获得奖励的经验,以决定下一阶段在工作中怎样去做,即对工作成果的评价和奖励会影响职工在下一工作阶段的行为。

3. 批评激励

批评激励是指通过批评来激发职工改正错误行为的信心和决心,达到激励的效果,从而能更好地完成任务。管理者要掌握批评武器,化消极为积极。

4. 培训教育激励

当代社会发展日新月异,知识更新换代的周期越来越短,人们自身发展的需求越来越强烈,因此对员工不断地进行培训也成为一种重要的激励手段。

培训的激励作用是多方面的,可以满足员工求知的需要,它对于调动员工的学习积极性和主动性、促进员工知识技能水平的提高具有十分重要的作用。通过培训,可以提高员工达成目标的能力,为承担更大的责任、更富有挑战性的工作及提升到更重要的岗位创造条件。通过培训,能不断引起员工的学习欲望,促使员工不断追求知识、不断学习,以适应职业发展、知识技能更新和社会进步的需要,最终形成终身学习的理念。通过培训,为员工持续学习和发展提供强有力的机构性支持,创造一种持续学习和进步的氛围,有利于构建学习型企业。

【本章小结】

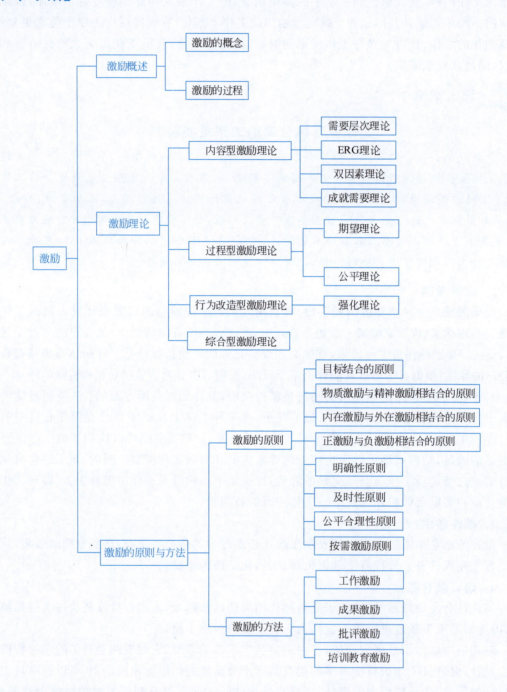

【思考与练习】

一、单项选择题

1. 双因素理论中的双因素指的是(　　　)。

A. 人和物的因素 　　　　　　　　B. 保健因素与激励因素
C. 自然因素和社会因素　　　　　D. 信息与环境

2. 李明是参加工作不久的新员工,他积极肯干,经常超额完成任务,多次得到领导的奖励,他的干劲也因此越来越大。李明的领导采用的强化方式是(　　)。
A. 正强化　　　　B. 负强化　　　　C. 惩罚　　　　D. 自然消退

3. 心理学家马斯洛将人的多种需要概括为5个层次,依次是(　　)。
A. 生理需要、安全需要、社交的需要、尊重需要、自我实现需要
B. 社交的需要、尊重需要、安全需要、生理需要、自我实现需要
C. 生理需要、安全需要、尊重需要、社交的需要、自我实现需要
D. 生理需要、社交的需要、安全需要、尊重需要、自我实现需要

4. 曹雪芹虽食不果腹,但仍然坚持《红楼梦》的创作是出于其(　　)。
A. 安全需要　　　B. 社交需要　　　C. 自尊需要　　　D. 自我实现需要

5. 需要层次理论的代表人物是(　　)。
A. 马斯洛　　　　B. 赫兹伯格　　　C. 亚当斯　　　　D. 斯金纳

6. 下列属于保健因素的是(　　)。
A. 成长的可能性　B. 责任　　　　　C. 成就　　　　　D. 薪金制度

7. 期望理论的创立者是(　　)。
A. 维克托·弗鲁姆　　　　　　　B. 奥德弗
C. 弗雷德里克·赫茨伯格　　　　D. 马斯洛

8. 当人们认为自己的报酬与劳动之比与他人的报酬与劳动之比是相等的时,就会有较大的激励作用,这种理论称为(　　)。
A. 双因素理论　　B. 效用理论　　　C. 公平理论　　　D. 强化理论

二、多项选择题

1. 马斯洛的需要层次理论中,(　　)属于低级的物质需要。
A. 生理需要　　　B. 安全需要　　　C. 社交需要　　　D. 尊重需要

2. 下列选项属于内容型激励理论的有(　　)。
A. 需要层次理论　　　B. 双因素理论　　　C. 强化理论
D. 成就需要理论　　　E. 期望理论

3. 以下属于双因素理论中的激励因素的有(　　)。
A. 工作职务上的成就感　　　　B. 工作中得到认可和赞赏
C. 工作条件　　　　　　　　　D. 工作职务上的责任感
E. 晋升的机会

三、简答题

1. 激励的基本过程是什么?
2. 简述马斯洛需要层次理论。
3. 简述亚当斯的公平理论。

四、案例分析

某研究所是一家注重技术创新的事业单位,前些年由于市场环境的变化,单位面临社会企业的竞争,业务量逐年下滑。3年前,研究所迎来了新领导——王所长,一名老牌大学搞

技术出身的中年人。王所长接手工作后,实施了一系列的改革方案:调整原有的组织结构,实行公开、透明的招聘程序,大力提拔年轻技术骨干等。研究所的业务量和绩效在王所长改革实施后均大幅度提升,但最令王所长高兴的是一批自己提拔的年轻骨干表现出色,助理工程师齐瑞就是其中的代表。

齐瑞,3年前某名牌大学硕士毕业,由王所长亲自面试后来到研究所工作。刚到研究所的头一年,齐瑞就凭借自身扎实的理论功底和研究能力很快熟悉并承担了大量研究所的工作,逐渐成为研究所不可或缺的人物之一。王所长多次在内部会议和客户面前赞许他:"小齐是我们所最年轻的技术骨干,是我们所未来的希望。"一年前,王所长更是将他提拔为部门副主管,成为研究所最年轻的中层管理者。就在齐瑞事业得意之时,让他郁闷的事情发生了。当时,研究所分配到一批福利房,虽然数量有限,但作为研究所最年轻的技术骨干,齐瑞认为自己很有希望申请到住房。

最后的结果让他非常失望,那些在研究所工作多年但工作表现平平的老员工都排在他前面。这一年来,不少老同学的收入都大幅提升,而齐瑞虽然是研究所的技术骨干,却由于资历较浅,收入非常一般。即使被提拔为部门副主管以后,收入提高的幅度也非常有限,年终奖金甚至不如打印室那位在研究所工作了20年的王阿姨。齐瑞心中非常困扰。自己努力工作,表现出色,可是依然收入平平,没有住房。一家同行业的民营企业的招聘信息浮现在他脑海中,优厚的住房和薪资条件让他心动不已。在反复思考了一个晚上之后,齐瑞在第二天向王所长提交了辞职信。

【案例讨论】
1. 从公平理论的角度分析齐瑞离开单位的原因。
2. 结合期望理论,谈谈王所长应该如何挽留齐瑞。

【实践训练】
以小组为单位,讨论在自己的成长过程中,家长及教师给予过哪些激励方式?各有何优缺点?并根据小组的讨论和分析结果,为家长或教师设计一套有效的激励方式。

第8章 沟 通

【教学目标】
1. 理解沟通和管理沟通的概念；
2. 理解沟通的作用和过程；
3. 掌握沟通的种类；
4. 熟悉沟通的障碍与控制。

【能力目标】
1. 具备运用沟通的基本原理解决实际运用中组织冲突的能力；
2. 掌握人际交往技能的运用方法。

8.1 沟通概述

导入案例8-1

达纳公司的沟通

达纳公司是一个拥有30亿美元资产的企业，主要生产螺旋桨叶片和齿轮箱之类的普通产品，这些产品大部分用于满足汽车和拖拉机行业普通二级市场需要。

1973年，麦斐逊接任公司总经理，他做的第一件事就是废除原来厚达22英寸半的政策指南，取而代之的是只有一页篇幅的公司宗旨陈述，其大意是：交流沟通是员工保持信任和激发热情的最有效手段，关键是要让员工知道并参与讨论企业的全部经营状况；我们有义务向希望提高技术水平、扩展业务能力或进一步深造的生产人员提供培训和发展的机会；向员工提供职业保险非常重要，公司会制订各种奖励计划，设置奖励基金，褒奖对公司提供建设性设想、建议和艰苦工作的员工。麦斐逊还很快把公司班子从500人裁减到100人，机构层次也从11个减到5个，大约90人以下的工厂的经理都成了"商店经理"。

麦斐逊非常强调交流沟通，他要求各部门的管理人员和本部门的所有成员之间每月举行一次面对面的会议，直接具体地讨论公司每一项工作的细节情况，并有4条制度化的通道保证双向沟通。

第1条通道是与高层管理人员面谈。

第2条通道是员工意见调查。达纳公司通过对员工进行征询，可以了解员工对公司管理阶层、福利待遇、工资待遇等方面有价值的意见，使之协助公司营造一个更加完美的工作环境。

第3条通道是"直言不讳"。在达纳公司，一个普通员工的意见完全有可能会送到总裁麦斐逊的信箱里。"直言不讳"就是一条直通通道，可以使员工在毫不牵涉其直属经理的情况下获得高层领导对员工关心问题的答复。

第4条通道是申诉,达纳公司称其为"门户开放"政策。这是一个非常悠久的民主制度,麦斐逊刚上台就一改达纳公司"老臣"的作风,他经常反向执行申诉,直接跑到下属的办公室问某件事的进展如何。达纳公司用申诉制度来尊重每一个员工的意见。员工如果有关于工作或公司方面的意见,应该首先与自己的直属经理恳谈。员工与自己的直属经理恳谈是解决问题的捷径,如果有解决不了的问题,或者员工认为工资涨幅问题不便于和直属经理讨论,可以通过申诉制度向各事业单位主管、公司的人事经理、总经理或任何总部代表申述,员工申述会因此得到上级的调查和执行。

由于麦斐逊一系列卓有成效的沟通措施,20世纪80年代初期,该公司的雇员从人均销售额与全行业企业的平均数相等,到80年代末时,在并无大规模资本投入的情况下,公司雇员人均销售额猛增3倍,一跃成为《幸福》杂志按投资总收益排列的500家公司中的第2位。

美国著名的未来学家约翰·东斯比特曾说:"未来竞争将是管理的竞争,竞争的焦点就在于每个社会组织内部成员之间及其与外部组织的有效沟通。"沟通是管理的灵魂,有效的沟通决定管理的效率。通过有效的沟通,管理者可以把组织的构想、使命、期望与绩效等信息准确地传递给组织人员,以更有效地实现组织改革、改善管理职能、协调组织成员行为以及使组织适应外部环境的变化等。

8.1.1 沟通与管理沟通

1. 沟通

沟通,即信息交流,是指将某一信息或意思传递给客体或对象,以期取得客体做出相应反应效果的过程。一方面,如果没有信息或想法的传递,则没有发生沟通;另一方面,如果传递的信息没有被理解,也不能称为沟通。例如,用葡萄牙语向一位不懂葡萄牙语的人讲话,就不能称为沟通。

 特别提示

需要强调的是,有效的沟通并不意味着意见一致,只要双方清楚、准确地理解了对方的信息或意思,无论是否达成一致意见,都意味着有效沟通的实现。

2. 管理沟通

管理沟通是指围绕组织目标,在管理活动中通过信号、媒介等途径有目的地交流观点、信息、情报、意见与感情的行为。管理沟通的内容围绕企业的管理活动而进行,管理沟通的目的是实现组织的目标,管理沟通的主体是与组织目标的实现相关的人员。

沟通在管理中十分重要,它是组织与外部环境之间建立联系的桥梁,是组织协调各方面活动、实现科学管理的手段,管理者激励下属、履行管理职能的基本途径。沟通有利于满足员工的心理需要,改善人际关系。

8.1.2 沟通的重要性

(1) 沟通是协调各个体、各要素,使企业成为一个整体的凝聚剂。由于各个体的利益、地位和能力不同,他们对企业目标的理解和掌握的信息也就不同,这可能造成各个体的目标偏离企业的总体目标,甚至完全背道而驰。因此,组织间需要互相交流意见,统一思想认识,自觉协调各个体的工作活动,以保证个人目标与组织目标的和谐结合。

(2) 沟通是领导者激励下属,实现领导职能的基本途径。随着人本管理和企业文化的柔性化管理模式的深入展开,内部沟通具有日益重要的战略意义,具体如下。

① 有利于企业文化氛围的形成,有利于职能部门之间的协作配合。
② 有利于员工共识的实现,形成统一的价值观和强大的凝聚力。
③ 有利于满足员工的心理需要,实现自主管理和人本管理。
④ 有利于增强员工的主人翁责任感,调动员工参与公司经营管理的积极性和创造性,使人力资源向人力资本转变。
⑤ 有利于保持企业文化网络畅通和信息资源共享。
⑥ 有利于建立沟通、学习、交流、协作的奋进平台,打造一支学习型员工队伍。

一个领导不管他有多高的领导艺术,有多高的威信,都必须通过沟通将自己的意图和要求告诉下属,通过沟通了解下属的想法。

(3) 沟通是企业与外部环境建立联系的桥梁。企业需要和政府、顾客、公众以及竞争者发生各种各样的关系,如需要遵守政府的法规法令,担负自己应尽的社会责任。外部环境始终处于变化之中,组织需要与外界保持持久的沟通,以把握变化带来的机会和威胁,避免因变化可能产生的风险。同时,通过沟通确保给客户或其他外部成员提供正确的信息,使组织形成一个与外部环境发生相互作用的开放系统。

8.1.3 沟通的组成

沟通一般应具备3个基本条件:①沟通必须涉及两个或两个以上的主体;②沟通必须有一定的沟通客体,如语言、文字等;③沟通必须是交换或分享信息。

在沟通中还必须具备5个基本要素:信息发送者、信息接收者、信息、环境、渠道。

(1) 信息发送者是信息沟通的主体,是有目的地传播信息的人,如管理者。
(2) 信息接收者是指信息所要达到的对象,如被管理者。
(3) 信息是沟通的内容,它表达沟通主体的观念、需要、意愿和态度等。同样的信息,发送者和接收者可能有不同的理解,这可能是发送者和接收者的差异造成的,也可能是由于发送者传送了过多的不必要信息。
(4) 环境既包括与个体间接联系的社会整体环境(政治制度、经济制度、政治观点、道德风尚、群体结构),又包括与个体直接联系的区域环境(学习、工作、单位或家庭等),对个体直接施加影响的社会情境及小型的人际群落。
(5) 渠道是指信息传递的途径,如人、文件、电视、书刊电报、电话和互联网等。企业组织的沟通渠道是信息得以传送的载体,可分为正式或非正式的沟通渠道、向下沟通渠道、向上沟通渠道、水平沟通渠道。

8.1.4 沟通的过程

简单地说,沟通就是传递信息的过程。在这个过程中至少存在一个信息发送者和一个信息接收者,即发出信息的一方和接收信息的一方。如图 8-1 所示,信息在两者之间传递的过程一般经历 7 个环节。

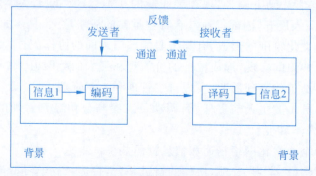

图 8-1　沟通的过程

(1) 发送者需要向接收者传送信息或者需要接收者提供信息。这里所说的信息包括范围很广,如想法、观点、资料等。

(2) 发送者将这些信息译成接收者能够理解的一系列符号。为了有效地进行沟通,这些符号必须能符合适当的媒体。

(3) 将上述符号传递给接收者。由于选择的符号种类不同,因此传递的方式也不同。传递的方式可以是书面的(信、备忘录等),也可以是口头的(交谈、演讲、电话等),甚至可以通过身体动作来进行(手势、面部表情、姿态等)。如果媒体是网络,可选择电子信箱、网上无缝对接交流平台等多媒体方式发送信息和沟通。

(4) 接收者接收这些符号。接收者根据这些符号传递的方式选择相对应的接收方式。

(5) 接收者将这些符号译为具有特定含义的信息。由于发送者翻译和传递能力的差异,以及接收者接收和翻译水平的不同,信息的内容经常被曲解。

(6) 接收者理解信息的内容。

(7) 发送者通过反馈了解他想传递的信息是否被对方准确无误地接收。一般来说,由于沟通过程中存在许多干扰和扭曲信息传递的因素(通常将这些因素称为噪声),使得沟通的效率大为降低,因此发送者了解信息被理解的程度十分必要。沟通过程中的反馈构成了信息的双向沟通。

8.2　沟通的种类

8.2.1　按照功能划分

按照功能划分,沟通可以分为工具式沟通和感情式沟通。

(1) 工具式沟通指发送者将信息、知识、想法、要求传达给接收者,其目的是影响和改变接收者的行为,最终达到组织的目标。

(2) 感情式沟通指沟通双方表达感情,获得对方精神上的同情和谅解,最终改善相互间的关系。

8.2.2 按照方法划分

按照方法划分,沟通可以分为口头沟通、书面沟通、非语言沟通和电子媒介沟通等,各种沟通方式的优缺点如表 8-1 所示。

表 8-1 各种沟通方式的优缺点

沟通方式	举例	优点	缺点
口头沟通	谈话、讨论、电话	快速传递与反馈,信息量大	信息易失真
书面沟通	文件、公告、信件、报告	有形、持久、能核实	效率低、缺乏反馈
非语言沟通	肢体动作、信号	快速传递与反馈,信息量大	传递距离有限,界限含糊
电子媒介沟通	电子邮件、传真	快速传递与反馈,信息量大	单向传递,难以揣摩对方

8.2.3 按照组织系统划分

按照组织系统划分,沟通可以分为正式沟通和非正式沟通。

1. 正式沟通

正式沟通是指以企业、正式组织系统为渠道的信息传递,如由上至下的传达制度、由下至上的汇报制度、组织间的公函往来与会谈、定期或不定期的会议制度等。

里维特(H. J. Leavitt,1951)研究了 5 人群体的几种典型的正式沟通形态,分别表示为链式沟通、轮式沟通、Y 式沟通、环式沟通、全通道式沟通,各种沟通形态的集中化程度不同,信息交流的自由度也不一样,如图 8-2 所示。

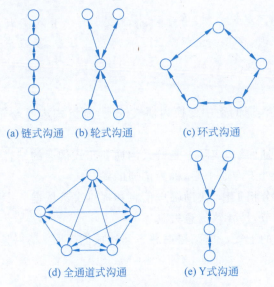

(a) 链式沟通　　(b) 轮式沟通　　(c) 环式沟通

(d) 全通道式沟通　　(e) Y 式沟通

图 8-2　5 种主要的正式沟通形态

1)链式沟通

链式沟通是指信息单线传递、顺序传递的链条状的沟通网络形式,它具有如下特点。

(1)两端的人只能与各自内侧一个成员联系,中间的人可以分别与两个人沟通。

(2)在一个组织系统中,它相当于一个纵向沟通网络逐渐传递,信息可自上而下或自下而上进行传递。

(3)在该网络中,信息经层层传递、筛选,容易失真,可以用来表示组织中主管人员与下级人员之间存在若干中间管理者。

特别提示

如果一个组织系统过于庞大,需要实行分层授权管理的正式组织,则链式沟通是一种行之有效的方法。

2)轮式沟通

轮式沟通是指最初发信者直接将信息同步辐射式发送到最终受信者。轮式沟通过程中有一个明显的主导者,凡信息的传送与回馈均需经过此主导者,且沟通成员也通过此主导者才能相互沟通。它具有如下特点。

(1)属于控制型沟通网络,其中只有一个成员是各种信息的汇集点与传递中心。

(2)集中化程度高,解决问题的速度快。

(3)沟通渠道少。

(4)组织成员满意度低,士气低落。

(5)大致相当于一个主管领导直接管理几个部门的权威控制系统。

(6)轮式沟通是加强组织控制、效率高、速度快的一种有效的沟通形式。

特别提示

轮式沟通网络是加强组织控制、争时间、抢速度的一个有效方法。一般生产机构多采用这种沟通模式以便于管理,在某一组织接受了紧急攻关任务、要求进行严格控制时,可采用这种沟通网络。

3)Y式沟通

Y式沟通是指链式沟通的途中变换为环式沟通,是链式沟通与轮式沟通的结合。它具有如下特点。

(1)是一个纵向沟通网络,实际上是链式沟通和轮式沟通的结合。

(2)只有一个成员处于沟通中心,称为沟通的媒介。

(3)可为主管人员分担工作,协助筛选信息和提供决策依据。

(4)增加了中间环节,易导致信息失真。

(5)影响组织成员的士气,主管、秘书和下属构成倒Y式,秘书是沟通中心。

特别提示

Y式沟通速度、满意度、失真度等价于链式沟通与轮式沟通之间,适用于主管人员的工作任务十分繁重,需要有人选择信息,提供决策依据,节省时间,而又要对组织实行有效的控制。

4）环式沟通

环式沟通也称圆周式沟通,类似链式沟通,但信息链首尾相连,形成封闭的信息沟通的环。它具有如下特点。

（1）属封闭式控制结构,相当于链式沟通中的两头相结合。
（2）每个人都可以同时与两侧人沟通信息,地位平等。
（3）集中化程度低。
（4）组织成员满意度高,适于创造高昂的士气。
（5）信息速度和准确度难以保证。

 特别提示

如果在组织中需要创造出一种高昂士气来实现组织目标,同时追求创新和协作,加强组织中的决策机构、咨询机构、科研开发机构以及小规模独立工作群体,采用环式沟通是一种行之有效的措施。

5）全通道式沟通

全通道式沟通是指所有沟通参与者之间穷尽所有沟通渠道的全方位沟通。这是一种非等级式沟通,其满意度高,失真度低,但规模受限,速度低。它具有如下特点。

（1）开放式的网络系统。
（2）沟通渠道多。
（3）平均满意度高且差异小,士气高昂,合作气氛浓。
（4）对于解决复杂问题、增强组织合作精神、提高士气等有很大的作用。
（5）容易造成混乱,且又费时,影响工作效率。

对于沟通网络的研究主要是针对群体进行的,并且大多是在实验室里做的。实验室的研究虽然存在生态学效度的问题,但就沟通网络来说,这些研究结果在现实生活中是相当有价值的。各种沟通网络的有效性比较如表 8-2 所示。

表 8-2 各种沟通网络的有效性比较

标　准	链式沟通	轮式沟通	Y式沟通	环式沟通	全通道式沟通
速度	中等	快	中等	慢	快
准确性	高	高	高	低	中等
控制可能性	中等	高	中等	低	低
士气	中等	低	中等	高	高

2. 非正式沟通

非正式沟通是指以企业非正式组织系统或个人为渠道的信息传递,促进成员之间意见交换与情感联系的沟通方式。它不受组织监督,可以自由选择沟通渠道。例如,朋友聚会、组织成员之间私下交流、传播消息等都属于非正式沟通。非正式沟通是非正式组织的副产品,它一方面满足了员工的需求;另一方面也补充了正式沟通系统的不足,是正式沟通的有机补充。在很多组织中,决策时利用的情报大部分是由非正式信息系统传递的。

与正式沟通相比,非正式沟通有以下特点。

（1）信息比较准确。由于信息量大,覆盖面广,组织中各个层次的人都可以由此获得自己需要或感兴趣的信息。

（2）信息交流速度较快。这是由于非正式沟通传递的信息都是与职工的利益相关的，而且没有正式沟通那种机械的程序。

（3）可以满足职工的需要。职工通过正式沟通不能获得满足的需要可由此得到满足。

（4）沟通效率较高。这是由于非正式沟通一般是有选择的、针对个人的兴趣传播信息。

（5）有一定的片面性。信息常常被夸大、曲解。

 导入案例 8-2

美国通用公司非正式沟通理念

美国通用公司执行总裁杰克·韦尔奇被誉为"20世纪最伟大的经理人"之一，在他上任之初，通用公司内部等级制度森严，结构臃肿，韦尔奇通过大刀阔斧的改革，在公司内部引入非正式沟通的管理理念。韦尔奇经常给员工留便条和亲自打电话通知员工有关事宜，在他看来，沟通是随心所欲的，他努力使公司的所有员工都保持着一种近乎家庭式的亲友关系，使每个员工都有参与和发展的机会，从而增强管理者和员工之间的理解、相互尊重和感情交流。

8.2.4 按照方向划分

按照方向划分，沟通可以分为下行沟通、上行沟通、平行沟通和网状沟通。

（1）下行沟通是上级将信息传达给下级，是由上而下的沟通。

（2）上行沟通是下级将信息传达给上级，是由下而上的沟通。

（3）平行沟通是同级之间横向的信息传递，又称横向沟通，包括同一层次上的管理者进行的跨部门沟通和不同部门间不同层次上的管理者与员工之间的斜向沟通。平行沟通不存在直接的上下级关系，可以增强部门间的合作，减少部门间的摩擦，有利于推进组织总体目标的实现。

（4）网状沟通是利用网络实现上下左右的沟通。

8.2.5 按是否进行反馈划分

按是否进行反馈划分，沟通可以分为单向沟通和双向沟通。

（1）单向沟通指一方发送信息，另一方只接收信息，双方无论在语言上还是情感上都缺乏信息反馈，如上级向下级发布命令、指示、做报告、发表演说等。单向沟通信息传递速度快、严肃、刻板，对信息传递者心理压力小，但接收者理解发送者意图的准确性不高。

（2）双向沟通指发送者和接收者之间进行信息交流的沟通。在双向沟通中，发送者和接收者之间的位置不断交换，且发送是以协议和讨论的姿态在面对接收者，信息发出以后还需及时听取反馈意见，必要时双方需要进行多次重复商谈，直到双方共同明确和满意为止，如交谈、协商等。

和单向沟通相比，双向沟通信息准确性高，接收者有反馈意见的机会，产生平等感和参与感，增加自信心和责任心，有助于建立双方的感情。双向沟通的缺点是信息传递速度慢，易于确认,沟通灵活、自由,对信息传递者心理压力大。

8.3 沟通障碍及克服

导入案例 8-3

沟通问题多的原因

在社会中人与人之间存在着较强的人际依赖性和人际制约关系,这种强烈的人际依赖性决定了人际摩擦的高频出现率。

1. 含蓄的情感表达

中国传统的社会文化习俗促使个体形成了比较内向的性格特征,并因而决定了情感表达方式的含蓄性。由于人们很难将感情和情绪直率地表现出来,因此一定程度上加大了人际间理解的难度和误解的可能性。

2. 对他人评价的极端关注

人际敏感是人们普遍具有的性格特征,其根源出自个体对自我的评判总是取决于他人对自己的态度,而自我感觉的良好与否则主要依赖于人际交往的结果。对人际关系的注重,对获得他人好感的追求,使人们普遍存在着对来自他人指责的恐惧。如有的人面对父母、上级、长辈就深感不自在、不坦然,在公众场合唯恐说错话、做错事,结果言行过度谨慎,举止极端退缩。

3. 思维方式的求全性

人们求全求美的思维方式主要体现在道德观和人性审美上,既苛求他人又苛求自己,这种缺乏宽容精神的求全思维加深了人际间的隔阂,从而加大了人际关系间的摩擦系数。

4. 对他人的过度怀疑

多疑也是人们比较普遍具有的性格特征,社会上广泛流行的许多俗语反映了这一现象的存在,如"人心难测""人心隔肚皮""知人知面不知心""听话听声,锣鼓听音"。而最能代表这种猜疑心态的俗语则是"害人之心不可有,防人之心不可无",即要防止自己在人际交往中因轻信他人而上当受骗。这种自我保护式的过度防御心态无疑会加大人际交往的难度。

8.3.1 沟通障碍

沟通障碍是人与人之间、团体之间交流意见、传递信息时存在的困难。有效沟通的障碍具体内容主要包括 4 个方面:个人因素、人际因素、结构因素和技术因素。

1. 个人因素

信息沟通在很大程度上会受个人因素的制约,如个体的启示、态度、简介、情绪等方面的差别,都会成为信息沟通的障碍。

(1) 选择性接受。团体中,不同的成员对信息有不同的看法,所选择的侧重点也不相同。部分员工只关心与之物质利益有关的信息,不关心与组织目标相关的信息。

(2)沟通技巧上的差异,包括倾听能力的差异、口头表达与书面表达能力的差异、反应能力的差异等。

2. 人际因素

(1)沟通双方的相互信任程度。有效的信息沟通要以相互信任为前提,这样才能使向上反映的情况得到重视,向下传达的决策迅速实施。管理者在进行信息沟通时,应该不带成见地听取意见,鼓励下级充分阐明自己的见解,这样才能做到思想和感情上的真正沟通,才能接收到全面可靠的情报,才能做出明智的判断与决策。

(2)信息来源的可靠性程度。其由客观、诚实、能力和热情4个因素决定,实际上是由接收者主观决定的。

(3)发送者与接收者之间的相似程度。沟通中的一方如果认为另一方与自己很相似,他将比较容易接受对方的意见,并且达成共识。

3. 结构因素

(1)地位差别。地位的高低对沟通的方向和频率有很大的影响。人们一般愿意与地位较高的人沟通,地位较高者更愿意相互沟通;信息趋向于从地位高的流向地位低的;在谈话中,地位高的人常常居于沟通的中心地位,地位低的人常常通过尊敬、赞扬和同意来获得地位高的人的赏识和信任。

(2)信息传递链。信息传递链即信息从一个等级到另一个等级发生的变化。一般来说,信息通过的等级越多,到达目的地的时间越长,信息失真率则越大。

(3)团体规模。当组织结构规模过于庞大,中间层次太多时,信息从最高决策层传递到下级基层单位,会因经过的层级太多而产生失真,还会浪费大量时间,影响信息传递的及时性。

 特别提示

有学者统计,如果一个信息在高层管理者那里的正确性是100%,到了信息接收者的手里可能只剩下20%的正确性。这是因为在进行这种信息沟通时,各级主管部门都会花时间对接收到的信息进行甄别、过滤,然后有可能将断章取义的信息上报。此外,在甄选过程中,还掺杂了大量的主观因素,尤其是当发送的信息涉及传递者本身时,往往会由于心理方面的原因造成信息失真。这种情况也会使信息的提供者望而却步,不愿提供关键信息。因此,如果组织机构臃肿,机构设置不合理,各部门之间职责不清,分工不明,形成多头领导,或因人设事,人浮于事,就会给沟通双方造成一定的心理压力,影响沟通的进行。

(4)空间约束。企业中的工作常常要求工人只能在某一特定的地点进行操作,这种空间约束的影响在工人单独处于某工位工作或在数台机器之间往返运动时尤为突出,不利于工人间的交往,而且限制了工人的沟通。

4. 技术因素

(1)语言暗示。语言仅仅作为描述和表达个人观点的符号或标签,每个人表述的内容常常受其独特的经历、个人需要、社会背景等影响而不同。

(2)非语言暗示。当人们进行交谈时,常常伴随着一系列动作,这些动作是具有一定含义的,强化了人们所表述的含义。

（3）媒介的有效性。沟通的媒介多种多样，他们都有各自的优缺点。需要根据组织目标及其实现策略来选择媒介，也需要灵活使用这些媒介的原则、方法，使沟通畅通进行。

（4）信息过量。信息过量会使管理人员没有时间去处理，而且难以向同事提供有效的、必要的信息，沟通也随之变得困难重重。

8.3.2 沟通障碍的克服

1. 明确沟通的重要性

组织职能中，管理者十分重视计划、组织、领导和控制，对沟通常有疏忽，认为信息上传下达有组织系统即可，对非正式沟通中的"小道消息"常常采取压制的态度。上述种种现象都表明沟通没有得到应有的重视，重新确立沟通的地位是刻不容缓的事情。

2. 沟通要有认真的准备和明确的目的性

沟通者自己首先要对沟通的内容有正确、清晰的认识，还要尽量使被沟通者也清楚。此外，沟通是为了统一思想、协调行动，而不是下达命令、宣布政策和规定。所以，沟通之前应对问题的背景、解决问题的方案及其依据和资料、决策的理由、对组织成员的要求等做到心中有数。

3. 创造一个相互信任、有利于沟通的小环境

管理者不仅要获得下属的信任，而且要得到上级和同事们的信任。

4. 缩短信息传递链

拓宽沟通渠道，保证信息的畅通无阻和完整性。信息传递链过长，会减慢流通速度并造成信息失真，出路在于精简机构，减少机构重叠、层次过多的现象。

5. 职工代表大会

每年一度的职工代表大会为管理层汇报工作提供了良机。管理层就企业过去一年取得的成绩、存在的问题以及未来的发展等重大问题通报全体员工，职工也可以就自己所关心的问题与厂长进行面对面的沟通和交流。

6. 工作组

当企业发生重大问题引起上下关注时，管理人员可以授权组成临时的专题工作组。该工作组由一部分管理人员和一部分职工自愿参加，利用一定的工作时间，调查企业的问题，并向最高主管部门汇报。最高管理阶层也要定期公布他们的报告，就某些重大问题或"热点"问题在全企业范围内进行沟通。

7. 加强平行沟通，促进横向交流

平行沟通是指类似于车间与车间、科室与科室、科室与车间等在组织系统中同一个层次之间的相互沟通。有些领导者整天忙于当仲裁者的角色，而且乐于此事，想以此说明自己的重要性，这是不明智的。领导的重要职能是协调，但是这里的协调主要是目标的协调、计划的协调，而不是日常活动的协调。日常的协调应尽量鼓励在平级之间进行。

8. 网络沟通

网络沟通是指信息发送者与信息接收者借助网络进行的信息交流与反馈过程。在网络沟通下，信息传播的速度加快，规模扩大。

【本章小结】

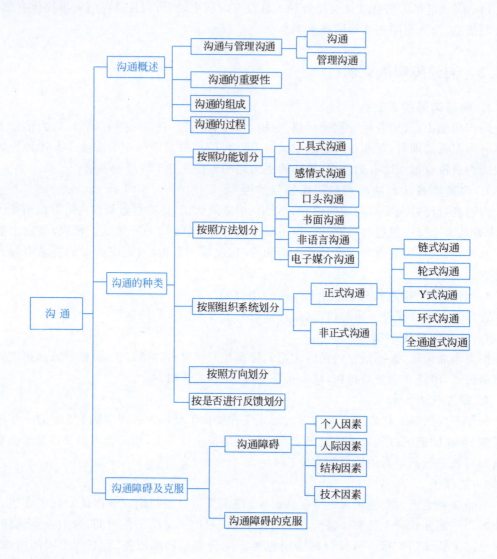

【思考与练习】

一、单项选择题

1. 张先生创业初期,自己的公司只有 6 名员工,每个人都由张先生直接管理。随着规模的扩大,张经理聘请了一位副经理,由他处理公司的具体管理事务,自己专心于公司的战略管理。公司的沟通网络(　　)。

  A. 由轮式变成了 Y 式　 B. 由 Y 式变成了轮式
  C. 由轮式变成了链式　 D. 由链式变成了全通道式

2. 某公司采用开座谈会、设立意见箱等方式征询员工意见,该沟通方式属于(　　)。

  A. 平行沟通　 B. 外向沟通　 C. 上行沟通　 D. 下行沟通

3. 下列各种沟通中属于双向沟通的是（　　）。
   A. 指示　　　　　B. 报告　　　　　C. 命令　　　　　D. 交谈
4. 按照信息传递的方向划分，沟通可分为（　　）。
   A. 上行沟通　　　B. 下行沟通　　　C. 斜向沟通　　　D. 平行沟通
5. 持久有形，可以核实的沟通方式是（　　）。
   A. 口头方式　　　B. 书面方式　　　C. 非语言方式　　D. 电子媒介方式

二、多项选择题

1. 沟通网络的类型有轮式、全通道式和（　　）。
   A. 塔式　　　　　B. X式　　　　　C. 环式
   D. Y式　　　　　E. 链式
2. 关于沟通的过程，下列说法正确的有（　　）。
   A. 至少存在一个发送者和一个接收者
   B. 发送者将信息译成接收者能够理解的一系列含义
   C. 信息传递的有效性和接收者的翻译能力无关，只与发送者的翻译能力有关
   D. 接收者理解信息的内容
   E. 发送者通过反馈了解他想传递的信息是否被对方准确无误地接收
3. 按照方向划分，沟通可以分为下行沟通和（　　）。
   A. 上行沟通　　　B. 平行沟通　　　C. 网状沟通
   D. 前后沟通　　　E. 横向沟通

三、简答题

1. 简述沟通的过程。
2. 影响有效沟通的障碍包括哪些？

四、案例分析

天晨公司是一家生产电子类产品的高科技民营企业。近几年公司发展迅猛，然而，最近在公司出现了一些传闻。公司总经理邓帅为了提高企业的竞争力，在以人为本、创新变革的战略思想指导下，制定了两个战略方案：一是引人换血计划，年底从企业外部引进一批高素质的专业人才和管理人才，给公司输入新鲜血液；二是内部人员大洗牌计划，年底通过绩效考核调整现有人员配置，内部选拔人才。邓帅向秘书小文谈了自己的想法，让他行文并打印。中午在公司附近的餐厅吃饭时，小文遇到了副总经理刘鸿懿，小文对他低声说道："最新消息，公司内部人员将有一次大的变动，老员工可能要下岗，我们要有所准备啊。"这些话恰好又被财务处的会计小刘听到了，他又立即把这个消息告诉他的主管老王。老王听后，愤愤说道："我真不敢相信公司会做换新人、辞旧人这样的事情。"这个消息传来传去，几天后又传回邓帅的耳朵里。公司上上下下员工都处于十分紧张的状态，唯恐自己被裁，根本无心工作，有的甚至还写了匿名信和恐吓信对这样的裁员决策表示极大的不满。

邓帅经过全面了解，终于弄清了事情的真相。为了澄清传闻，他通过各部门的负责人把两个方案的内容发布给全体职工。他把所有员工召集在一起来讨论这两个方案，员工们各抒己见，但一半以上的员工赞同第二个方案。最后邓帅说："由于我的工作失误引起了大家的担心和恐慌，很抱歉，希望大家能原谅我。我制定这两个方案的目的就是想让大家参与决策，一起为公司的人才战略出谋划策，其实前几天大家所说的裁员之类的消息完全是无稽之

谈。大家的决心就是我的信心,我相信公司今后会发展得更好。谢谢!关于此次方案的具体内容,欢迎大家向我提问。"

通过民主决议,该公司最终采取了第二个方案,由此,公司的人员配置率得到了大幅度的提高,公司的运作效率和经营效益也因此大幅度地增长。

【案例讨论】
1. 案例中的沟通渠道或网络有哪些?请分别指出,并说出各自的特点。
2. 案例中邓帅的一次战略方案的制定为什么会引起如此大的风波?
3. 如果你是邓帅,从中应吸取什么样的经验和教训?

【实践训练】
学生以小组为单位,讨论本人在与同学、教师、家长沟通时遇到过哪些障碍,并通过个人分析和小组成员互相建议,得出克服这些沟通障碍的方法,并运用到实际沟通中。

第9章 控 制

【教学目标】
1. 掌握控制的概念与特点；
2. 理解控制的作用和过程；
3. 掌握控制的方法。

【能力目标】
1. 具备运用控制的方法进行有效管理控制的能力；
2. 能运用控制的原理进行控制过程的分析。

控制工作是管理过程的一个重要组成部分，在计划工作与控制之间形成了一种周而复始的循环过程。广义的控制可能涉及重新修定目标、制订新的计划、调整组织机构、改善人员配备，以及在领导方法上做出重大改变。因此，控制与管理的其他各种职能紧密联系，相互影响，它使管理工作成为一个闭环系统。本章将主要讨论组织控制的内涵、类型、过程以及方法。

9.1 控制概述

9.1.1 控制的概念与类型

1. 控制的概念

控制一般指控制主体按照给定的条件和目标，对控制客体施加影响的过程和行为。控制这一概念最初运用于技术工程系统。美国数学家维纳（Wiener）于1948年创立控制论，它是研究关于系统的调节与控制一般规律的科学。此后，许多学科广泛地借鉴和吸收控制论的理念来丰富自己的理论和方法体系，现代管理学就是其中之一。

 特别提示

控制是管理的一项重要职能，管理的过程就是控制的过程。因此，控制既是管理的一项重要职能，又贯穿于管理的全过程，它与计划、组织、领导是相辅相成、互相影响的，它们共同被视为管理链的4个环节。

随着管理理论的持续演化，管理实践的不断创新，不同的学者对控制有不同的理解。部分学者认为控制的目的是保证组织目标以及为此拟订的计划能够顺利实现，主管人员按照之前确定的标准或因发展需要而重新拟订的标准对下级人员的工作进行衡量、测量与评价，当出现偏差时予以纠正，防止偏差的持续发展和再度发生。另外一部分学者认为控制是根据组织的内部环境变化和发展需要,在计划执行过程中,对原有计划进行调整或制订新计划并调整整个管理工作的过程。

这些定义虽然有所不同,但都同时强调了控制的几个特点:目的性、动态性和过程性。控制活动不仅涉及管理人员,还涉及企业的各个层面,各个层面的人员都应当承担起控制的职责。

 特别提示

在管理中构成控制活动必须有3个条件。
(1) 要有明确的目的或目标。
(2) 受控客体有多种发展的可能性。
(3) 控制主体可以在被控客体的多种发展可能性中通过一定的手段做出选择。

2. 控制的类型

1) 按照控制发生在管理过程中的时间分类

控制根据时机、对象和目标的不同可以划分为事前控制、事中控制和事后控制三个阶段。如图9-1所示。

图 9-1　控制的类型

(1) 事前控制,又称前馈控制,是发生在实际工作开始之前的控制。它是未来导向的,是管理者最渴望采取的控制类型,能避免预期出现的问题。

事前控制在工作开始之前进行,避免了事后控制对已经铸成的差错无能为力的弊端;在工作开始之前针对某项计划行动依赖的条件进行控制,不是针对具体人员,因而不易造成对立面的冲突,易于被职工接受并付诸实施。

事前控制需要准确和及时的信息,并要求管理者充分了解预先控制因素与计划工作的关系,这一点在实际工作中往往很难做到。

(2) 事中控制,又称同期控制,是指发生在活动进行之中的控制。在活动进行之中予以控制,管理者可以在发生重大损失之前及时纠正问题。

事中控制具有指导职能,有助于提高工作人员的工作能力和自我控制能力。事中控制能尽可能控制偏差的发生,一旦发生偏差立马给予纠正,是及时有效的控制手段。

事中控制容易受管理者时间、精力和业务水平的制约,管理者很难做到时时事事进行始终控制,只能在一些关键项目上使用。对于问题难以判断、成果难以衡量的工作也很难进行事中控制,如科研工作,几乎无法进行事中控制。

(3) 事后控制,又称反馈控制,是指在活动结束之后进行的控制。这类控制是对活动进行的一个反馈,更好地为下一阶段的活动进行指导,控制作业发生在行动之后。

事后控制可以通过总结之前的经验教训为未来计划的制订和活动的安排提供指导。事后控制在经营活动结束后进行，无论反馈和分析结果如何中肯，对于已经产生的结果来说都是无济于事的。

导入案例 9-1

扁鹊的医术

魏文王问名医扁鹊说："你们家兄弟三人都精于医术，到底哪一位最好呢？"扁鹊答："长兄最好，仲兄次之，我最差。"魏文王再问："那么为什么你最出名呢？"扁鹊答："长兄治病，是治病于病情发作之前。由于一般人不知道他事先能铲除病因，因此他的名气无法传出去；仲兄治病，是治病于病情初起时。一般人以为他只能治轻微的小病，所以他的名气只及本乡里。而我是治病于病情严重之时。一般人都看到我在经脉上穿针管放血、在皮肤上敷药等大手术，所以以为我的医术高明，名气因此响遍全国。"

此故事说明，事后控制不如事中控制，事中控制不如事前控制，可惜大多数的事业经营者均未能体会到这一点，等到错误的决策造成了重大的损失才寻求弥补。但有时即使请来了名气很大的"空降兵"，结果也于事无补。

2) 按照管理者与控制对象的关系分类

（1）间接控制。间接控制是指根据计划和标准考核工作的实际结果分析出现偏差的原因，并追究责任者的个人责任，以使其改进未来工作的一种控制方法。间接控制是基于这样一些事实为依据的：人们常常会犯错误，或常常没有察觉到那些将要出现的问题，因而未能及时采取适当的纠正或预防措施。

这种控制方式建立在如下假设的基础上：①工作成效是可以计量的，因而也是可以相互比较的；② 人们对工作任务负有个人责任，个人责任是清晰的、可以分割的和相互比较的，而且个人的尽责程度也是可以比较的；③分析偏差和追究责任所需的时间、费用等是有充分保证的；④出现的偏差可以预料并能及时发现；⑤有关责任单位和责任人将会采取纠正措施。

然而，在管理实践中，以上条件往往难以全部满足。例如，很多管理部门或者职位的绩效难以计量和相互比较；很多活动的责任由多个部门共同承担，发生不良后果时相互推卸责任是很普遍的现象。由于间接控制有很多不完善的地方，因此在实际工作中不常采用。

（2）直接控制。直接控制是指通过培训等形式，提高主管人员的素质和责任感，使他们改善管理工作，在控制过程中实施自我控制，从而防止出现因管理不善而造成不良后果的一种控制方式。

直接控制的有效性依赖的假设条件包括：①操作人员按操作要求和规则办事，很少出现错误；②管理工作的成效是可以计量的；③在计量管理工作的绩效时，管理的概念、原理和方法是有用的判断标准；④管理基本原理的应用情况是可以评价的。

直接控制的优点是在对个人委派任务时能有较大的准确性。同时，通过对管理过程的执行过程不断进行评价，有利于揭露出工作中存在的缺点，并为培训提供依据。直接控制鼓励采用自我控制的办法，可以促使主管人员主动采取纠正措施并使其更加有效，也可以获得良好的心理效果。管理人员的素质提高后，得到的下属的信任和支持也会增加，从而有利于整个计划目标的顺利实现。总体来说,采用直接控制后,由于人员素质提高,因此减少了偏差和损失的发生,同时也减少了间接控制的成本。

3)按照结构划分

(1)分散控制。分散控制的特点是由若干分散的控制机构来共同完成组织的总目标。这种控制方式中,各种决策及控制指令通常是由局部控制机构分散发出的,各局部控制机构主要是根据自己的实际情况,按照局部最优原则对各部门进行控制。

(2)集中控制。集中控制的特点是由一个集中控制机构对整个组织进行控制。在这种控制方式中,把各种信息都集中传递到集中控制机构,由集中控制机构进行统一加工处理。在此基础上,集中控制机构根据整个组织的状态和控制目标直接发出控制指令,控制和操纵所有部门和成员的活动。

 特别提示

分散控制适用于结构复杂、功能分工细的组织。

集中控制方式比较简单,指标控制统一,便于整体协调;但缺乏灵活性和适应性,机构的变革和创新会很困难。

4)按照来源划分

(1)正式组织控制。正式组织控制是由管理人员设计和建立起来的一些机构或人员进行控制,组织可以通过规划指导成员的活动,通过审计监督来检查各部门或各个成员是否按规定进行活动,并提出具体更正措施和建议。例如,组织可以规划、指导成员的活动,可以通过预算来控制消费。

(2)群体控制。群体控制基于群体成员的价值观念和行为准则,它是由非正式组织自发发展起来和维持的。非正式组织的行为规范虽然没有明文规定,但成员都十分清楚它的内容,都知道自己如果遵守所能带来的利益和违反将要受到的损失。群体控制作为正式组织控制的补充,增强了组织对环境变换做出适应性反应的能力,有利于达成组织目标。但由于群体控制通过非正式组织影响成员行为,也可能给组织带来危害,因此要对其加以正确引导。

(3)自我控制。自我控制即个人有意识地按某一行为规范进行活动。这种控制成本低、效果好。但它要求上级给下级充分的信任和授权,还要把个人活动与报酬、提升和奖励联系起来。

9.1.2 控制的作用

控制作为管理工作重要的职能之一,是管理过程中不可分割的一部分。管理中的计划、组织、领导等职能必须伴随有效的控制,才能真正发挥作用。控制在管理中的作用有以下几个方面。

1. 控制工作是强化员工责任心的重要手段

要使员工尽职尽责,就必须让他们知道自身职责是什么,如何评价和考核其绩效,以及评价过程中有效的绩效标准是什么。通过控制工作不断地对下级的工作进行评估,给其持续不断的压力,使其尽职尽责,高效地完成所承担的任务。

2. 控制是提高管理水平的有效手段

任何组织在其发展过程中都不可避免地会犯一些错误,出现一些失误,而控制是组织发现错误、纠正错误的重要手段。通过控制可以发现管理活动中存在的问题并加以解决,控制工作是提高组织管理水平的有效手段。

3. 控制是组织适应环境的重要保障

一个组织要想生存发展就必须适应环境,计划是组织为适应环境所做的准备。事实上,在计划的实施过程中,组织内外环境会不断地发生变化,而且在制订计划时依据的前提条件可能发生变化,这就使得原有计划不再适应变化的环境。通过控制活动,管理者可以及时了解环境变化的程度和原因,从而采取有效的调整行动,使得组织与环境相适应。

9.1.3 控制的过程

控制贯穿于整个管理活动的始末,是一个有规律的程序化过程。控制过程要做的就是在组织目标实施中不断地在计划和实施结果之间进行比较,发现差距并找到差距产生的原因,进而指定新的改进措施。控制过程包括以下几个方面。

1. 确立标准

由于计划是控制工作据以设计的标准,因此控制过程的第一步是制订计划。但由于计划的详尽程度和复杂程度各不相同,因此需要建立专门的标准。它们是在一个完整的计划程序中选出的,对工作成果进行计量的一些关键点。理想的标准是一些可以考核的目标,它们不管是定量的还是定性的,都要正式纳入目标管理的正常体系中。以目标本身作为标准的,可以用货币数量来表示,如销售额、成本和利润等;也可用实物来说明,如产品数量、工作时间等。

1) 确定控制对象

标准的具体内容涉及需要控制的对象。建立标准之前首先要确定企业经营与管理中哪些事或物需要加以控制。要保证企业取得预期的成果,就必须在成果最终形成以前进行控制,纠正与预期成果要求不相符的活动。

2) 选择控制的重点

企业必须选择需要特别关注的地方,以确保整个工作按计划要求执行。以通用电气公司为例,通用电气公司在分析了影响和反映企业经营绩效的众多因素后,选择了决定企业经营成败的 8 个方面因素:获利能力、市场地位、生产率、产品领导地位、人员发展、员工态度、公共责任、短期目标与长期目标的平衡。

3) 制定标准的方法

将某一计划目标分解为一系列的控制标准,进一步分为定量标准和定性标准,定量标准是控制标准的主要形式,定性标准是有关服务质量、组织形象等难以量化的标准。在工业企业中,最常用的定量控制标准有 4 种:时间标准、数量标准、质量标准和成本标准。对于一项工作,人们总是可以近似或准确地找出时间、数量、质量及成本间的内在联系。例如,销售控制更多侧重于成本和数量控制,而生产控制往往注重质量和时间控制。

常用的制定标准的方法有 3 种:利用统计方法来确定预期结果、根据经验和判断来估计预期结果、在客观的定量发现的基础上建立工程(工作)标准。

2. 衡量成效

按照标准衡量成效应当建立在向前看的基础上,这样可以使差错在发生前就被发现并采取适当的措施避免其发生。富有远见和经验的管理者常常能预见可能出现的偏差。

1) 通过衡量工作成效,检验标准的客观性和有效性

衡量工作成效以预定的标准为依据,检验标准的客观性和有效性,即通过对标准执行情况的测量确定能否取得符合控制需要的信息。

2) 确定适当的衡量频度

控制过多或不足都会影响控制的有效性。这种过多或不足,不仅体现在控制对象、衡量标准的数目选择上,而且表现在对同一标准的衡量次数或频度上。

3) 建立信息反馈系统

为纠正偏差,应该建立有效的信息反馈网络,使反映实际工作情况的信息既能迅速收集上来,又能适时传递给管理人员,并能迅速将纠偏指令下达给相关人员,使之能与预定标准相比较,及时发现问题,并迅速地进行处置。

3. 纠正偏差

1) 找出偏差产生的主要原因

及时调查发生偏差的原因,判断偏差的严重程度,是否构成对组织活动效率的威胁,从而分析原因,采取纠正措施。

2) 确定纠偏措施的实施对象

预订计划或标准的调整由两种原因决定:原来正确的标准和计划由于客观环境发生了预料不到的变化,不再适应新形势的需要;原来的计划或标准在执行中发现了问题。

3) 选择恰当的纠偏措施

具体的纠偏措施有两种:一是立即执行的临时性应急措施,二是永久性的根治措施。对于那些迅速、直接地影响组织正常活动的急迫问题,多数应立即采取补救措施。例如,某一种规格的部件一周后如不能生产出来,其他部门就会受其影响而出现停工待料,此时不应花时间考虑该追究什么人的责任,而要采取措施确保按期完成任务。管理者可以凭借手中的权力采取如下行动:要求工人加班加点,短期突击;增添工人和设备;派专人负责指导完成等。危机缓解以后,则可转向永久性的根治措施,如更换车间管理人员、变更整个生产线,或者重新设计部件结构等。现实中不少管理者在控制工作中常常局限于充当"救火员"的角色,没有认真探究"失火"的原因,并采取根治措施消除偏差产生的根源和隐患。长此以往,必会将自己置于被动的境地。

 特别提示

纠正偏差是控制的关键,体现了执行控制职能的目的。

9.2 控 制 方 法

组织在管理实践中需要运用许多控制方法。控制方法可以分为预算控制和非预算控制两大类。

9.2.1 预算控制

1. 预算控制的概念

预算是各类管理者最基本的一种控制工具。预算控制是企业根据预算规定的收入与支出标准检查和监督各个部门的生产经营活动的控制。其作用是保证各种活动或各个部门在充分达成既定目标,实现利润的过程中对经营资源的利用,使费用支出受到严格有效的约束。预算控制必须借助基本的技术要素才能发挥控制作用,产生控制效应。有效的预算控制应当是一个全流程、全方位的多维控制系统,是一个点面结合、主辅结合、自始至终的动态控制系统。

2. 预算控制的内容

由于不同企业的生产活动特点不同,预算表中的项目会有不同程度的差异。但一般来说,预算控制主要涉及以下几个方面的内容。

1) 收入预算

收入预算的主要内容是销售预算,即通过分析企业销售情况、目前和未来的市场需求特点以及发展趋势,比较竞争对手和本企业的经营实例,确定企业在今后为了实现目标利润而必须达到的销售水平。

2) 支出预算

支出预算指企业能够保证销售过程得以进行的生产活动的预算,包括直接材料预算、直接人工预算、附加费用预算等。

3) 现金预算

现金预算通常由财务部门编制,是对企业未来生产与销售活动中现金的流入与流出进行的预测。

4) 资金支出预算

资金支出预算可能涉及好几个阶段,是具有投资性质的预算。

5) 资产负债预算

资产负债预算是对企业会计年度末期的财务状况进行预测。

3. 预算的形式

预算可以根据不同的预算形式,分别采用相应方法进行编制。其主要方法有如下几种。

1) 静态预算

静态预算是指为特定的作业水平编制的预算,它是最传统的、最基本的预算编制方法。编制预算时,只将预算期内正常、可实现的某一固定的业务量(如生产量、销售量等)水平作为唯一基础来编制预算。静态预算的适用范围为经营业务稳定,生产产品产销量稳定,能准确预测产品需求及产品成本的企业,也可用于编制静态费用预算。

 特别提示

静态预算适用于业务量水平较为稳定的企业或非营利组织编制预算。

2) 弹性预算

弹性预算是指在成本按性质分类的基础上,以成本、业务量和利润之间的相互关系为依据，按照预算期内可能实现的各种业务水平编制的有弹性的预算。用弹性预算的方法来编制成本预算时，其关键在于把所有的成本划分为变动成本与固定成本两大部分。变动成本主要根据单位业务量来控制，固定成本则按总额控制。成本的弹性预算方式如下：

$$成本的弹性预算 = 固定成本预算数 + \sum (单位变动成本预算数 \times 预计业务量)$$

弹性预算使预算执行情况的评价与考核建立在更加客观可比的基础上，还能够适应不同经营活动情况的变化，扩大预算的范围，更好地发挥预算的控制作用，避免了在实际情况发生变化时，对预算做频繁的修改。

特别提示

这种方法适用于各项随业务量变化而变化的项目支出，如学校的货物采购项目。

3）增量预算

增量预算是指以基期水平为基础，分析预算期业务量水平及有关影响因素的变动情况，通过调整基期项目及数额，编制相关预算的方法。

采用增量预算编制的优点包括：①预算编制工作量较少；②预算是稳定的，变化是循序渐进的；③可以避免各项生产经营业务和日常各级各部门的各项管理工作产生剧烈的波动；④管理者能够在一个稳定的基础上经营他管理的部门；⑤系统相对容易操作和理解；⑥容易实现协调预算。

采用增量预算编制的缺点包括：①增量预算假设经营活动以及工作方式都以相同的方式继续下去；②不能拥有启发新观点的动力；③没有降低成本的动力；④增量预算鼓励将预算全部用光以便明年可以保持相同的预算；⑤增量预算可能过期，并且不再和经营活动的层次或者执行工作的类型有关。

特别提示

增量预算法的前提条件是：现有的业务活动是企业所必需的，原有的各项业务都是合理的。

导入案例 9-2

零基预算的发展历史

20 世纪 60 年代，美国联邦政府农业部曾试图在本部门试行零基预算，但最终无果而终。1970 年，美国德州仪器公司人事研究部门在部门预算编制中成功地利用了零基预算编制方法，此后该公司的所有部门在编制预算时都成功采用了零基预算。随后，零基预算便先在美国的私营企业界广泛推广。不久美国联邦政府决定在公共部门全面使用零基预算，佐治亚州成为美国第一个采用零基预算编制法的州政府。1979 年卡特当选美国总统，在联邦政府全面推行按零基预算方式编制公共部门预算，许多州政府纷纷效仿。零基预算编制法异军突起，在美国迅速传播开来。之后，世界其他一些国家的政府也陆续采用。零基预算在 20 世纪 80 年代后期出现下降趋势，1993 年，美国国会颁布了《政府绩效与结果法案》，开始全面采用新的绩效预算编制方法。

4) 零基预算

零基预算的全称是"以零为基础的编制计划和预算的方法",其基本原理是对任何一个预算期,任何一类费用的开支,都不是从原有的基数出发,而是一切都以零为基点而编制的预算。

零基预算的编制分为以下5个步骤。

(1) 划分和确定基层预算单位。企业里各基层业务单位通常被视为能独立编制预算的基层单位。所谓的"预算单位"并不等同于日常生活意义上的单位,它指的是需要用钱的部门、地方、项目、活动等。

(2) 编制本单位的费用预算方案。根据企业的预算总目标和总方针,制定本部门每一项独立的生产经营业务活动的拟订方案,确定活动目标,计算需要支出和费用。

(3) 进行成本-效益分析。对每一项业务活动所需要的费用进行成本-效益分析,计算每一项支出和费用可能取得的效益,根据费用项目的性质来权衡轻重、排列顺序、区别等级。基层预算单位的业务项目一般分为3个层次:第1层次是必要项目,即非进行不可的项目;第2层次是需要项目,即有助于提高质量、效益的项目;第3层次是改善工作条件的项目。进行成本效益分析的目的在于判断基层预算单位各个项目费用开支的合理程度、先后顺序以及对本单位业务活动的影响。

(4) 审核分配资金。根据预算项目的层次、等级和次序,按照预算期可动用的资金及其来源,依据项目的轻重缓急次序分配资金,落实预算。

(5) 编制并执行预算。根据可动用的资金或企业分给本部所能使用的资金,结合对每项费用的评价,按照排列顺序分配资金、落实方案。执行中遇有偏离预算的地方要及时纠正,遇有特殊情况要及时修正,遇有预算本身问题要找出原因,总结经验加以提高。

5) 定期预算

定期预算也称为阶段性预算,是指在编制预算时以不变的会计期间(如日历年度)作为预算期的一种编制预算的方法。定期预算能够使预算期间与会计年度相配合,便于考核和评价预算的执行结果。多数情况下该期间为一年,并与会计期间相对应。

定期预算往往是在年初甚至提前几个月编制的,对于整个预算年度的生产经营活动很难做出准确的预算。另外,定期预算不能随情况的变化及时调整,当预算中规划的各种活动在预算期内发生重大变化时就会发生预算滞后过时等问题。由于受预算期间的限制,致使经营管理者们的决策视野局限于本期规划的经营活动,通常不考虑下期,因此按定期预算编制的原预算很难适应连续不断的经营过程,不利于企业的长远发展。

6) 滚动预算

滚动预算也称连续预算,是指在编制预算时,将预算期与会计年度脱离开,随着预算的执行不断延伸补充预算,逐期向后滚动,使预算期始终保持为一个固定期间的一种预算编制方法。按照滚动的时间单位不同,滚动预算可以分为逐月滚动、逐季滚动和混合滚动。

滚动预算的优点如下。

(1) 能保持预算的完整性、继续性,从动态预算中把握企业的未来。

(2) 能使各级管理人员保持对未来一定时期的生产经营活动进行全盘规划,保证企业的各项工作有条不紊地进行。

（3）有利于管理人员对预算资料做经常性的分析研究，并根据当前的执行情况及时加以修订，保证企业的经营管理工作稳定而有秩序地进行。

滚动预算的缺点主要体现在编制工作量大，预算期长，因而难以预测未来预算期的一些活动，会给预算的执行带来困难。

9.2.2 非预算控制

非预算控制是采用非预算方式进行的控制方法，主要有视察与报告、比率分析、审计控制、损益控制等。

1. 视察与报告

视察是一种非常古老、直接的控制方法，它的基本作用就在于获得第一手信息。它指的是管理者亲自到工作现场，对组织活动进行直接巡视、查看，以此了解组织系统运行状况，衡量工作业绩，发现偏差并予以纠正。视察不仅可以让管理者掌握第一手信息，还可以使组织的管理者保持并不断更新自己对组织的感觉，使他们掌握组织这个系统是否运转得正常。视察还能使上层主管人员发现被埋没的人才，并从下属的建议中获得不少启发和灵感。此外，管理者亲自视察就能对下级产生激励作用，下属从中感受到上级对他们的关系。保持经常亲临现场视察，有利于组织创造一种良好的组织气氛。

特别提示

根据马斯洛的需要层次理论，人们在满足了基本生活和安全需要之后，更需要别人对自身的关注。在一定意义上说，通过视察让员工感受到管理人员的关注，对员工所产生的激励作用是其他方法难以达到的。

报告是用来向负责实施计划的主管人员全面、系统地阐述计划的进度情况、存在的问题及原因、已经采取了哪些措施、收到了什么效果、预计可能出现的问题等情况的一种重要方式。控制报告的主要目的是提供一种必要的、可用于纠正措施依据的信息。

导入案例 9-3

通用电器公司的报告制度

美国通用电器公司建立了一种行之有效的报告制度。报告主要包括以下 8 个方面的内容。

（1）客户的鉴定意见以及上次会议以来外部的新情况。这方面报告的作用在于使上级主管人员判断情况的复杂程度和严重程度，以便决定他是否要介入以及介入的程度。

（2）进度情况。这方面报告的内容是将工作的实际进度与计划进度进行比较，说明工作进展情况。通常，拟定工作的进度计划可以采用"计划评审技术"。对于上层主管人员来说，他所关心的是处于关键线路上的关键工作的完成情况，因为关键工作若不能按时完成，那么整个工作就有可能误期。

(3) 费用情况。报告的内容是说明费用开支的情况。同样,要说明费用情况,必须将其与费用开支计划进行比较,并回答实际的费用开支为什么超出原定计划,以及按此趋势估算的总费用开支(超支)情况,以便上级主管人员采取措施。

(4) 技术工作情况。技术工作情况是表明工作的质量和技术性能的完成情况和目前达到的水平。其中很重要的问题是说明设计更改情况,要说明设计更改的理由和方案,以及这是客户提出的要求还是我们自己做出的决定等。以上关于进度、费用和技术性能的报告,从3个方面说明了计划执行情况。下面是要报告需要上层主管人员决策和采取行动的那些项目,分为当前的关键问题和预计的关键问题两项。

(5) 当前的关键问题。报告者需要检查各方面的工作情况,并从所有存在问题中挑出3个最为关键的问题。他不仅要提出问题所在,还须说明对计划的影响,列出准备采取的行动,指定解决问题的负责人,以及规定问题的期限,并说明最需要上级领导帮助解决的问题所在。

(6) 预计的关键问题。报告的内容是指出预计的关键问题。同样,报告者也需要详细说明问题,指出其影响,准备采取的行动,指定负责人和解决问题的期限。预计的关键问题对上层主管人员来说特别重要,这不仅为他们制定长期决策时提供了选择,也是因为他们往往认为下属容易陷入日常问题而对未来漠不关心。

(7) 其他情况。报告的内容是提供与计划有关的其他情况。例如,对组织及客户有特别重要意义的成就,上月份(或季、年)的工作绩效与下月份的主要任务等。

(8) 组织方面的情况。报告的内容是向上层领导提交名单,名单上的人可能会去找这位上层领导,这位领导也需要知道他们的姓名。同时,还要审核整个计划的组织工作,包括内部的研制开发队伍以及其他的有关机构(部门)。

2. 比率分析

比率分析是指对于组织经营活动中的各种不同度量之间的比率分析,是一项必需的控制技术或方法。"有比较才会有鉴别",即信息都是通过事物之间的差异传达的。

在企业经营活动分析中,常用的比率分析可以分为财务比率和经营比率两大类。

1) 财务比率

企业的财务状况综合地反映着企业的生产经营情况。通过财务状况的分析可以迅速、全面地了解一个企业资金来源和资金运转的情况;了解企业资金利用的效果以及企业的支付能力和清偿债务的能力。常用的财务分析比率有以下几类。

(1) 资本金利润率。对于一个企业来说,分析其资本金利用效果的出发点和归宿使用的是资本金利润率这一重要指标。它是财务绩效的最佳衡量尺度,是一种高度综合的计量比较率。资本金利润率的计算公式如下:

$$资本金利润率 = \frac{利润总额}{资本金总额} \times 100\%$$

式中,利润总额为税前利润;资本金总额为企业在工商管理部门登记的注册资金。资本金利润率说明的是一定时期企业投入资本的获利水平,它是直接衡量企业经营成果的尺度,具有重要的现实经济意义。企业人、财、物、供、产、销等各方面工作的好与坏都会影响这项指标。企业的固定资产利用率高，流动资产周转速度快，用同样的资本可完成更多的财务成果。资本金利润率只有高于银行存款利率或债券利率，企业才能继续经营下去。

（2）销售利润率。销售利润率是反映实现的利润在销售收入（或营业收入）中所占的比例。比例越大，表明企业获利的能力越高，企业的经营效益越好。其计算公式如下：

$$销售利润率 = \frac{利润总额}{产品销售收入（或营业收入）} \times 100\%$$

（3）营业收入利税率。营业收入利税率是衡量企业营业净收入获取盈利的指标。其计算公式如下：

$$营业收入利税率 = \frac{利润总额 + 销售税金}{营业收入总额} \times 100\%$$

（4）成本费用利润率。成本费用利润率指利润总额与营业成本（销售成本）之间的比例。它是衡量企业营业成本、各项费用获利水平的指标，表明企业成本降低方面取得的经济效益如何。其计算公式如下：

$$成本费用利润率 = \frac{利润总额}{产品销售成本} \times 100\%$$

（5）资产负债率。资产负债率指企业负债总额与企业全部资产的比例，即在企业全部资产中负债总额占多大比例，用以衡量企业利用债权人提供资金进行经营活动的能力，即反映债权人借出资金的安全程度。因此，它是企业长期偿债能力的"晴雨表"，负债的比例越低，表明企业的偿债能力越强，债权人得到保障的程度越高。其计算公式如下：

$$资产负债率 = \frac{负债总额}{全部资产总额} \times 100\%$$

（6）流动比率。流动比率指流动资产与流动负债的比例，用以衡量企业流动资产在短期债务到期以前可以变为现金用于偿还流动负债的能力。其计算公式如下：

$$流动比率 = \frac{流动资产合计数}{流动负债合计数} \times 100\%$$

企业流动资产大于流动负债，一般表明企业偿还短期债务的能力强。同时，还可用流动比率衡量企业资产流动性如何。一般要求企业的流动资产在清偿流动负债以后应基本满足日常生产经营中的资金需要，但并不意味着流动比率越大越好。从企业的角度看，过高的流动比率可能使企业的货币资金闲置、应收账款过多或存货超储积压所致。意味着企业流动资产占用过多、资产使用效率较低，会影响企业的获利能力；同时，也说明企业不善于理财或购销业务的经营管理不善。当然，如果流动比率过低，说明企业偿债能力较差。经验表明，2∶1左右的流动比率对大多数企业来说是比较适合的。但各行业生产经营方式不同、生产周期不同，对资产流动性的要求并不一致，因此要根据具体情况确定标准流动比率，作为考核的尺度。

（7）速动比率。速动比率指企业速动资产与流动负债的比例。速动资产是指流动资产减去存货等非速动资产后的差额。其计算公式如下：

$$速动比率 = \frac{速动资产}{流动负债} \times 100\%$$

速动比率是衡量企业短期偿债能力的指标，反映企业流动资产中可以立即用于偿付流动负债的能力。具体来讲,速动资产只包括流动资产中的现金、银行存款、应收票据、短期投资、应收账款、有价证券等能变现的资产。速动比率的目的是要测试:假设存货根本没有什么价值可以留下时,在真正的危机出现的情况下,流动负债的收集能力(偿还流动负债的能力)有多大。

 特别提示

作为企业面临困境时对偿付能力的有效的测量,速动比率是非常有用的。一般认为速动比率低于60%,就说明某些事情或某些地方可能很糟糕;而低于40%,就已经接近破产的边缘。在美国,一般认为速动比率在100%以上为好。但是,从经营的动态性角度来看,速动比率为多少合适,最好还应同时分析企业在未来时期的经营情况。

(8)应收账款周转率。应收账款周转率指企业赊销收入净额与平均应收账款余额的比例。它是衡量企业收回应收账款效率的指标,反映企业应收账款的流动程度。其计算公式如下:

$$应收账款周转率 = \frac{赊销收入净额}{平均应收账款余额} \times 100\%$$

式中:

赊销收入净额 = 销售收入 − 现销收入 − (销售退回 + 销售折让 + 销售折扣)

$$平均应收账款余额 = \frac{期初应收账款 + 期末应收入账款}{2}$$

应收账款周转率反映的是企业一定时期内销售债权(应收账款的累计发生数)与期末应收账款平均余额之比,表明销售债权的收回速度。收回速度越快,说明资产的利用效率越高。

(9)存货周转率。存货周转率指销货成本与平均存货的比例。它是衡量企业销售能力和管理存货效率的指标。其计算公式如下:

$$存货周转率 = \frac{销货成本}{平均存货} \times 100\%$$

式中:

$$平均存货 = \frac{期初存货 + 期末存货}{2}$$

存货周转率反映企业存货在一定时期内使用和利用的程度,即利用存货的效率如何,或者存货是否过量。在一定时期内周转率越高,即周转次数越多,周转一次所需的时间越少,表明资产的利用效率越高。

2)经营比率

经营比率反映了企业经营效率的高低和资源是否得到了充分利用,是与资源利用有关的几种比例关系。

(1)市场占有率。市场占有率又称市场份额,指的是企业的主要产品在该种产品的市场销售总额中所占的比例。对大公司来说,这是一个最重要的经营比例,应当为之奋斗和捍卫的目标。因为只有取得了稳定的市场占有率,企业才能在激烈的市场竞争中取胜,才能获得可观的利润。而市场占有率的下降是一个企业开始衰败的最显著特征。值得引起注意的问题是,市场占有率的下降可能会被销售额的缓慢增长掩盖。例如,当一家公司在一个增长率为1%的市场中年销售额增加5%时,仍然说明它的市场占有率在下降。

(2) 相对市场占有率。当缺乏总的市场规模的统计资料时,可以采用相对市场占有率作为衡量指标。常用的相对市场占有率指标有两种:一种是公司的销售量与该公司所在市场中占领先地位的最大的头3名竞争对手销量总和的百分比,另一种是与最大的公司销售量的百分比。

(3) 投入-产出比率。用作控制度量的投入-产出比率是对投入利用效率的直接测量标准,其中一些比率采用的是实物计量单位。

3. 审计控制

审计控制指根据预定的审计目标和既定的环境条件,按照一定的依据审查、监督被审计单位的经济运行状态,并调整偏差,排除干扰,使被审计单位的经济活动运行在预定范围内且朝着期望的方向发展,以达到提高经济效益的目的。根据参与经营审计活动的对象,可将审计分为外部审计、内部审计和管理审计3种类型。

1) 外部审计

外部审计是指由外部审计机构(如会计师事务所)选派的审计人员对企业财务报表及其反映的财务状况进行独立的评估。

(1) 外部审计的优点:审计人员与管理当局不存在行政上的依附关系,不需看企业的态度行事,因而可以保证审计的独立性和公正性。

(2) 外部审计的缺点:外来的审计人员不了解内部的组织结构、生产流程和经营特点,在对具体业务的审计过程中可能产生困难。此外,处于被审计地位的内部组织成员可能产生抵触情绪,不愿积极配合,这也可能增加审计工作的难度。

2) 内部审计

内部审计是外部审计的对称,是由企业内部机构或由财务部门的专职人员独立进行的,内部审计兼有外部审计的目的。内部审计与外部审计相配合并互为补充,是现代审计的一大特色。健全的内部审计制度可为外部审计提供可信赖的资料,减少外部审计的工作量。它不仅要评估财务资源的利用效率,而且要检查和分析企业控制系统的有效性;不仅要像外部审计那样核实财务报表的真实性和准确性,还要分析企业的财务结构是否合理;不仅要检查目前的经营状况,而且要提供改进这种状况的建议。

(1) 内部审计的优点:提供了检查现有控制程序和方法能否有效地保证达成既定目标和执行既定政策的手段;根据对现有控制系统有效性的检查,内部审计人员可以提供有关改进公司政策、工作程序和方法的对策建议,促使公司政策符合实际,工作程序更加合理,作业方法被正确掌握,从而更有效地实现组织目标。

(2) 内部审计的缺点:内部审计需要费用较大;内部审计不仅要搜集事实,而且需要解释事实,并指出事实与计划的偏差所在;为了很好地完成这些工作而又不引起被审计部门的不满,需要对审计人员进行充分的技能训练;许多员工认为审计是一种"密探"性质的工作,在心理上产生抵触情绪;审计过程中可能会因为无效的信息和思想沟通而对组织活动带来负激励效应。

3) 管理审计

管理审计是以改善企业的管理素质和提高管理水平为目的,审查被审计事项在计划、组织、领导控制、决策等管理职能上的表现,促使被审计单位提高管理水平以提高经营活动的经济性、效率性和效果性的一项管理活动。

(1) 价格审计。对本部门、本单位在购销过程中发生的价格行为进行咨询、审核、监察,确认其真实性、合法性和效益性,提出审计意见和建议,为公开、公平、公正地进行价格决策服务。其包括购价审计、销价审计、成本价审计、造价审计和投资价格审计。

(2) 经济合同审计。企业在联营投资、技术引进、资源开发、设备订购、生产协作、工程施工等方面存在大量的经济合同,通过对经济合同的签订、履行、结果各个阶段的审计,及时发现影响企业权益的种种问题。例如,在合同签订前,即审查其是否可行、合理,可以制止无效经济合同的签订,避免给企业带来经济损失。

(3) 内部控制审计。内部控制审计对内部控制的评审主要是检查其健全性、合理性和有效性,查找"盲点"。通过符合性测试和实质性测试,对组织机构的职责分工、授权审批、会计控制、主要经营管理环节、实物控制程序以及经营实体管理等环节进行检查,评价经营管理秩序是否规范,是否严密和有效,各控制点是否由不同部门和个人去完成,有无"独揽"情况,经营管理职权是否民主科学和相互制约,寻找失控点和漏洞,提出弊端及症结所在,从而强化企业管理,提高经济效益。

(4) 管理过程审计。它是以计划、组织、决策和控制管理职能为内容的一种管理审计。内部审计可以通过对企业生产组织、工艺流程、技术改造、投资决策、业务经营、劳动人事等各个环节管理的经济性、效率性、效益性进行评价来实现对企业生产经营全过程的管理。内部审计机构要根据加强企业内部管理的需要,在企业管理的各个环节灵活地开展监督和服务。

4. 损益控制

损益控制是指根据企业或企业中的独立核算部门的损益表,对其经营和管理活动及其成效进行综合控制的方法。由于损益表能够反映该企业在一定期间内收入与支出的具体情况,因此有助于从收支方面说明影响企业绩效的直接原因,并有利于从收入和支出的方面进一步查明影响利润的原因。所以,损益控制的实质是对利润和直接影响利润的因素进行控制。如果当期利润指标与预算利润水平发生偏差,则应分析使利润发生偏差的具体项目,以寻求造成偏差的原因,制定相应的纠偏措施。

一般来说,损益控制主要适用于那些实行分权制组织结构或事业部制组织结构的企业。它将受控制的单位看作利润中心,即直接对利润负责的单位。实行损益控制意味着充分地授权。作为利润中心的单位或部门,可以按照他们认为有利于实现利润的方式相对独立地开展经营。他们往往有权决定销售价格,有权订货、采购、制造、雇佣和解聘员工,有权决定工资及奖金的分配制度等。由此可见,一个组织所属部门、单位的职能越完整,就越有利于实行严格的损益控制法。损益控制法的积极运用,应当使受控制单位或部门的职能尽可能完整,从而能够最大限度地承担起对利润负责的责任。由于损益控制法的优点,使一些以职能制和专业化原则为基础组织起来的企业在其内部的各部门之间也实行损益控制。例如,在一些大型机构制造企业中,将铸造、热处理、钣金、机加工、装配车间也看作"利润中心"。铸造车间将铸件"出售"给加工车间,而后者又将它的半成品"出售"给装配车间,装配车间再将产成品"出售"给销售部门,最后由销售部门出售给客户。

内部转移价格的制订和核算工作要花费大量的精力,而且很难完全准确,从而使内部利润并不能真正反映一个部门的工作绩效,结果形成"假账真算",失去了应有的控制作用。所以,仿真损益控制只适用于产品比较单一、生产相对稳定、管理基础工作较好的企业,而一般不适用政府部门或是企业的职能管理部门。

此外,损益控制是一种事后控制,能为后期工作提供借鉴,但无法改善前期工作。并且,它在损益表上不能准确地判断利润发生偏差的主要原因。

【本章小结】

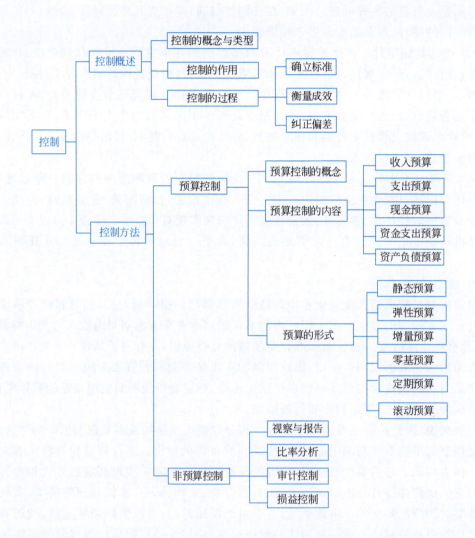

【思考与练习】

一、单项选择题

1. "亡羊补牢"这个成语贴切地描述了下列控制方式中的(　　)。

A. 现场控制　　　B. 事中控制　　　C. 事前控制　　　D. 事后控制

2. 任何一个预算期,任何一类费用的开支,都不是从原有的基数出发,而是一切都以零为基点而编制的预算,这种预算是指(　　)。

A. 可变预算　　　B. 零基预算　　　C. 投资预算　　　D. 运营预算

3. 控制过程首先需要(　　)。

A. 确立标准　　　B. 衡量绩效　　　C. 界定偏差　　　D. 纠正偏差

4. 由外部审计机构(如会计师事务所)选派的审计人员对企业财务报表及其反映的财务状况进行独立的评估的审计方法是(　　)。

A. 外部审计　　　B. 内部审计　　　C. 管理审计　　　D. 经营审计

5. 下列选项中属于控制方法的是(　　)。

A. 预算
B. 德尔菲法
C. 盈亏平衡分析法
D. 头脑风暴法

6. 魏文王问名医扁鹊:"你们家兄弟三人都精于医术,到底哪一位最好呢?"扁鹊答:"长兄最好,长兄治病是治病于病情发作之前;仲兄次之,仲兄治病是治病于病情初起时;我最差,我是治病于病情严重之时。"根据扁鹊的回答可以看出,他认为(　　)。

A. 事前控制比较重要
B. 事中控制比较重要
C. 事后控制比较重要
D. 同样重要

7. 在管理控制活动中,有一种控制是用过去的情况来指导现在和将来,这种控制是(　　)。

A. 事前控制　　　B. 事后控制　　　C. 过程控制　　　D. 间接控制

8. (　　)是企业的流动资产与流动负债之比。

A. 负债比率　　　B. 盈利比率　　　C. 流动比率　　　D. 经营比率

9. (　　)是销售总额与固定资产之比。

A. 库存周转率
B. 固定资产周转率
C. 资金利润率
D. 销售利润率

10. 管理控制的一般程序是(　　)。

A. 确定标准、纠正偏差、衡量成效
B. 衡量成效、建立标准、纠正偏差
C. 纠正偏差、衡量成效、建立标准
D. 建立标准、衡量成效、纠正偏差

二、多项选择题

1. 根据参与经营审计活动的对象,可以将经营审计分为(　　)。

A. 外部审计　　　B. 内部审计　　　C. 企业社会责任
D. 相关利益者审计　　　E. 管理审计

2. 控制的基本过程包括(　　)。

A. 确立标准　　　B. 衡量成效　　　C. 纠正偏差　　　D. 诊断原因

3. 关于零基预算说法正确的是(　　)。

A. 零基预算受前一年度预算水平的影响
B. 它对现有的各项作业进行分析,并根据其对组织的需要和用途决定作业的取舍
C. 零基预算依据未来一定期间生产经营活动的需要和各项业务的轻重缓急,对每项费用进行成本-效益分析和评定分级,从而确定其开支的必要性、合理性和优先顺序

D. 零基预算依据企业现有资金的实际可能,在预算中对各个项目进行综合性费用预算

4. 关于销售预算说法正确的是(　　)。
   A. 是在销售预测的基础上编制的
   B. 通过分析企业过去的销售情况、目前和未来的市场需求特点及其发展趋势,比较竞争对手和本企业的经营实力,确定企业在未来时期内为了实现目标利润必须达到的销售水平
   C. 往往需要按产品、区域市场或消费者群(市场层次)为各经营单位编制分项销售预算
   D. 通常需预计不同季度和月度的销售收入

5. 关于增量预算说法正确的是(　　)。
   A. 增量预算又称基线预算法,是以上一年度的实际发生数为基础,再结合预算期的具体情况加以调整
   B. 它会考虑某项费用是否必须发生,或其预算额有没有必要这么大
   C. 在增量预算下,预算编制单位的负责人常常竭力用完全年的预算指标,以致到了年底毫无剩余
   D. 这种行为在政府部门、事业单位以及财政投资性的国有企业尤为明显

三、简答题

1. 简述控制的过程。
2. 试比较控制工作中控制方法的优缺点。

四、案例分析

某工程机械公司共有职工 1000 余人,张明在该公司担任混凝土机械事业部经理近 30 年。2019 年,随着工程机械行业的强政策与强周期属性弱化,工程机械销售量超预期增长,该公司实现了安全生产 10 周年,且销售额翻了近两番。其中混凝土机械事业部成绩斐然,生产销售业绩在全公司名列前茅。因此总公司召开了庆功表彰大会,并请来了总公司领导。没想到会开到一半,张明就接到电话:事业部一名员工由于违反安全生产规章制度,造成了生产事故,三人受伤正送医院救治。庆功会被迫停止,总公司领导阴沉着脸离开了会场。

其实张明早就隐约感觉到了安全隐患的存在,随着行业形势向好,生产任务加倍、设备高负荷运转、工人加班加点,安全管理却没有跟上,安全措施有所松懈。他连夜打电话通知各部门所长,查找本部门的安全隐患,第二天召开全体中层干部会议,要求大家在会上发言。

发生事故所在部门所长首先发言:"这次发生安全事故主要责任在我,本人要求扣除当月的工资和奖金,项目负责人每人扣 2000 元。另外,我宣布原主管安全的副所长现分管后勤,他的职务暂时由我担任。"

安全管理车间主任说:"这次事故主要是由于员工违反规章制度操作所致。其实车间一直在努力制止这种有章不循的现象,但效果一直不明显。主要问题如下。

第一,车间共有管理干部和技术干部二十多名,我们也经常要求干部到现场,但由于近期业务繁忙,对生产线工人的监管和监控没有落到实处,具有一定的随意性和盲目性。

第二,干部中好人现象严重。干部现场检查巡视时,即使发现工人有违章操作行为,也会替其隐瞒,使工人免于处罚。"

检修部主任继续说："这次事故虽然不是由于设备质量问题引起的,但这方面仍然存在安全隐患。业务量增加后,高负荷的生产对设备的质量要求更高,而我们部门的设备检修水平目前还达不到要求。第一,设备的检修作业标准较为过时,缺乏合理性、实用性、可控性。工人按此标准,劳动效率不高,而且漏检、漏修现象时有发生。第二,车间的技术人员多是刚毕业的大学生,虽然有理论知识基础,但解决实际技术问题的能力不强。第三,对发生率较高的机械故障难题一直没有解决好。"

人事部主任说："这次事故反映了我们部门对员工特别是一线工人的培训重视程度不够。各车间生产线都以生产任务繁重为由不肯放人脱产学习,因此,每年的员工脱产学习计划很难实现。另外,每年一次的员工业务考试没有起到真正督促职工学习的作用。考试结束后只是将成绩公布,无奖惩措施。"

张明听完总结道："几位同志讲得都很好,将我们事业部管理上存在的一些弊病都找出来了,会后各有关部门要针对这些弊病迅速制定整改措施。我相信,只要我们共同努力,工作的被动局面会很快扭转的。"

【案例讨论】
1. 事故发生后张明的一系列做法说明了什么?
2. 对会上几位主任的发言中提到的难题,有什么解决办法?

【实践训练】
学生以小组为单位,假设将进行一场班级秋游活动,以预算控制的原理为依据,进行预算控制分析,确定本次活动预算控制的内容,并明确相关内容的具体预算和注意事项。

参 考 文 献

[1] 何明渊.管理的智慧 透过寓言看懂管理规律[M].北京:金城出版社,2010
[2] 斯蒂芬 P.罗宾斯,玛丽·库尔特.管理学[M].北京:中国人民大学出版社,2017
[3] 肖洋.管理学基础[M].长沙:中南大学出版社,2016.
[4] 邵喜武.管理学实用教程[M].北京:北京大学出版社,2018.
[5] 加雷思·琼斯,珍妮弗·乔治.当代管理学[M].北京:人民邮电出版社,2018.
[6] 王霁.实用管理学基础[M].北京:中国人民大学出版社,2018.
[7] 汤发良.管理学原理[M].北京:清华大学出版社,2014.
[8] 任莉,方超.管理学基础[M].大连:大连理工大学出版社,2014.